Johannes Klaus (Hg.)

THE TRAVEL EPISODES

Band II

Johannes Klaus (Hg.)

THE TRAVEL EPISODES

Neue Geschichten für Abenteurer,
Glücksritter und Tagträumer

Mit 24 Seiten Farbbildteil,
31 Schwarz-Weiß-Fotos
und zwei Karten

MALIK NATIONAL GEOGRAPHIC

Mehr Bäume.
Weniger CO_2.
www.cpibooks.de/klimaneutral

Mehr über unsere Autoren und Bücher:
www.malik.de

Von Johannes Klaus (Hg.) liegt im Piper Verlag vor:
THE TRAVEL EPISODES – Geschichten von Fernweh und Freiheit

Das Zitat von S. 5 stammt aus dem Song »REISE, REISE« von *Rammstein*.

Bibliografische Information der Deutschen Nationalbibliothek
Die Deutsche Nationalbibliothek verzeichnet diese Publikation in der Deutschen Nationalbibliografie; detaillierte bibliografische Daten sind im Internet über http://dnb.d-nb.de abrufbar.

MALIK NATIONAL GEOGRAPHIC

Originalausgabe
Dezember 2016

Umschlaggestaltung: Johannes Klaus
Umschlagfotos: Johannes Klaus (vorne und hinten, Grafik Klappe hinten); Marianna Hillmer (Autorenfoto)
Karten: Johannes Klaus
Satz: Fotosatz Amann, Memmingen
Litho: Lorenz & Zeller, Inning a.A.
Papier: Munken Premium Cream von Arctic Paper, Munkedals AB, Schweden
Druck und Bindung: CPI books GmbH, Leck
Printed in Germany   ISBN 978-3-492-40606-2

Das Papier wurde aus chlorfrei gebleichtem Zellstoff hergestellt.

»Reise, Reise Seemann Reise
Jeder tut's auf seine Weise«

Rammstein

Nördliche Hemisphäre

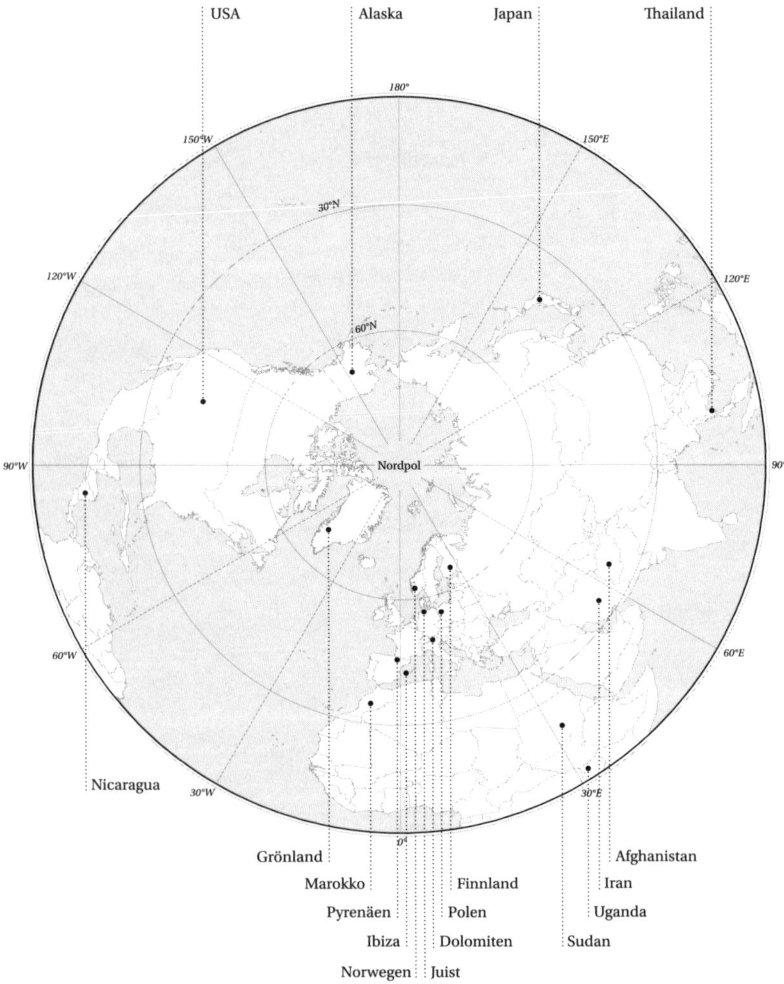

Südliche Hemisphäre

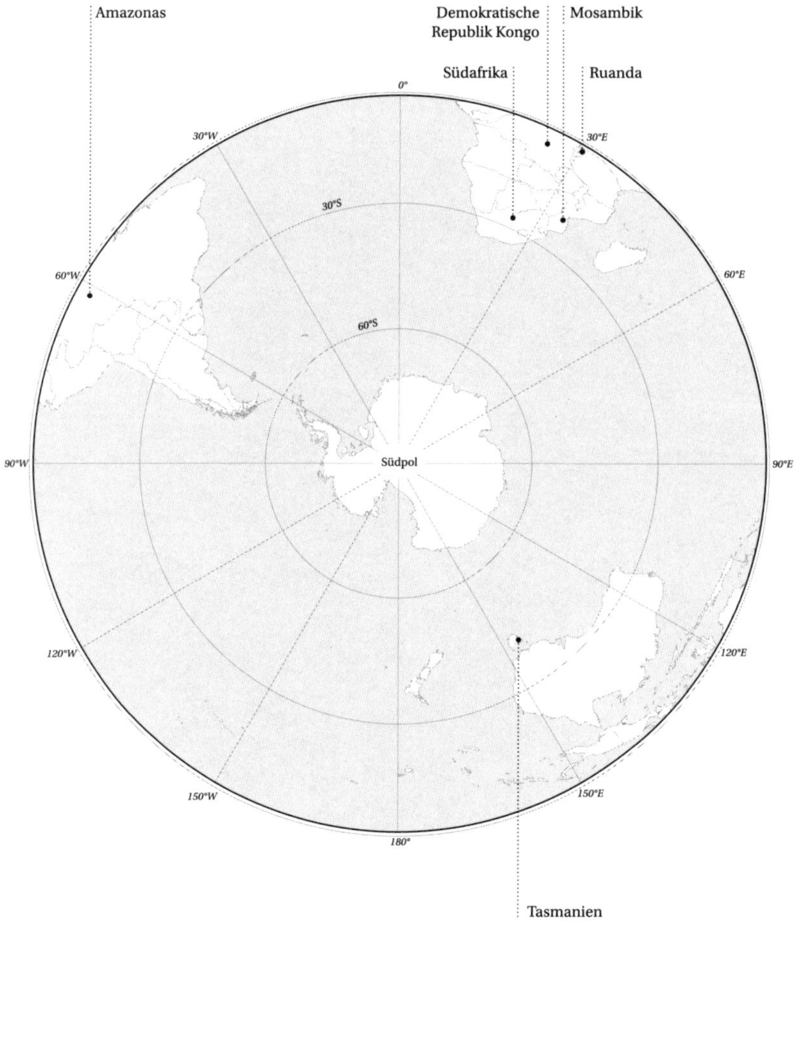

TEIL I
GESCHICHTEN FÜR ABENTEURER

Sudan – Alaska – Iran – Norwegen – Südamerika – Mosambik
Marokko – Demokratische Republik Kongo – Grönland

TEIL II

GESCHICHTEN FÜR GLÜCKSRITTER

Nicaragua – Ruanda – Südafrika – Trentino-Südtirol – Iran – Uganda
Welt – Afghanistan – Pyrenäen

TEIL III

GESCHICHTEN FÜR TAGTRÄUMER

Welt – Polen – Japan – Ostfriesische Inseln – Finnland – USA – Ibiza Südafrika – Welt

Vorwort

von Andreas Altmann

Begabte Erzähler berichten lakonisch, ob auf Reisen oder im Kaffeehaus. Ohne rote Flecken auf den Wangen. Ohne vor sich selbst hinzuknien, vor Ergriffenheit über das, was sie gerade notieren. Ohne in jedem Absatz mit drei Superlativen um sich zu werfen.

Ach, diese Kraftmeier, die immer sofort »durch die Hölle« gehen, die so gern ihr »rasendes Herz« erwähnen, bei denen alles »irre gefährlich« ist, die sich unterwegs, unheimlich komisch, »jeden Tag neu erfinden«.

Ich weiß, worüber ich hier nörgle: In meinen Anfängerjahren inszenierte ich mich ähnlich dramatisch.

Die halbstarken Schreiber produzieren Krach, die starken reden cool von dem, was geschah. Je intensiver das Geschehen, desto ruhiger muss die Sprache daherkommen. Um den Leser zu benebeln. Tief drinnen.

Das Gleiche gilt für Gedanken. Je bewegender sie sind, desto leiser dürfen sie auftreten.

Das Wunderliche am Reisen: Hat ein Traveller gelernt, sich auf den gegenwärtigen Moment zu konzentrieren, ist er zudem fest entschlossen, den Schafsnasen auszuweichen, die vor jedem Ziel *Tripadvisor* oder einschlägige Blogs studieren, um dort zu landen, wo der große Haufen schon angekommen ist, hält er es außerdem aus, nicht jede halbe Stunde per *WhatsApp* Mutti und Papi und seinen daheim hockenden *friends* eine Nachricht zu schicken, die sie unter anderem darüber aufklärt, dass er gerade eine Hühnersuppe löffelt, wenn dieser Mensch also – jetzt wird es anstrengend – mit Alleinsein, mit Zweifel und Ungewissheit umgehen kann, sprich, er uns verschont mit Phrasen wie »alle sind lieb und freundlich in fernen Ländern« und »du musst nie einsam sein«, wenn so ein Reisender – zum fulminanten Abschluss – über das unüberhörbare Talent verfügt, seine Erlebnisse in der Welt und seine Ansichten über die Welt in bewegende Sprache zu übersetzen, dann, ja, dann sind Vagabundieren und davon Erzählen die rechte Beschäftigung für ihn. Dann, ja, dann wollen wir uns hinsetzen und ihm (oder ihr) lauschen. Und uns beschenken lassen.

Eine, die das wunderlich begabt kann, ist Nadine Pungs, die Gewinnerin des Travel Episodes-Schreibwettbewerbs. Ihre Reportage *Randvoll ist mein Herz* handelt von einer Reise durch den Iran. Hier ist eine Frau unterwegs, die darauf besteht, dass ihr Leben intensiv ist. Und die nichts versteckt, auch nicht die Mühsal der Fremde, die Sprachlosigkeit, die Unruhe. Und die das alles hernimmt, um näher an die (iranische) Wirklichkeit heranzukommen. Und sie in einem Ton schildert, der swingt und uns daran erinnert, was dreißig stille Buchstaben vermögen.

Vielleicht darf ich den Reisenden, die vom Veröffentlichen träumen, schüchtern zurufen: Ihr werdet nichts Neues entdecken! Längst hat es eine/r in einem anderen Buch, zu einer anderen Zeit, aufgeschrieben. Genauso wenig wie in den letzten hundert Jahren eine Liebesgeschichte erschienen ist, die uns etwas bahnbrechend Neues über die Liebe erzählt hätte.

Aber ja, es geht beim Schreiben – was immer das Thema ist – um einen *neuen* Blick auf das Geschehen. Das wär's: Neue Zusammenhänge sehen, die Zustände neu, sprich, originell, interpretieren.

Ein Beispiel aus der Fotografie, so einleuchtend: Sagen wir, der Auftrag heißt »Wallstreet«. Von hundert Fotografen liefern 95 die typische Arbeit eines Belichtungsbeamten ab: Wild gestikulierende Börsenmakler, die ihre Wünsche – An- und Verkauf von Wertpapieren – in den Saal brüllen. Wer ein solches Foto sieht, fällt gleich gähnend vom Stuhl. Denn er hat derlei Allerweltsaufnahmen schon tausend Mal zu Gesicht bekommen, absolut nichts überrascht ihn.

Nehmen wir nun einen der übrigen fünf, nehmen als strahlendes Beispiel Henri Cartier-Bresson, den französischen Wunderknaben, dessen Bilder jeder kennt, auch der, der nie seinen Namen gehört hat. Nun, der Mann sollte ebenfalls »Wallstreet« fotografieren. Und was bringt er in seiner Leica nach Hause? Einen Bettler, der am Eck des imposanten Stock Exchange Buildings in New York sitzt. Bettelnd.

Genial. Ganz ohne Spezialeffekte, ganz ohne Gedöns, ganz ohne Superlativ, nur knallhart in Schwarz-Weiß. Und nichts ist neu: nicht der Bettler, nicht das Gebäude, nichts. Nur der Kontext ist vollkommen anders, der Zusammenhang: Der Betrachter erkennt, dass die glitzernde Gier des Raubtier-Kapitalismus Folgen hat. Wie Einsamkeit, wie Armut.

So ähnlich sollten wir Schreiber von der Welt erzählen: dass es den Leser vom Stuhl haut. Diesmal vor Überraschung, vor Freude über ein paar Zeilen Welterkenntnis. Die ihm zusteht, hat er doch das Kostbarste beim Lesen investiert: seine Lebenszeit.

Vorwort

von Johannes Klaus

In was für einer Welt leben wir eigentlich? Angst und Bange könnte mir werden. Verrückte Terroristen wollen uns an den Kragen. Das Klima geht mitsamt den Gletschern den Bach runter. Und meinen Job macht bestimmt bald ein Roboter. Und zwar besser.

Reise und werde glücklich, schreit man mich an, aber echt jetzt? In die Fremde fahren, dorthin, wo mir nur die Wahl bleibt zwischen Polizeistaat oder Bananenrepublik, Menschenunrecht oder Hundeschnitzel, Malaria oder Scharia? Es ist so gefährlich da draußen: Im besten Falle wollen sie nur mein Geld, im schlimmsten meinen Kopf. Und stelle ich mich nicht auf die Seite der Schurken, der Gewissenlosen, wenn ich trotz all der Unbill in solche Länder reise? Finanziere ich mit meinem Urlaubsgeld die goldenen Wasserhähne der Diktatoren?

Man könnte auf solche Gedanken kommen, wenn man die Schlagzeilen liest. Denn der natürliche Zustand einer Nachricht ist das Drama. Das, was dringlich genug für eine Veröffentlichung erscheint, ist meistens eine schlechte Nachricht. Und da uns jede Katastrophe am anderen Ende der Erde in Windeseile berichtet wird, ergibt sich ein verzerrtes Bild einer Welt, die unaufhaltsam in einen Abgrund schlittert. Wer meint, dass die Tagesschau ausgewogen die Realität des Lebens zeigt, lebt in einer wahrhaft grausigen Zeit.

In was für einer Welt leben wir eigentlich? Es ist die richtige Frage, nur die Betonung muss stimmen – keine Resignation, sondern Neugierde will ich hören! Denn allen schlechten Nachrichten, mit denen wir tagtäglich konfrontiert werden, stehen mindestens ebenso viele erfreuliche gegenüber.

In was für einer Welt leben wir eigentlich? Es ist der Ort, an dem ich Menschen wie Reza treffe. Er ist Soldat an der Grenze zwischen Armenien und dem Iran, und trotz der Kalaschnikow über der Schulter ein ausnehmend herzlicher Mensch. »Welcome to Iran!«, ruft er, und winkt mich heran. Er notiert die Adresse seiner Familie, falls ich in seinem Heimatort vorbeikomme.

Es sind die Menschen in Bangladesch, die mir stolz ihr Land zeigen, und sich freuen, dass sich jemand für sie interessiert, und sie nicht nur als Symbol für Ausbeutung und schlechte Arbeitsbedingungen wahrnimmt.

Es sind die beeindruckenden Naturspektakel, die mich ehrfürchtig machen vor der Kraft und Schönheit eines jeden Kontinents, wie die Wildnis Tasmaniens, die eisige Einsamkeit am winterlichen Yukon und Begegnungen mit den Gorillas in Uganda. Aber auch die unscheinbaren Wunder, die man nur findet, wenn man ganz genau hinsieht, zum Beispiel wenn sich die Natur einen verlassenen Ort zurückerobert.

Vom kambodschanischen Angkor bis ins deutsche Mittelgebirge zeugen Tempel und Festungen der letzten Jahrtausende vom ewigen Kampf der Menschen um ein besseres Leben, um Macht und um Liebe; von Größenwahn und Niedergang, Veränderung und Stillstand. Plätze von frivolem Reichtum und furchtbarer Gewalt.

Die Welt ist heute nicht schlechter als vor fünfzig oder tausend Jahren. Ich würde sogar behaupten, ganz im Gegenteil, den meisten Menschen geht es besser, sie leben länger, sind freier, haben mehr Möglichkeiten.

Noch nie war es so einfach zu reisen. Und niemals war es leichter, einen kleinen Beitrag zu leisten, damit es auch den Menschen, die weniger Glück haben als wir, ein bisschen besser geht. Das kann etwas großes sein, wie ein Brunnenbau in Uganda. Oder auch nur, dass ich dorthin reise, wo Menschen mit den Tourismus-Einnahmen ein kleines Gewerbe aufbauen können. Und zwar gerade dort, wo die Bewohner des Landes unter Unfreiheit und wenigen Optionen leiden.

Es ist leicht, sich in Paranoia zu verlieren. Doch mit einem offenen Blick sieht man: Wir leben in einer faszinierenden Welt, und es ist wunderschön, wenn man das Privileg hat, sie selbst entdecken zu können. Keine Fernsehdoku, kein Reiseblog und auch kein Buch kann das ersetzen.

Aber es ist ein Anfang.

TEIL I

GESCHICHTEN FÜR ABENTEURER

Sudan

DAS LETZTE ABENTEUER

Die Welt ist entdeckt. Fast. Im Sudan gibt es kaum Infrastruktur. Man ist auf die Menschen angewiesen, es gibt keinen Rückzugsort, nur Fremde. Hier suche ich das vielleicht letztmögliche Reiseabenteuer in einer globalisierten Welt.

Von Philipp Laage

Shendi. Als ich aus dem Bus steige, verspüre ich zum ersten Mal leichte Panik. Ich bin nicht vorbereitet auf das Herumstehen, aber ich muss erst mal nur so herumstehen, weil ich keine Ahnung habe, wie ich weitermache. Ich bin nicht vorbereitet auf die Rolle des Exponierten, der jetzt gemustert wird von den Menschen auf diesem Platz, weil er hier so auffällt. Es ist offensichtlich, dass ich nicht weiß, was der nächste Schritt sein könnte, und das erzeugt in mir eine unangenehme Nervosität. Ich bin so fehl am Platz wie eine Vogelspinne auf einer Kaffeetafel. Gut ausgeleuchtet stehe ich auf einer Bühne vor erwartungsvollen Zuschauern, das zwingt irgendeine Handlung herbei, fast automatisch.

»*Hello, hotel?*«

Ich erwarte auf keinen Fall, dass irgendein Mensch Englisch spricht. Was für eine verfehlte Frage. Ein Hotel, *seriously*? Shendi heißt dieser Ort hier, bislang war er nur ein Name auf der Landkarte, jetzt bekommt er Konturen. Eine Eisenbahnlinie führt durch den Staub, überall ist Sand, stehen sandfarbene Häuser, einstöckig und gedrungen, als wären sie aus dem Wüstensand herausgewachsen. Ein Hotel kann ich mir hier beim besten Willen nicht vorstellen.

Trotzdem oder gerade deswegen noch einmal: »*Hotel? Guesthouse?*« Ich bin auf die Sitzbank eines motorisierten Dreirads gestiegen, einfach weil ich etwas tun musste. Ein zweifelhafter Versuch, wieder Herr der Lage zu werden.

Der Mann am Steuer fährt los, dabei weiß er gar nicht, wo ich hinmöchte – was für eine unüberlegte Übersprunghandlung war das bitte? Ich wiederhole immer nur »*hotel, hotel, hotel*«. Die Betonung malt ein Fragezeichen in die Saharaluft, und der Mann lächelt und fährt mich durch die Straßen. Aber er versteht nichts. Mir kommt das Wort bald selbst unsinnig vor: *ho-tel, o-tel, o-täääääl*. Der Widerhall in meinem Kopf ist hohl, als hätte der Laut nie eine Bedeutung gehabt.

Sogar die Sprache wird an diesem Ort ungewiss.

Ich befinde mich ungefähr 180 Kilometer nördlich von Khartum, der Hauptstadt des Sudans, in einer kleinen Stadt am Nil. Der Fluss bildet auf der Landkarte einen schmalen grünen Streifen, ohne den man dieses Land nicht Land nennen könnte. Nur Wüste wäre sonst hier, ohne Leben, ohne alles. Die Sonne brennt heiß, dabei ist es März und eigentlich noch recht angenehm, verglichen mit dem Hochsommer.

Wie ich da im Rücken dieses Sudanesen sitze, der mich nicht versteht und irgendwohin fährt, wie die Menschen unserem Dreirad hinterherschauen, wie ich der Situation ausgeliefert bin, habe ich das Gefühl, dass die Dinge endgültig entgleiten. Dass ich davongetragen werde, ohne Kontrolle. Und gewissermaßen ist das ja auch der Fall. Als die Panik kurz davor ist, mich zu überwältigen, versteht der Fahrer plötzlich doch, was mein Anliegen ist: Schlafen will ich heute Abend irgendwo, ich suche eine Unterkunft.

In Shendi gibt es keine touristische Infrastruktur. Es ist eine einsame Wüstenstadt, auf halber Strecke ins Nirgendwo, ein Nest. Wie viele Ausländer waren in diesem Jahr schon hier? Wahrscheinlich kein einziger. Wir machen halt bei einem *lokanda*, so heißen die kleinen Gästehäuser in diesem sonderbaren Land. Es handelt sich um einen schmucklosen Steinbau in der Nähe des Bahnhofs. Die Rezeption ist ein Raum ohne Türen, darin nur ein alter Schreibtisch, dahinter ein Mann mit funkelnden Augen, die mich lesen wollen wie ein merkwürdiges Buch, dessen Sprache man nicht versteht.

Essan heißt der Besitzer des Gasthauses, und er spricht – das ist wirklich ein großes Glück – ein bisschen Englisch. Er führt mich durch den Hof zu einer Holztür, die nur von einem umgebogenen Nagel in ihrem steinernen Rahmen gehalten wird. Ich sehe einen Raum mit einem Holzbett und einem Schrank. Es gibt keinen Strom, kein Fensterglas, kein fließendes Wasser und keine Toilette: mein Zimmer für diese Nacht.

Ungefähr fünf Euro sind ein alberner Preis für etwas, das mir hier eine minimale Sicherheit bietet, das die Welt wieder in ein Draußen und ein Drinnen aufteilt. Ich hier drinnen: wieder unsichtbar, zur Ruhe kommend. Die Gegenwart da draußen: fremde Menschen, karge Wüste, keine Alternativen.

Doch die Einkehr währt nur kurz.
Essan sagt, ich müsse jetzt zur Polizei.

Ganz schnell kommt mir der Gedanke, dass man aus meiner Hilflosigkeit Kapital schlagen will. Der Sudan hat, sagen wir mal, nicht die tadellosesten Behörden, und warum sollte ich jetzt zur Polizei müssen? Es ergibt keinen Sinn. Aber mir bleibt nichts anderes übrig.

Der Dreiradfahrer hat noch gewartet. Essan redet auf Arabisch mit ihm und weist mich an, noch einmal aufzusitzen, nur Mut, so eine Andeutung liegt in seinem Blick. Wir fahren drei Minuten. Die Polizei sieht nicht aus wie eine Polizei – ich betrete einen schmucklosen Raum an einer austauschbaren Sandstraße, darin ein schmutziger Schreibtisch, darauf einige Fetzen Papier. Der Mann auf dem Stuhl hat keine Uniform, er könnte auch ein Gangster sein. Aber er nimmt einen Kugelschreiber und schreibt irgendwas auf einen ausgerissenen Zettel, als ich ihm erzähle, dass ich in Shendi übernachten will. Das soll wohl eine Art Beleg sein, eine Erlaubnis, denke ich mir, der Ausländer hat sich registriert oder so ein bürokratischer Schwachfug. Der Mann will bloß keinen Ärger mit seinem Vorgesetzten. Mit dem Zettel geht es zurück zum *lokanda*. Der Polizist, der nicht wie einer aussah, hat meinen Pass sehen wollen. Das ist immer ein unangenehmes Gefühl, in so einer Situation im Ausland seinen Pass herauszugeben. Man fühlt sich plötzlich nicht mehr offiziell anwesend, und vor diesem Hintergrund kann schließlich alles mit einem passieren.

Ich bin nicht aus reinem Vergnügen im Sudan, ich will eine Geschichte über die antiken Tempel des Niltals schreiben, irgendwas zwischen Reportage, Reisefeature und Erlebnisbericht. Ich kann es noch nicht sagen, weil ich nichts weiß über diesen Ort, über diesen Teil der Welt. Das ist der Reiz.

Es ist nicht so, dass ich ein besonderes Interesse an der nubischen Geschichte hätte, am historischen Königreich von Kusch mit seinen schwarzen Regenten, die einmal, bevor Jesus Christus auf die Welt kam, Ägypten eroberten. Der historische Hintergrund, die Sehenswürdigkeiten – durchaus UNESCO-Welterbe, so ist es nicht – waren nur der Anlass, um etwas viel Existenzielleres zu tun: ein Abenteuer erleben.

In Shendi, dieser der Welt entrückten Wüstenstadt, wird klar, was damit gemeint sein könnte: Es geht darum, sich einer Situation auszuliefern, ohne Netz und doppelten Boden. Menschen ansprechen, sich durchfragen, Fremden komplett vertrauen. Ohne dies gibt es kein Fortkommen.

Ich habe kein Hostel, keine Adresse, kenne keinen einzigen Europäer im Umkreis von hundert Kilometern, habe weder Internet noch Handyempfang, mein Besitz steckt in einem kleinen Rucksack, Zeug für fünf Tage. Was ich sagen will: Es gibt keinen Rückzugsort.

> Ich lege mein Schicksal in die Hände dieser Leute, von denen ich nichts weiß.

Dieser Zustand ist das, was ich mit einem Mal als Abenteuer erkenne, und er führt mir die vielen anderen, vermeintlichen Abenteuer als falsche vor Augen. Großartige, tolle Erlebnisse zwar, aber eben oft Abenteuer-Simulationen, die ja, wenn man nur einmal die Reisekataloge anschaut, seriell hergestellt und kommerziell vermarktet werden.

Falsche Abenteuer? Da erheben sich gleich die Einwände der Moralisten, die jedem sein Abenteuer zugestehen wollen, wie auch immer das aussehen mag. Schließlich sind wir ja alle unterschiedlich und so. Schon richtig. Grundsätzlich ist es ja aber so: Man kann beim Blick auf die Welt zwei gegensätzliche Rollen einnehmen: die des Kritikers und die des Buddha. Der Kritiker hinterfragt, dechiffriert, legt offen, prangert an – ob der Ton nun humorvoll oder scharf ist. Der Buddha beobachtet, belässt die Dinge, wie sie sind, wertet nicht, vermeidet die Kategorien »richtig« oder »falsch«. In welcher Situation welche Rolle angemessen ist, darüber könnte man nächtelang diskutieren.

Nehmen wir beim Blick auf das sogenannte Reiseabenteuer die Rolle des Kritikers ein: Kann es da wirklich ein Abenteuer sein, ein afrikanisches Land auf der zweiwöchigen komplett durchorganisierten Rundreise eines Reiseveranstalters zu entdecken? Es heißt nicht, dass eine solche Reise schlecht, falsch oder öde ist – sie kann die beste Reise des Lebens werden. Aber ein Abenteuer? Eine Geschichte, die man Jahre später als *Abenteuer* seinen Kindern oder Freunden präsentiert? Eher nicht.

Die Pauschalreise, bei der sich ein Veranstalter um die gesamte Durchführung der Reise kümmert, ist selten ein echtes Abenteuer. Das heißt aber umgekehrt nicht, dass jeder Individualreisende ein ausgekochter Abenteurer ist. Denn in fast jedem vermeintlich aufregenden Land der Welt kann man sich letztlich hinter eine internationalisierte Infrastruktur zurückziehen: in das Hostel, in dem ein *Lonely Planet* im Bücherregal liegt und es Wifi gibt, wo man Menschen westlicher Staatsangehörigkeit trifft, wo man fragen kann: *Hey, how are you? How long are you travelling? Can you recommend a place for dinner?* Man kennt die Bedürfnisse.

Essan braucht einige Zeit, bis er versteht, was mein Vorhaben ist, und es scheint ihm einigermaßen absonderlich vorzukommen: dass der weiße Typ in die Wüste will, ja wirklich mitten in die Wüste, zum Tempel von Naga (es handelt sich dabei um eine Sehenswürdigkeit für meine Recherche). Wie ließe sich das anstellen?

Essan ruft einen Freund an, der mit einem Auto herbeikommt. Er heißt Ahmed, und diesem Ahmed, der ein paar Brocken Englisch kann, erklärt Essan, dass dieser junge Mann hier in die Wüste nach Naga will. Ich bin bereit, 350 sudanesische Pfund dafür auszugeben. Irgendwann werden wir uns über den Preis einig. Keine halbe Stunde später sitze ich in Ahmeds Auto. Die Seitenfenster fehlen. Auch die Tür geht nicht ohne Weiteres auf, deshalb hat Ahmed immer einen Schraubenzieher dabei.

Der Tacho steht konstant auf null. Ahmed kauft noch etwas Fleisch und Gemüse, wir fahren kurz bei ihm zu Hause vorbei, das Haus liegt am Stadtrand, in der Einöde. Es erinnert mich an die Wüstenbehausungen auf Tatooine in *Star Wars*, und das ist wieder so eine bezeichnende Komik, dass als einzige Assoziation die Kulisse einer Hollywood-Weltraumsaga heraufzieht.

Wir fahren auf der Asphaltstraße ein Stück Richtung Süden, bis Ahmed irgendwann nach links auf eine für mich kaum auszumachende Sandpiste abbiegt. Dürre Sträucher und karge Baumgerippe zeichnen sich gegen eine rotbraune Wand ab, die wohl der Himmel sein soll. Nach einer halben Stunde versuche ich auszurechnen, wie viele Wegstunden es nun zurück zur Straße wären. Fakt ist: Naga liegt 37 Kilometer vom Nil entfernt in der Wüste. Es gibt hier keine Straßen und Häuser, nur ein paar Beduinen und Kamele.

Der Besuch des Tempels ist einigermaßen unspannend. Ich fotografiere den Amun-Tempel, erbaut nach ägyptischem Vorbild, den meroitischen Löwentempel und die griechisch-hellenistische Hathorkapelle. »Eine Kulisse, die die Weltarchitektur Revue passieren ließ«, wird mir später, zu Hause in Deutschland, der Leiter des Forschungsprojekts Naga des Staatlichen Museums für Ägyptische Kunst in München, Dietrich Wildung, erklären. Mich interessieren vor allem die Nomaden, die ihr Vieh zu dem Brunnen führen, den es in dieser Zivilisationsverlassenheit tatsächlich gibt.

Nach einer Stunde fährt mich Ahmed wieder durch die Wüste zurück zur Hauptstraße und von dort weiter in die Stadt. Wer aus der Wüste kommt, für den ist jedes noch so ausgestorbene Nest plötzlich ein gastlicher Ort, eine Zuflucht.

Essan wartet im Gästehaus, es wird dunkel. Ich habe Hunger und beschließe, im Ort eine Falafel zu essen. In dem kleinen Restaurant stehen nur ein paar Plastikstühle auf einer überdachten Terrasse. Männer sitzen im Schatten und schauen herüber, nicht betont freundlich, aber auch nicht abweisend. Wie man eben auf einen Fremden schaut, auf den kurz der Blick fällt. Die Situation ist also angenehm normal. Nichts kommt mir mehr so fremd und ungastlich vor wie heute Mittag, als ich nach zwei Stunden Busfahrt meine Füße in den Staub setzte und von nichts eine Ahnung hatte.

Es ist der Abend des 13. März. Am nächsten Morgen, als die Sonne von einem klaren Himmel in den Hof scheint, in dem die Männer auf Bettgestellen unter dem freien Himmel geschlafen haben und wo jetzt einer nach Mekka betet – an diesem Morgen bin ich ein Jahr älter.

Essan schaut mir beim Abschied tief in die Augen. »*Ma'a as-salāma – you are a good man*«, sagt er und legt seine Hand auf meine Schulter. Ein schöner Geburtstag war das. Mehr noch:

Der Geburtstag als gemeistertes Abenteuer – was kann es Besseres geben?

Denn das Abenteuer lädt einen mit Energie auf, schärft die Sinne, verbessert die Wahrnehmung. Und führt dann zu einer großen inneren Ruhe. Ich spüre wieder einmal: Das Leben ist eine großartige und berauschende Angelegenheit.

Alaska

ALLEIN IN DER WILDNIS

Solch ein Lebensstil hat mich schon immer fasziniert: allein in der Wildnis Alaskas. Elf Hunde werden zu meinen Gefährten und Polarlichter zum einzigen Lichtschein in eiskalten Winternächten.

Von Dirk Rohrbach

Es ist mein zweiter Besuch bei Andy. Im Frühjahr habe ich schon mal Haus und Hunde gehütet, weil er zu einem Versammlungstermin nach Whitehorse in Kanada reisen musste. Das ist einer der Preise für die Freiheit, abgeschieden in der alaskanischen Wildnis zu leben. Man braucht immer jemanden, der sich um die Tiere kümmert und dafür sorgt, dass das Haus im Winter nicht einfriert.

Und der Winter ist ja bekanntlich lang in Alaska – mindestens sechs Monate.

Wenn im Oktober der Dauerfrost einsetzt und der erste Schnee permanent liegen bleibt, müssen die Vorbereitungen auf die dunkle Jahreszeit eigentlich abgeschlossen sein. Die Lachse sind gefangen, der Elch hoffentlich geschossen, in den Vorratstruhen stapeln sich die Gefrierbeutel mit portionierten Fleischhappen, getrocknetem Gemüse und eingemachten Beeren. Und das Brennholz vor der Hütte sollte ein paar Wochen halten. Denn bis der Fluss endgültig zugefroren ist, bleibt der Buschflieger die einzige Verbindung zur Außenwelt.

Andy mag die Abgeschiedenheit. Der Aussteiger kam vor vielen Jahren aus dem Osten Amerikas nach Alaska. Seit 2008 lebt er jetzt hier am Yukon auf einem gut sechzehn Hektar großen Stück Land, das er einst einem Indianer abkaufte. Straßenanbindung gibt es keine, auch kein fließendes Wasser, vom Yukon mal abgesehen. Strom liefern Solarpaneele, ein Windrad und im Winter ein Generator. Andy ist Selbstversorger, durch und durch.

»Mir gefällt die Tatsache, dass all meine Nahrung vom Land hier kommt, mit Ausnahme von Nacho Chips«, scherzt er. »Wenn ich einen Weg fände, Nacho Chips zu anzubauen, dann wäre ich zu hundert Prozent autark. Ich hätte meine Tomaten, meine Zwiebeln, meine Paprika, meine Nacho Chips und mein Bier. Dann wäre ich ziemlich happy.»

Ich habe Andy 2012 zufällig kennengelernt. Damals bin ich im Juli mit meinem Kanu aus Birkenrinde auf dem Weg zum Beringmeer an seinem Grundstück angelandet. Die Einladung zum Lachsdinner habe ich gerne angenommen und bin danach weiter im Kontakt geblieben. In Andys Garten sprießen im Sommer Salate und Gemüse – Kraut, Romanesco, Bohnen, Karotten –, im Gewächshaus nebenan züchtet er Tomaten und Paprika. Achtzig Prozent seiner Nahrung kommen von hier, oder vom Jagen und Fischen. Die Lachse braucht er nicht nur für sich, sondern vor allem für seine Hunde.

Elf Alaskan Huskies leben hinter dem selbst gebauten Holzhaus.

Im Winter zieht Andy mit ihnen über den zugefrorenen Yukon und hält die Strecke für das legendäre Hundeschlittenrennen *Yukon Quest* zwischen Whitehorse und Fairbanks frei.

»Diese Lebensweise ist die Identität von Alaska. Die Vision von den Pionieren in der Wildnis«, kommentiert der 58-Jährige nicht ohne einen gewissen Stolz in der Stimme. »Wenn die Leute an Alaska denken, denken sie zuallererst an Menschen, die in der Wildnis leben, jagen, Fallen stellen, fischen, sich selbst ernähren. Diese Lebensweise geht verloren, wenn niemand sie mehr praktiziert. Wir sind jetzt eine bedrohte Spezies.« Was wie ein Scherz klingt, ist ernst gemeint. »Es gibt nur sehr wenige junge Menschen, die sich für dieses Leben entscheiden. Ich fürchte, dass dieser Lebensstil und das Wissen darum verschwinden werden. Die Menschen haben nicht mehr die Energie, die es braucht, um so zu leben. Und ich glaube, dass der Gesellschaft viel verloren geht, wenn wir als Menschen die Fähigkeit verlieren, in einem solchen Umfeld zu überleben.«

Mich hat ein solches Leben schon immer fasziniert. Vermutlich, seit ich Ende der Siebzigerjahre *Der Mann aus den Bergen* über die Geschichte von Grizzly Adams und seinem halb zahmen Braunbären

Ben im Fernsehen verfolgt habe. Blockhausromantik in meinem Kopf. Damals, als Elfjähriger, ahnte ich natürlich nicht mal annähernd, welchen Aufwand das Leben in der Wildnis bedeutet, welche Entbehrungen man in Kauf nehmen muss. Und welche Befriedigung es verschaffen kann.

Für gut zwei Wochen habe ich nun Gelegenheit, das ansatzweise zu erfahren. Andy muss wieder zum Treffen eines Gremiums, das sich um die Regulierung der Lachswanderung im Yukon kümmert. Viel Zeit zum Besprechen bleibt uns nicht, schon am nächsten Morgen wird Andy mit Gary nach Eagle fliegen und von dort über Fairbanks weiter ins kanadische Yukon Territory. Der bald achtzigjährige Pilot, der auch mich die kurze Strecke über den noch teilweise offenen Yukon zu Andys Grundstück am Calico Bluff gebracht hat, wirkt rüstiger als seine halb so alte Maschine. Aber die kleine blaue Piper trotzt selbst den kältesten Temperaturen zuverlässig. Und bis der Yukon River im weiterhin milden Winter stabil zufriert, bleiben sie und Gary die einzige Verbindung zur Außenwelt.

Off the grid

Acht Uhr morgens, daußen stockfinster.
Kaffee aus Yukon-Wasser. Im Dog Yard rascheln die Ketten,
die Hunde haben Hunger.

Es ist fast acht Uhr, als ich aufwache. Draußen noch immer stockfinster. Erst als sich meine Augen an die Dunkelkeit gewöhnen, erkenne ich durchs Fenster die Umrisse der Fichten und Bergrücken am anderen Yukonufer, die die fahlen Strahlen des Mondes zeichnen. Ich schäle mich aus dem Schlafsack, schlüpfe in die Fleecehose und schlurfe im Schein der Stirnlampe über die Treppe runter ins Erdgeschoss.

Andys Cabin hat dort zwei Räume. Im Wohnzimmer, das nachträglich angebaut wurde, befinden sich ein verschlissener Zweisitzer und ein ramponierter Recliner, ein Fernsehsessel, in dem Andy normalerweise den Morgenkaffee genießt und den Radionachrichten lauscht, wenn der Empfang mal halbwegs passabel ist. In einer Ecke steht ein runder Arbeitstisch, daneben stapeln sich zwölf Eimer mit Schraubdeckeln aus dem Baumarkt, die er mit Yukonwasser befüllt hat. Nachdem er ein Loch ins Eis geschlagen hatte. An der Wand hängt ein selbst gezimmertes Regal mit einer umfangreichen Auswahl an Gewehren verschiedener Kaliber für die Jagd oder um Bären zu vertreiben, die sich im Frühjahr hungrig seiner Hütte nähern. Rechts darunter die zwei Containerflaschen mit selbst gebrautem Bier, auf das er sich vor allem im Sommer nach einem langen, arbeitsreichen Tag freut. Komplettiert wird der Raum durch einen mächtigen Ofen aus Gusseisen. Wenn es draußen richtig kalt wird, muss Andy ihn zusätzlich befeuern, ansonsten reicht der Hauptofen in der Küche nebenan.

Ich blicke auf das Thermometer vorm Fenster: minus zehn Grad Fahrenheit, also nur minus 23 Grad Celsius.

Das ist warm für eine Region, die im Winter regelmäßig in Minustemperaturen von vierzig Grad und darunter erstarrt. Trotzdem lege ich ein paar Scheite nach. Als ich vorgestern in Deutschland in den Flieger stieg, war mein Körper an zweistellige Plusgrade gewöhnt, und er braucht wohl noch eine Weile für die Umstellung. Erst mal Kaffee, denke ich.

Normalerweise lässt Andy das heiße Wasser durch einen Filterhalter in die Thermoskanne tropfen, für mich hat er zusätzlich die elektrische Kaffeemaschine stehen gelassen. Ich lege den Schalter der Wasserpumpe um und zapfe so die Menge für acht Tassen aus dem Wassereimer unter der Spüle, in dem ein Schlauch steckt. Auch wenn der Aufwand vielleicht ein wenig größer ist, im Busch muss niemand auf die Annehmlichkeiten der Zivilisation verzichten. Selbst Fernsehen und Internet sind dank Satellitentechnik möglich, obgleich die Verbindung bestenfalls antiquierte ISDN-Standard-Geschwindigkeit erreicht und geradezu obszön überteuert ist.

Während der Kaffee durch die Maschine läuft, ziehe ich die Daunenjacke über und stapfe die rund zwanzig Meter durch den Schnee zum *Outhouse*, Alaskas legendärem Plumpsklo. Andy hat die Sitzfläche mit einer dicken Styroporplatte isoliert, die für überraschend warmen Komfort sorgt. Und wenn es mal länger dauert, bietet unterhaltsame Lektüre Zerstreuung. Oder der freie Blick auf den majestätischen Calico Bluff, der unweit vom Grundstück schroff in den Yukon abbricht. Die Gewohnheit, das Toilettenpapier ebenfalls in die Grube zu werfen, muss ich allerdings aufgeben. Das würde schnell zur Überfüllung führen. Deshalb steht ein kleiner Eimer bereit. Wenn der voll ist, wird der Inhalt zusammen mit anderem Müll in einer rostigen Metalltonne verbrannt.

Im Dog Yard rascheln die Ketten, als ich mich auf den Rückweg zum Haus mache. Die Hunde wissen, jetzt ist die Zeit, in der ich einen von ihnen ins Haus hole, wo er sich zusammen mit Husky-Opa Solo aufwärmen darf. Ihre Augen funkeln im Licht der Stirnlampe, als ich das Areal der Hütten erreiche. Alle sind inzwischen erwacht und schwänzeln aufgeregt trabend in meine Richtung. Bis die Kette sie zurückhält und sie meine Aufmerksamkeit durch Winseln, Jaulen und Bellen auf sich ziehen wollen. Heute ist Iceberg dran, der schneeweiße Rüde, Andys bester Leithund, auch wenn er bei einem Gerangel im letzten Winter ein Auge verlor.

Ich löse den Karabiner am Halsband, und Iceberg sprintet auf die Veranda, in freudiger Erwartung der Ofenwärme und der Zuneigung, die er selbstverständlich ebenfalls bekommen wird. Zum Frühstück gibt's Granola für mich und Hundefutter mit einer Kelle heißem Wasser für die Hunde. Danach »*Scoop the Poop*«. Also schnappe ich mir

Schaufel und Eimer und sammle Gefrorenes, das am Ende auf einer ständig wachsenden Halde abseits des Grundstücks landet. Wer als *Musher*, als Hundeschlittenführer, mit Huskies die winterliche Weite erkunden will, muss auch bereit sein, die weniger glorreichen Taten zu vollbringen.

Überhaupt habe ich den Eindruck, als Hundeschlittenführer ist man in erster Linie Landwirt und nicht Abenteurer oder Sportler.

Die Versorgung der Tiere verlangt ähnliche Disziplin wie die eines Milchbauern, bei dem die Kühe meist über allem stehen. Hier draußen sind es die Hunde. Und der Haushalt mit allem, was dranhängt, wenn man »*off the grid*«, ohne Anbindung ans Netz, lebt.

Mein nächster Gang führt mich rüber zum *Power Shack*, in dem Andy seine Batterien verkabelt hat. Sie liefern den Strom fürs Haupthaus und für die elektrischen Werkzeuge, die sich auf einer Werkbank im selben Schuppen verteilen. Mit ihnen bearbeitet Andy gelegentlich Flusskiesel und Tiergeweihe, fertigt daraus Schmuckstücke, die er hin und wieder verkauft, meist aber an seine Gäste verschenkt. Ich checke den Ladezustand der Batterien, der in den letzten beiden Tagen doch deutlich gefallen ist. Nach ein paar Versuchen knattert der kleine portable Generator, der in den kommenden Stunden bleifreies Benzin in Kilowatt verwandeln wird. Zunächst um einen Miniheizlüfter zu betreiben, der den Gemüsekeller in Andys neuem Haus vor dem Einfrieren bewahrt. Dort lagern vor allem Kartoffeln und Rüben in großen Plastiksäcken.

Das neue Haus entsteht gerade gut hundert Meter entfernt vom alten und soll im kommenden Winter fertig sein, mit mehr Platz und vor allem einem ausgetüftelten Kachelofen aus großen Flusskieseln nach europäischem Vorbild, der das Brennholz wesentlich effizienter nutzen wird als die gusseisernen Dinosaurier in der alten Hütte. Ich heize das Feuer im kleinen Ofen des Schuppens wieder an, die Batterien dürfen nicht dauerhaft der Kälte ausgesetzt sein, sonst verlieren sie ihre Ladekapazität und irgendwann auch die Funktion.

Inzwischen ist die Sonne aufgegangen. Ihre Strahlen zaubern ein trügerisch warmes Orange auf die verschneiten Hänge auf der anderen Yukon-Seite. Hier am Südufer wird sie sich bis März nicht blicken lassen.

Ich starte das Schneemobil, der Holzvorrat schwindet zunehmend. Aber in den Wäldern und der Uferzone am Fluss gibt es reichlich Nachschub. An den Umgang mit der Motorsäge muss ich mich erst gewöhnen, am Ende aber fühle ich mich nach jeder Ausfahrt ein bisschen wie ein Jäger, der mit seiner Beute nach Hause kommt. Statt mit Elch, Karibu oder Schneehuhn allerdings nur mit Fichte, Espe und Birke, in fußlangen Stücken, die ich anschließend gleich spalte und auf die Stapel beim Haus, Schuppen und der Sauna verteile. Dort, in der kleinsten Blockhütte auf dem Grundstück, werde ich später auch ein Feuer im Ofen schüren, um damit Wasser und Luft zu erhitzen und am Ende des Tages eine wohltuende Eimerdusche zu nehmen. Solange es aber hell ist, haben die Hunde Vorrang …

GEE! HAW! EASY! WHOA!

Ein Dutzend Hunde, ein Schlitten, ein Trail durch die Wälder – »Go!« Auch ein alaskischer Traum. Der aber so gar nichts mit der Realität zu tun hat, zumindest nicht mit meiner.

Was wahrscheinlich an meinem noch sehr deutlich ausgeprägten Rookie-Status liegt. Wobei die *Rookies*, die Neulinge bei den Hundeschlittenrennen, nur so genannt werden, weil sie zum ersten Mal dabei sind, und nicht etwa, weil sie noch keinen Peil haben. Im Gegensatz zu mir. Von wegen einfach draufstellen, und los geht's.

Diese Vorstellung ist genauso naiv wie die, mit einem Kanu aus Birkenrinde unbeschadet bis zum Beringmeer reisen zu können. Bei meiner Tour damals hatte ich schon am zweiten Tag einen Fast-Totalschaden, als das Boot im Sturm an Steinen zerschellte. Nach der erfolgreichen Reparatur musste ich dann im Schnitt alle zwei Tage lecke Stellen flicken. Aber das Kanu hat gehalten und mich mehr als 3000 Kilometer auf dem Yukon durch Kanada und Alaska getragen. Von so einem Erlebnis bin ich mit dem Hundeschlitten noch weit entfernt – also, von einer epischen Reise durch die Wildnis. Obwohl sie ganz oben auf meiner »*bucket list*« steht.

Ich schirre jeweils fünf Hunde für meine ersten Trainingsfahrten vor den Schlitten. Der weiße Iceberg oder der rote Kugeran als Leader, der schwarze Gambo in der Swing-Position direkt dahinter und in der Rolle der Wheeldogs schließlich die nimmermüden Dickel und Brigus. Dieses erste Team harmoniert nicht nur exzellent, es ist auch zugstark, und vor allem hört es halbwegs zuverlässig auf die Kommandos »*Gee!*« für rechts, »*Haw!*« für links, »*Easy!*« für langsamer und »*Whoa!*« für Halt, sogar wenn ich sie gebe. Team 2 besteht aus der einzigen Lady im Kennel, der kleinen wuseligen, mitteilungsbedürftigen Topaz in der Führungsrolle, dem schüchternen Riesen Fogo, den man jedes Mal unter viel Krafteinsatz zum Schlitten zerren muss, weil er das Anschirren so sehr verabscheut, dem hinterlistigen Carboneer, der bei jeder Gelegenheit ausbüchst, um sich vorm Schlittenziehen zu drücken, und dem Vater-Sohn-Gespann Shilling und Jack, die nebeneinander als Wheeldogs unmittelbar vor dem Schlitten wie ein Uhrwerk traben.

Trotzdem bleiben diese fünf mein Chaos-Team.

Denn wenn es drauf ankommt, macht jeder, was er will, egal wie oft ich meine Kommandos rufe und selbst wenn ich mit dem ausgestreckten Arm die Richtung auch visuell noch vorgebe. Manchmal bin ich selbst nach einer nur halbstündigen Seerunde regelrecht heiser, vom Bestreben und der Überzeugung getrieben, dass gutes oder im Zweifel auch mal lautstarkes Zureden irgendwann schon den Erfolg bringen wird. Nicht selten aber muss ich absteigen, die Hunde, die sich inzwischen durch wahllose und weitgehend sinnbefreite Richtungsänderungen heillos mit ihren Zugleinen verheddert haben, entwirren, um anschließend Topaz am Geschirr auf den rechten oder linken Pfad zurückzuführen. Wenn sie mich dann aus ihren stahlblauen Augen fragend anblickt, schmelzen alle Grollgedanken dahin wie Schnee in der Frühlingssonne.

Die Waffen der Hundeweibchen ...

Neben der Kontrolle der Huskies ist aber auch das Handling des Schlittens durchaus mit einer steilen Lernkurve verbunden. Festhalten allein reicht jedenfalls nicht, wie ich nach einigen Stürzen im Frühjahr schon feststellen musste. Wobei selbst dann Festhalten die einzige Garantie ist, die Hunde zum Anhalten zu bewegen. Rufe, und seien sie noch so panisch oder fordernd, scheren sie überhaupt nicht, solange der Schlitten hinter ihnen mit seinen Kufen hörbar durch den Schnee schleift, mit oder ohne Besatzung. Die Hunde scheinen genau zu wissen: Wenn sie von sich aus stoppen, rammt der Schlitten ungebremst zumindest den Wheeldogs in die Beine.

Das ist nicht nur schmerzhaft, sondern kann zu furchtbaren Verletzungen führen. Also lieber weiterlaufen, bis der Schlitten kippt und sich irgendwo verkantet. In der Tat steht man als Musher nicht nur entspannt hintendrauf. Vielmehr muss man stets ein wachsames Auge auf den Trail haben, Unebenheiten erkennen, vor Kurven rechtzeitig bremsen, in die Knie gehen und das Gewicht verlagern. Das erinnert stark an einen alpinen Skiläufer, der auch ständig vom Innen- auf den Außenski wechselt und je nach Richtung belastet oder umsteigt.

Da der Yukon noch nicht stabil und ebenmäßig zugefroren ist, muss ich die Trainingsrunden erst mal auf zwei Seen hinterm Haus beschränken. Alternativ folge ich schließlich einem schmalen, kurvigen Pfad, den Andy durch die Wälder und über eine Bergkuppe zum Seventymile River geschlagen hat. Und hier passiert es dann: Mit Schnee- und Eisbremse reguliere ich zwar zunächst erfolgreich die Geschwindigkeit, übersehe aber eine Bodenwelle, die den Schlitten ruckartig aus der Spur wirft. Ich pralle frontal gegen eine zehn Zentimeter dicke Fichte.

Die Wucht, getriggert vom Zug der laufwütigen Hunde, lässt den Stoßfänger am Schlitten bersten, und mehr noch, die Fichte bohrt sich förmlich einen halben Meter weit in die ohnehin brüchige Bodenplatte aus Plastik. Dann plötzlich Stillstand. Mein Team schaut mit verdutzten Augen zu mir und ich zu ihm. Keinem von uns ist etwas passiert, aber der Schlitten ist hinüber. Ich muss die Zugleine der Hunde lösen, bevor ich den Schlitten befreien kann. Anschließend schirre ich die Huskies wieder an und hoffe, die verbliebene Fläche der Bodenplatte hält noch ein paar Kilometer. Wir schnaufen tief durch und treten etwas bedröppelt die Rückreise an, jetzt doppelt vorsichtig, denn vor uns liegt noch eine halsbrecherisch steile Abfahrt.

Am nächsten Tag werde ich trotzdem wieder auf diesen Trail ziehen, mit einem Ersatzschlitten und in der Hoffnung, das Trauma auf diese Weise schnell hinter mir zu lassen. Als ich Andy später mein Missgeschick per Mail beichte, beruhigt er mich. Das gehöre zum Mushing, und den Schlitten habe er ohnehin schon lange austauschen wollen.

Der Mensch wird niemals vollständig die Kontrolle behalten, auch das macht die Faszination aus, mit Hunden durch die winterliche Wildnis zu ziehen.

Aurora zum Abschied

Zwei Wochen allein in der arktischen Wildnis gehen zu Ende. Wenn heute Nacht wieder die Polarlichter tanzen, fällt der Abschied noch schwerer.

Kurz nach vier Uhr nachmittags, dunkelste Nacht draußen. Ich tippe diese Zeilen im Schein meiner Stirnlampe in den Laptop. Wer den Strom jetzt im Winter mit einem kleinen Generator produziert, spart, wo er kann. Draußen heulen die Hunde. Ich würde am liebsten einstimmen. Die tiefen Schneewolken haben sich verzogen, längst strahlt der inzwischen fast volle Mond wieder aufs weiße Land. Die Temperaturen sind innerhalb weniger Stunden um zehn Grad gesunken. Minus zwanzig Grad Celsius zeigt das Thermometer.

Zwei Wochen allein in der arktischen Wildnis gehen zu Ende. Abermals, wie auch bei meinen Reisen mit Rad oder Kanu, habe ich den Eindruck, das Reduzieren des Alltags auf Essenzielles fasziniert mich an diesem Leben. Es braucht keine »Simplify«-Parolen, um zu erkennen, wie sehr die Einfachheit entschleunigt und dass Hightech-Errungenschaften vielleicht vordergründig für mehr Komfort sorgen, man sich am Ende des Tages aber nicht zwangsläufig auch erfüllter fühlt. Vielleicht drängen deshalb so viele Zivilisationsmüde in die Wildnis, und sei es nur für einen kurzen Moment.

Und so werde ich gleich wieder raus in die Dunkelheit stapfen, fünf getrocknete Ketalachse vom Rack nehmen und für die Hunde zerteilen. Jeder bekommt einen halben. Und ich ein Viertel, gebraten in der gusseisernen Pfanne.

Mild war der Winter bisher, sagen alle. Aber heute Nacht könnten die Werte weiter fallen, auf unter minus dreißig Grad. Zu kalt für den Buschflieger, der mich morgen zurück in die Zivilisation bringen soll. Hoffentlich …

Iran

RANDVOLL IST MEIN HERZ

Ich mache Ferien auf der Achse des Bösen und finde dort wahre Schönheit.

Von Nadine Pungs

Polizisten stürmen den Bus. Sie sprechen nicht, sie suchen. Ich zupfe nervös mein Kopftuch zurecht. Taschenlampenlicht. Getuschel der anderen Reisenden. Ich höre mein Herz. Und unseren Busfahrer laut schimpfen. Er steht draußen, umringt von acht Gesetzeshütern, auf einem schwach beleuchteten Vorplatz der Polizeistation. Irgendwo im Iran. Irgendwann in der Nacht. Ich verstehe nichts. Mein Farsi beschränkt sich auf ein paar Höflichkeitsfloskeln. Alle sind nun fehl am Platz. Was ist hier los? Warum hat die Polizei unseren Bus herausgefischt? Niemand spricht Englisch und mein Handy hat keine Verbindung mehr zur Außenwelt. Ich sitze fest im iranischen Nirgendwo. Sprachlos.

Weitere Polizisten preschen in den Bus. Klopfen an die Decke, schauen unter die Sitze, reißen Wandverkleidungen herunter und entdecken Geheimfächer. Voll mit Ware. Verbotener Ware. Säckeweise heben sie den Schatz aus. CDs, T-Shirts, Konserven und einige Flaschen harten Alkohol. Im islamischen Gottesstaat Iran ist schon der Genuss von Bier strengstens verboten. Es drohen Geldstrafen und Peitschenhiebe.

Draußen wird gestritten. Rund fünfzehn Männer, Polizisten und die siebenköpfige Bus-Mannschaft, diskutieren und kreisen wie hungrige Wölfe um den Berg Schmuggelware.

Ich schaue aus dem Fenster und sehe meinen Rucksack im Staub liegen. Die Polizei durchsucht unser Gepäck. Ein Blitz trifft mich mitten ins pochende Herz. Habe ich noch die heimliche Flasche Wein im Ranzen? Oder habe ich sie schon getrunken? Ich weiß es nicht mehr. »Für einsame Nächte«, sagte mein Bekannter in Teheran, als er mir das sündige Gesöff in eine Pepsi-Flasche füllte. Ich stopfte sie dankbar in meine Tasche.

Jetzt ist die Nacht einsam. Wie viele Peitschenhiebe kriege ich wohl? 70, 80 oder 90?

Mir wird übel. Die Polizisten öffnen wahllos Koffer, befingern Kosmetikartikel und Schmutzwäsche. Ich starre auf mein Handy. Immer noch kein Empfang. Wenn ich jetzt aufstehe, aussteige und renne, wie weit komme ich?

Ich atme tief und ordne meine Gedanken. Streife durch Erinnerungsfetzen. Doch. Ich habe den Wein bereits getrunken. Ja, ich bin mir sicher. In der Karawanserei muss es gewesen sein. Ja, so war es. Ich beruhige mich. Schließe die Augen. Aber was ist, wenn mir jemand mit unlauteren Absichten etwas ins Gepäck geschmuggelt hat? Drogen? Während ich ahnungslos im Bus dämmerte. So was passiert doch. Ich habe davon gelesen. Ich bin hier nur die sprachlose Touristin.

Nein, Schluss jetzt. Blödsinn. Keine beengenden Gedanken. Ich wollte es so. Hatte ich mir doch solche Situationen herbeigesehnt, das Abenteuer gesucht. Ich will ja Intensität. Ich will Lebendigkeit. Ich will Wahrhaftigkeit. Etwas, das bleibt. Ich will Hingabe. Fremd werden. Vagabundieren. Staunen. Ich will Schönheit und Melancholie. Ich bin süchtig. Sehnsüchtig. Mir fehlt der Mut, um zu bleiben. Deshalb muss ich gehen. Und deshalb bin ich hier. Allein. Im Iran.

Reisen ist anstrengend und lästig. Reisen ist mühsam und bitter. Und alleine reisen ist ein freier Fall. Es ist, als stünde man kurz vor dem Sprung aus dem Flugzeug. So stelle ich mir das vor. Unter mir nur Leere. Exit. Ich robbe zur Tür. Meine Füße auf dem Trittbrett, die Arme vor die Brust und der Kopf in den Nacken. Noch mal tief durchatmen. Absprung!

Gelandet bin ich in diesem iranischen Bus. Ich spüre das Leben. Und das ist gut. Gut, weil ich davongekommen bin. Der Bus rollt an. Nach Stunden bangen Wartens. Die Polizei hat die Schmuggler verhaftet, nur der Busfahrer darf weiter. Was wird wohl mit den Männern geschehen? Können sie sich freikaufen? Werden sie ausgepeitscht? All das wegen ein paar billiger T-Shirts und einiger Flaschen Alkohol.

Die Landschaft zieht vorüber, der Tag bricht an. Die meisten Leute im Bus schlafen. Ich schaue aus dem Fenster hinein in eine wunde

Welt. So viele Geschichten erzählt das Land, so viele Wunder. Vielleicht gehören sie stets zusammen: das Wunder und die Wunde. Vielleicht gehört zum Glück auch immer Trauer und zur Anmut der Unmut.

Die Sonne scheint und der Himmel ist wolkenlos. Wie ein großer blauer Fleck ist er über die Wüste gespannt.

In einem Interview antwortete der deutsche Schriftsteller Botho Strauß auf die Frage »Was fehlt Ihnen?« mit der schlichten Aussage: »Das Schöne.«

Mehr nicht. Ich verstand ihn. Der Berliner Philosoph Byung-Chul Han schrieb aufgrund dieser Strauß'schen Feststellung ein ganzes Buch über *Die Errettung des Schönen*.

Wo ist es, das Schöne? In unserem heutigen westlichen Verständnis von Schönheit gibt es in ihr keine Knackse, keine Risse, keine Bruchstellen. Alles sei kugelrund gelutscht, faltenfrei, glatt geschliffen und ausdruckslos, so Hans Erkenntnis. Das wirklich Schöne hat jedoch Kratzer und manchmal Verletzungen. Es birgt Geheimnisse.

Im Iran sehe ich viel Schönes. Viele Risse und Bruchstellen. Viel nicht Gesehenes. Nicht nur die verschleierte weibliche Schönheit. Auch einsame Salzseen, bunte Berge, eine verlassene Fabrik, die sich aus dem Wüstensand erhebt, alte seelenvolle Gesichter, persische Ruinen, Mosaiken, schwarze Kinderaugen. Und immer wieder die unendlichen Sandmeere. Grau und beige. Als wäre die Farbe aus der Welt gewaschen.

Ich setze die Kopfhörer auf. In meinem Ohr singt Leonard Cohen. *»I came so far for beauty, I left so much behind.«*

Gefangene Freiheit

Hinterm Horizont erscheint Schiraz. Der Garten des Iran.

Wir sind endlich angekommen. Ich steige aus, setze mich auf meinen Rucksack und warte, beobachte Busse und Menschen. Abschiede und Wiedersehen. Heimweh und Sehnsucht. Alles hier. Im Bahnhof. In mir. Es ist heiß und riecht nach Orangenblüten.

»*Hello, where are you?*«, fragt eine warme Baritonstimme am Telefon. Es ist Kourosh. Mein Host für die nächsten drei Tage und der beste Freund meines Teheraner Bekannten. Ich darf in seinem Haus wohnen – zusammen mit Schwester, Bruder, Schwägerin, Neffe, Nichte, und der 92 Jahre alten Mutter. Bisher hatten wir uns nur Textnachrichten geschrieben, und ich bin neugierig, wer mich erwartet.

Kourosh lässt den Motor laufen, steht im Halteverbot. Ich steige ein und blicke in ein attraktives Gesicht. »*Hi, I'm Kourosh.*« Lachfalten kräuseln sich um seine braunen Augen. Und ich beginne zu stottern, werde kleinmädchenschüchtern. Außer ein wenig englischem Gefasel vergesse ich sämtliche Worte. Ich beschränke mich aufs Lächeln.

Kourosh trägt mein Gepäck in ein Apartment. Er wohnt ein Stockwerk tiefer. Er lädt mich zum Frühstück am nächsten Morgen ein.

Fladenbrot, Frischkäse, Spiegeleier und schwarzer Tee. Während Kourosh aufdeckt, sitzt die zierliche Mutter auf dem Sofa und schaut eine iranische Spielshow. Ich winke ihr zu. Sie winkt zurück. »*What's your plan for today?*«, fragt mich Kourosh. Ich weiß es nicht. Ich glaube, ich hatte es gewusst. Aber ich vergesse auch das. Kourosh grinst smart und schreibt die wichtigsten Sehenswürdigkeiten in Schiraz auf einen Zettel. In Englisch für mich und in Farsi für die Taxifahrer. Und am Abend wolle er mich auf eine Party mitnehmen. Mein Blick vergräbt sich in sein persisches Gesicht. Die schwarzen Brauen, die geschwungenen Züge, die angegrauten Schläfen und in den Augen ein Licht, das brennt. »*Okay*«, sage ich. Mehr fällt mir nicht ein.

Die Party ist in einem schicken Apartment, das auch in New York oder London als schick gelten würde. Die Leute sind schön und sympathisch. Es gibt Rohkost, Joghurt, laute Musik, Whiskey, selbst gemachten Wein und Joints.

Ich bin natürlich underdressed. Außer ein paar islamischen Hijabs habe ich nichts im Koffer. Verwirrt bin ich auch. Der Iran widerspricht sämtlichen westlichen Klischees. Nicht überall lauern die Mullahs. Nicht überall steht eine Atomanlage, und viele Iraner haben noch nie im Koran gelesen.

> Hier im schicken Apartment ist, wie so oft, von der vermeintlichen »Achse des Bösen« nichts zu spüren.

Mit diesem leidigen Begriff hat der damalige US-Präsident George W. Bush den Iran als Schurkenstaat stigmatisiert. Es gab jedoch nie eine Achse, denn Iran, Irak und Nordkorea pflegten keine Allianz und auch wurde diese Bezeichnung mittlerweile relativiert. Iran und Amerika sind unausgesprochene Verbündete im Kampf gegen die Taliban in Afghanistan und den sogenannten Islamischen Staat (IS) im Irak und in Syrien geworden. Atomdeals werden geschlossen, Sanktionen aufgehoben. Doch in den westlichen Köpfen hat sich die »Achse des Bösen« festgezeckt.

Trotz all der berechtigten Kritik an Bushs Äußerung bleibt das iranische Regime dennoch restriktiv und verletzt tagtäglich Menschenrechte. Das darf und muss immer wieder laut skandiert werden. Ein Ponyhof ist das hier ganz und gar nicht.

»*What are you thinking?*«, Kourosh lächelt mir zu. Die Drinks machen mich gesprächiger. Und so will ich von ihm wissen, wie er in diesem Land zurechtkommt. Einem Land, das offiziell die Genüsse des Lebens verbietet und als Sünde deklariert.

»*You can see it here. Everybody does everything. In our private lives, we are free.*« Jeder macht alles. Freiheit in den eigenen vier Wänden. Aber reicht das?

»*It's better to be a slave of our own country than a slave of a foreign country*«, meint Kourosh und leert sein Glas Whiskey. Ist das so? Besser Sklave der eigenen Regierung sein als Sklave einer Besatzungsmacht? Die Iraner sehen, was in ihrer Nachbarschaft passiert. Gescheiterte Staaten. Der Mittlere Osten zerfällt. Sie wollen unabhängig bleiben.

Ich muss darüber nachdenken. Mit japanischem Whiskey klappt das allerdings nur bedingt. Betrunken bin ich trotzdem. Und deshalb fällt mir auch erst im Auto auf, dass ich mein Kopftuch verloren habe und gerade »oben ohne« durch den Iran fahre. Benebelt und berauscht. In maßloser Sünde. Kourosh findet das lustig. Zum Glück ist kein Mullah in Sicht. Wobei der vielleicht um diese Uhrzeit auch betrunken gewesen wäre.

Am nächsten Tag streife ich durch die engen Gassen des Bazars. Ein Universum an Gerüchen und Geräuschen, Schmuck, Teppichen, Süßigkeiten und billiger Kleidung *made in China*. Mopedfahrer drängeln, alte Männer schlafen in ihren Geschäften, Frauen begutachten Stoffe. Ich kaufe für ein paar Toman einen goldenen Armreif, der angeblich fünfzig Jahre alt ist, und verlasse den schummrigen Bazar. Sonnenfinger streicheln mein Gesicht und es riecht immer noch nach Orangenblüten. Ein Taxi bringt mich zum heiligen Schrein Shah-e-Cheragh, in dem die Brüder des Imam Reza begraben liegen. Also direkte Nachfahren des Propheten Mohammed. Auch als nicht muslimische Touristin darf ich die Pilgerstätte besuchen. Allerdings nicht, ohne die besonderen islamischen Kleidervorschriften zu berücksichtigen.

Im Schrein besteht für Frauen Tschador-Pflicht. Einen Tschador kann man sich kostenlos ausleihen. Ein großes, meist dunkles Tuch, das nur noch das Gesicht frei lässt und übersetzt bezeichnenderweise »Zelt« bedeutet. Im Alltag reicht der Hijab. Und das ist schon Herausforderung genug.

Kopftücher machen junge Mädchen zu alten Frauen. Ein Manteau oder eine Tunika verwischen die weiblichen Kurven. Oft ein Tschador. In manchen Teilen Irans versteckt gar eine Maske die Gesichter. Ich trage den Schleier gerade einmal vier Wochen. Und es ist eine Plage. Mir geht das Kopftuch gründlich auf die Nerven. Es stört, es verdeckt meine Ohren und ich verstehe nur die Hälfte, es rutscht, es fliegt im Wind umher, es hängt im Gesicht, es ist warm und beengend.

Ich jammere wie eine naive Westlerin und zergehe in Selbstmitleid. Wie lästig ist es wohl für die wirklich Gefangenen? Bin ich doch schließlich freiwillig hier und wusste darum. Der Hijab muss immer getragen werden, sobald man die eigenen vier Wände verlässt. Und selbst dort bleiben konservative Muslima verhüllt, wenn männlicher Besuch zu Gast ist, der nicht zur Familie gehört. In modernen Häusern wird der Schleier aber sofort gegen ein Minikleid getauscht.

Fast jede Frau, die ich im Iran danach frage, hasst den Hijab.

»*We want to be free!*«, meinte eine Studentin noch gestern rebellisch, die mich mit »*Welcome to Iran*« ansprach. Ihr Sehnsuchtsland sei Frankreich. Das Tuch sitzt dabei weit auf ihrem Hinterkopf und bedeckt nur locker den Haarknoten. Es sei zum Schutz der Frau, heißt es. Da frage ich mich, warum ein (vielleicht nicht existenter) Gott dann überhaupt weibliche Schönheit erschaffen hat?

Und so wundert es nicht, dass moderne Perserinnen Wert auf Farbe und Make-up legen. Perfekt geschminkt und nicht selten mit Nasenkorrektur. Wenn nur noch das Gesicht bleibt, soll es schön sein. So sieht man im Iran viele hübsche Frauen. Und diese wirken ganz und gar nicht unterdrückt, sondern selbstbewusst und willensstark. Der Hijab wird trotzdem getragen.

Um in den heiligen Schrein zu gelangen, muss ich durch einen von den Männern getrennten Eingang gehen. Eine Art Schleuse. Dort werde ich für alle durch einen weißen, geblümten Tschador als Ausländerin kenntlich gemacht. Als ebendiese darf ich danach erst mal warten. Auf meine extra herbeigerufene Schrein-Fremdenführerin.

Ich parke also auf dem Schleusen-Stuhl und beobachte kuriose Szenen: Zwei in schwarze Tschadors gehüllte Mitarbeiterinnen tasten die ebenfalls schwarz gekleideten Besucherinnen mit weißen Handschuhen ab. Eine dritte reicht Feuchttücher. Vor dem kleinen Spiegel wischen sich die Damen die in stundenlanger Mühseligkeit aufgetragene Schminke vom Gesicht und dürfen erst dann den Schrein betreten. Sitzt irgendetwas immer noch nicht richtig, so werden sie von freiwilligen Helfern mit bunten Staubwedeln zur Ordnung gepuschelt.

Schreinfein gemacht, steht der Weg ins Heiligtum nun offen. Das riesige Tuch wird dabei mit einer Hand oder mit den Zähnen festgehalten. Ich bin zu ungeschickt dafür. Ständig zupfe und rücke ich das Bettlaken zurecht, stolpere und hätte mich auch ohne das florale Muster als stupide Touristin problemlos selbst entlarvt.

Nur mit Kopftuch und Sonnenbrille kann ich mich zwar mit viel Fantasie wie ein Filmstar im Cabrio fühlen. Aber eingewickelt in diesen Tschador sehe ich aus wie eine geblümte Ente unter schwarzen Krähen. Und obwohl ich es als frei geborene Europäerin verurteile, wenn jemand zur Verschleierung gezwungen wird, so bin ich doch gleichermaßen fasziniert. Was Religion doch vermag! Warum machen Menschen so was? Warum hoffen sie auf eine göttliche Liebe, die sie vielleicht niemals erlangen? Warum glauben sie an eine Hypothese?

Ich bin abtrünnig, nie trünnig gewesen. Für mich gibt es keinen Gott. Und auch keine Geister, Kobolde oder Einhörner. Jeder mag daran glauben, aber Religion sollte Privatsache sein und sich nicht in staatliche Gefüge einmischen.

Darf ich solche säkularen Themen im Iran ansprechen? Hier im Schrein ist vielleicht nicht der beste Augenblick dafür.

Nach dem unsäglichen Mahmud Ahmadinedschad scheint sich der Iran unter dem neuen Präsidenten Hassan Rohani zu öffnen und moderater zu werden. Ich schreibe ganz bewusst »scheint«, denn noch immer unterstehen politische und gesellschaftliche Entscheidungen der Scharia und der Zustimmung des religiösen Führers Ajatollah Ali Khamenei. Die schiitischen Ajatollahs lenken den Staat. Wie viel Macht der Präsident wirklich hat, bleibt fraglich. Seit der Islamischen Revolution 1979 und Ajatollah Khomeini ist der Iran eine Theokratie. Verschleierung und Verbote bestimmen den Alltag. Eine Diktatur Gottes, in der einzig seine Offenbarung Wahrheit und Gesetz bildet.

Die Sittenpolizei überprüft zuweilen immer noch den Sitz des Schleiers. Facebook ist offiziell verboten. Alkohol ist verboten, unverheiratete Pärchen sind verboten. Wer sich nicht daran hält, bekommt Ärger, vielleicht Peitschenhiebe. Ungläubigen und Homosexuellen droht gar die Todesstrafe.

Hinter den verschlossenen Türen lebt allerdings eine andere Gesellschaft. Da wird heimlich der selbst gebrannte Schnaps getrunken und über die Regierung gelästert. Und jeder hat einen Facebook-Account. Angeblich sogar der oberste Sittenwächter Khamenei persönlich.

Die Frage bleibt jedoch, was wäre ohne die konservative Revolution geschehen? Was wäre aus dem Iran und seinem Shah geworden? Hätten sich andere Nationen auf die reichen Ölvorkommen gestürzt und das Land ebenfalls zum Schlachtfeld gemacht? Viele scharrten schon mit den Hufen. Was ist gut und was ist böse? Wo endet die Unabhängigkeit und wo beginnt die Unterdrückung?

Das sind die Bruchstellen, die Risse, die Knackse. Der Iran ist nicht glatt. Nicht kugelrund gelutscht. Der Iran ist widersprüchlich. Selbst wenn das Regime von der Bevölkerung geduldet wird, die Sehnsucht nach Freiheit brodelt wie heißes Wasser in einem Kochtopf. Jeder macht alles. Nur wird darüber eben nicht gesprochen. Und die Obrigkeit duldet es bis zu einem gewissen Grad, um dann wiederum mit voller Härte durchzugreifen.

Ich erinnere mich an die kopftuchlosen, alkoholgetränkten, durchtanzten Nächte.

Ich war dabei. Habe sie gesehen und mitgemacht. Männer tanzten mit Frauen, Frauen tanzten mit Männern. Diese geschmeidigen Körperbewegungen der Perser zu gellender Musik. Berührungen zwischen den Unverheirateten. Wodka und Haschisch.

»*Hello, my name is Elaheh. I'm your guide. Welcome to Schiraz.*« Ich werde aus meinen Gedanken gerissen. Ein adrettes Gesicht, umrahmt von schwarzem Stoff, lächelt mich an. Ich lächele zurück. In perfektem Englisch führt mich Fremdenführerin Elaheh herum. Erst jetzt fällt mir auf, dass ich vergessen habe, den roten Nagellack von meinen Zehen und Fingern zu entfernen. Zu spät. Ich kann nur auf göttliche Großzügigkeit hoffen. Mich puschelt zumindest niemand.

Der Schrein ist prachtvoll und gut besucht und einer der wichtigsten Wallfahrtsorte des schiitischen Islam. Beeindruckend und verschwenderisch glitzert er in der Mittagssonne. Mullahs mit ihren Turbanen und den weiten Gewändern flanieren umher. Schwarz gekleidete Frauen drängeln sich durch den Eingang, um zu beten. Tausende und Abertausende Spiegel- und Kachelmosaiken verzieren die Kuppel und die Innenwände. Immerhin schafft Religion großartige Architektur.

Nach der Führung werde ich freundlich ins *International Affairs*-Büro zwischen andere geblümte Bettlaken gesetzt. Zwei Holländer und drei Franzosen. Zu Chai und süßem Gebäck überreicht mir Elaheh einen in Deutsch verfassten Flyer des obersten Führers Khamenei, der sich darin an die »Jugend in den westlichen Ländern« wendet. Sie verabschiedet sich. In dem Schreiben wird der Westen für den islamischen Terrorismus und jedwede Gewalt verantwortlich gemacht. Die einfache Botschaft: Religion ist gut, die westliche Maßlosigkeit ist böse.

Ach, wäre die Welt doch so simpel, Herr Khamenei. »Differenzierung statt Propaganda«, möchte man ihm zurufen. Doch die Realität weicht der fanatischen Weltsicht. Und da ist es ganz gleich, ob es sich um Islam, Christentum oder eine andere Ideologie handelt. Verblendung ist universell.

Fündig geworden

Der letzte Abend in Schiraz. Der letzte Abend mit Kourosh. Gleich muss ich zum Bahnhof, den Nachtbus erwischen. Wir essen Fladenbrot und unterhalten uns. Ich habe ihm ebenfalls einen Flyer von Khamenei mitgebracht. Mein Abschiedsgeschenk.

Es zieht mich weiter gen Westen, Richtung irakische Grenze. Nach Ahwaz, Susa und dann nach Kermanshah. Touristen werde ich dort kaum noch antreffen. In mir steigt die Nervosität. Komme ich durch?

Alleine? Als Frau? Ich hoffe.

Die Iraner sind bisher sehr liebenswürdig und hilfsbereit. Auch wenn ich häufig neugierig angestarrt werde. Doch wirklich alleine war ich nie. Immer sprach mich jemand an. Woher ich käme, wie mir der Iran gefalle und warum ich ohne Ehemann, Vater oder Bruder reise. Nein, alleine war ich nicht. Einsam vielleicht.

Ich betrachte Kourosh und lasse mich einfangen. Sein Gesicht ist schön, es erzählt Geschichten. Er bemerkt meine Blicke. Ich schaue weg. »*Okay, take your stuff. I drive you to the bus terminal*«, sagt er und lächelt verlegen. Kourosh fährt mich zum Busbahnhof. Er scheint traurig über meine Abreise, lässt es sich aber nicht anmerken. Ich bin auch traurig. Ob wir uns wiedersehen? Ich mag ihn. Ein wenig zu viel vielleicht. Er trägt meinen Rucksack und begleitet mich zum Bussteig. Abschied. Nur ein kurzer Händedruck. Mehr ist in der Öffentlichkeit nicht erlaubt. Er geht, und ich schaue ihm nach, bis er verschwunden ist. Mein Herz ist schwer.

Im Bus flimmert auf dem Fernseher ein iranischer Spielfilm. Ich sehe ihn mittlerweile zum dritten Mal. Dreimal unfreiwillig. Nach Stunden schläft alles, nur ich bin wach und schaue durch das Fenster ins Dunkel. Schatten ziehen über die einsame Landschaft, die sich in Schwarz hüllt. Als hätte sie ebenfalls einen Tschador übergestreift.

Am nächsten Tag brennt die Sonne zügellos auf eine stickige Busstation nur wenige Kilometer vom Irak entfernt. Nun sitze ich hier. Es ist brüllend heiß. Blicke verfolgen mich. Männer schauen verstohlen, umkreisen mich wie ein verletztes Tier. Ich bin immer noch die einzige allein reisende Frau weit und breit. Ich fühle die Einsamkeit. Hierhin verirrt sich kein Tourist. Hierhin will auch keiner. Niemand versteht meine Sprache, ich verstehe niemanden. Unter meinem Kopftuch sammelt sich der Schweiß.

Ich bin müde. Reisemüde. Aber mein Herz ist voll. Randvoll mit Augenblicken. Mit Gesichtern und Musik, mit Düften und bunten Gewürzen, mit Sonne und Himmel. Mit Wüsten und Geschichten. Ein ganzer wuseliger Bazar an Gefühlen, Erinnerungen, Freundlichkeit und Menschen.

Ich erinnere mich an den Taxifahrer in Teheran, der mich aufgrund einer Straßensperrung einen Kilometer zu Fuß brachte. Die alte Frau, die mich durch die halbe Stadt zu einer Sehenswürdigkeit führte und dadurch wie selbstverständlich ihren Bus verpasste. Den Mann, der mich einfach auf dem Motorrad mitnahm und zum Ziel fuhr. Die Frau, die mit zehn Taxifahrern den besten Tarif für mich aushandelte. Den Büroangestellten, der mich in seiner kurzen Mittagspause zu meinem Hotel zurückkutschierte, weil ich verwirrt war. Den Hotelportier, der jedem erzählte, ich sei seine Schwester, und somit die günstigsten

Preise für mich raushaute. Die vielen Menschen, die mir Süßigkeiten und Tee anboten. Einfach so.

Und alle, die schlicht freundlich zu einer Ausländerin waren und meine Reise auf der angeblichen »Achse des Bösen« so funkeln ließen. In allen Farben. Mein Herz ist voll mit Persien.

Und da klingelt plötzlich mein Handy. Ich schaue auf das Display. Es ist Kourosh.

Ich lächele und stecke es zurück in meine Tasche. Alles hat jetzt Zeit. Hier an dieser stickigen Busstation im Nirgendwo. Denn ich habe sie gefunden. Die Schönheit. Sie ist in den Menschen. Dieser Augenblick gehört mir allein und will angeschaut werden. Denn auch das ist Schönheit. Die Flüchtigkeit eines Moments.

Jemand ruft laut »Kermanshah«.

Ich schultere meinen Rucksack und gehe.

Die Einsamkeit nehme ich mit.
Aber randvoll ist mein Herz.

Norwegen

DIE GROSSE FREIHEIT

Mit ihrem kleinen Sohn verbringen Artis und Renate ihre Elternzeit in Norwegen. In ihrem Volkswagen T4, genannt »der Dicke«, gehen sie auf die Suche nach dem schönsten Parkplatz und der großen Freiheit.

Von Artis Lehn

Eine Hügelkuppe jagt die andere, ein Steinhaufen gleicht dem nächsten. Wir stapfen durch das sumpfige Geröll. Wo ist nur das Ziel? Hinter diesem Hügel *muss* doch der Parkplatz auftauchen! Aber nein, immer noch nicht in Sicht. Nur der nächste Hügel. Mit Keksen und Gesang versuchen wir unseren Kleinen bei Laune zu halten. Doch irgendwann geht nichts mehr. Er brüllt aus voller Kehle, und niemand da, den es nerven könnte. Nur die Eltern. Die sind nicht genervt, mehr überfordert und verlassen fühlen sie sich.

Die Lippen sind blau angelaufen und die Augen rot von den Tränen. Unser Junge friert und brüllt sich die Seele aus dem Leib. Ab in Mamas Arme, die Füßchen fest unter die Jacke, der Papa schleppt Trage und Rucksack. Es weht ein eiskalter Wind. Wir heulen, wir beten und hoffen, dass wir diesen Trip irgendwie überstehen. Und dann wieder so ein verdammter Hügel! Das beste Schuhwerk versagt. Immer wieder rutschen die Füße auf dem losen Gestein weg. Uns verlassen langsam die Kräfte. Aber an Anhalten ist nicht zu denken. Irgendwann ist auch Matteo erschöpft und winselt nur noch vor sich hin.

Wie konnten wir nur?

Vier Monate zuvor: Eigentlich fahre ich immer mit dem Fahrrad zur Arbeit. Aber heute nicht. Heute komme ich mit unserem neuen Wagen: ein schwarzer, gut gepflegter VW-Bus aus fünfter Hand. Ich präsentiere unseren »Dicken«. Der Lack auf Hochglanz poliert, ordentlich und voll ausgestattet. Das Aufstelldach haben wir selbst angebracht. »Soll ich dir den mal von innen zeigen?«, frage ich meinen Kollegen stolz. »Nee, lass mal! Ich kann Busse von innen nicht riechen!« Seine Eltern seien jahrelang einen T4 gefahren und der Geruch bekomme ihm nicht gut. Traumatische Kindheitserlebnisse.

Aber das soll nicht für unseren Sohn Matteo gelten: Für zwei oder drei Monate wird dieses Auto unser neues Zuhause werden. Bald soll es losgehen. Zu dritt wollen wir mit unserem T4 nach Norwegen und dort unsere gemeinsame Elternzeit verbringen.

Augen zu und durch

Wir erleben den kältesten und härtesten Frühling in Norwegen. Das Wetter spielt verrückt und wir kommen aus dem Auto nicht raus.

1. Mai. Irgendwo in Dänemark auf einem Rastplatz verbringen wir unsere erste Nacht im Bus. Morgens zeigt das Thermometer mollige drei Grad Celsius an. Der Schlafplatz unter dem Dach ist für uns drei doch kleiner als angenommen. Hätten wir mal besser Probe geschlafen! Aber für Trübsalblasen ist keine Zeit, die Fähre wartet auf uns. Das Platzproblem werden wir die Tage noch in Angriff nehmen. Dafür ist ja Zeit genug. Und es wird sicherlich auch noch wärmer! Ist halt nur doof, dass ausgerechnet jetzt die Standheizung nicht will …

6. Mai. Etwas Treibholz am Fjordrand ist die Lösung des Platzproblems. Es dient nun als Lattenrost und wird jeden Abend im Eingangsbereich des Schlafgemachs ausgelegt. Dort kann der Lütte bequem schlummern. Aber trotzdem sind die Nächte durchwachsen. Matteos unruhiger Schlaf bereitet uns Sorge. Die Tage sind verregnet, die Nächte lausig kalt. Wir halten uns mit ausgiebigem Frühstück bei Laune: Rührei oder gekochtes Ei? Diese Frage muss jeden Morgen diskutiert werden. Eier sind unser Fleischersatz, da das Fleisch in Norwegen einfach zu teuer ist. Nachdem Matteo allerdings die Packung Eier fliegen lässt, erübrigt sich die Frage nach dem gekochten oder gerührten Ei auch schon. Wir leben auf engstem Raum zusammen mit einem Baby, das gerade Laufen lernt, während es draußen schneit.

22. Mai. Es wird schlagartig dunkel. Eine dunkelblaue Masse, ja schon fast schwarz, rollt auf uns zu. Gerade noch nur in der Ferne aus-

zumachen, steht sie nun direkt vor uns. Wir schauen uns gegenseitig ins Gesicht. Im nächsten Moment peitscht sie uns aus. Der Sturm lässt grüßen.

Wir ziehen die Tür vom Dicken zu und warten ab, was passiert. Es wackelt mächtig. Murmelgroße Hagelkörner schlagen im Trommelwirbel auf das Schlafdach. Der Wind reißt immer und immer wieder am Dach, als wolle er die Konstruktion testen. Ein mulmiges Gefühl überkommt uns. Ein Blick nach oben: Unserem Kleinen geht es bestens! Er hält gerade seelenruhig seinen Mittagsschlaf unterm Dach, während der Sturm über die Küste rollt.

Wehenartig spielt das Wetter verrückt. Immer wieder zieht ein kräftiger Regenschauer vom Meer herüber. Wir wollten bei gutem Wetter die Küstenstraße erkunden. Doch jetzt müssen wir die Zeit totschlagen. Spielen, essen, spielen und essen ... »Morgen soll das Wetter besser werden, dann können wir weiterfahren«, verkünde ich – so zeigt es zumindest die Wetter-App an. Es ist jetzt dreizehn Uhr. Zeit für ein Mittagessen.

Nachts fragen wir uns zum wiederholten Male: War es eine gute Entscheidung, so nah an der Küste zu parken? Vielleicht hätten wir doch lieber den Platz etwas weiter oben wählen sollen? Matteo schläft seit zwanzig Uhr tief und fest. Wir können an Schlaf nicht denken. Es kommt uns vor, als würde der Dicke im nächsten Moment vom Wind umgeworfen werden. Dann schießt mir wieder dieser Gedanke durch den Kopf:

Was, wenn das Dach plötzlich abreißt?

Wir bekommen kein Auge zu. Die schlimmsten Szenarien spielen sich in unseren Köpfen ab. Die drei Grad Celsius fühlen sich an wie minus zehn und der Wind ist brutal.

Kurzerhand entschließe ich mich, im unteren Bereich die Rückbank umzuklappen und das Dach einzuziehen. Renate nimmt das Kind fest in den Arm: »Wenn wir wegfliegen, dann zumindest gemeinsam.« Doch unten zu schlafen scheint schwieriger zu sein als gedacht. Wohin mit all den Kisten und Sachen? Raus in den Sturm? Also verwerfe ich den Gedanken schnell wieder und klettere zurück ins Schlafdach, das immer noch vom Wind durchgeschüttelt wird. »Wir bleiben oben!«, flüstere ich Renate rüber. Augen zu und durch.

Auf kurzen Beinen

In Norwegen genieße ich ein Privileg: Ich habe Zeit für mich und meine Familie. Ich kann meinem Sohn beim Wachsen zusehen. Dank der Elternzeit.

Wir kehren von einer Wanderung zum Auto zurück. Während Renate den Wagen aufschließt und sich aus ihren Wanderschuhen befreit, setze ich Rucksacktrage samt Baby ab. Der kleine Pupser freut sich auf seine Freiheit und kreischt vor Freude. Nachdem ich ihn mit ein paar Handgriffen herausgeholt habe, stelle ich Matteo auf seinen Beinen ab. Irgendwas ist anders, denke ich mir und zähle innerlich mit: eine Sekunde, zweite Sekunde, dritte … Er bemerkt meine Aufregung und lässt sich verunsichert rückwärts auf seinen gepolsterten Po fallen.

»Hast du das gesehen?«, rufe ich euphorisch. »Er stand mindestens eine Minute lang selbstständig!« Renate kann es nicht so richtig glauben. Ich beteure, dass es wirklich eine geschlagene Minute war. Es fühlte sich zumindest so an! Ein Moment, der mich zum glücklichsten und stolzesten Papa der Welt gemacht hat.

Oft wird uns die Frage gestellt: Was macht ihr eigentlich den ganzen Tag lang, wenn ihr unterwegs seid? Ganz einfach: Unterwegs sein. Der Kleine bereitet uns im Alltag immer wieder Freude. Unsere Tage sind simpel strukturiert. Früh aufstehen, frühstücken, waschen und anschließend unterwegs sein, bis es abends irgendwann an der Zeit ist, einen schönen Schlafplatz zu finden. Damit tut Norwegen sich nicht schwer – auf einen Traumschlafplatz folgt der nächste.

Das Ziel aller Ziele

An diesem Morgen brauchen wir keinen Wecker. Die Sonne streichelt leise das Schlafdach und die Familie darunter beginnt langsam zu schwitzen. Nix wie raus! Uns erwartet ein aufregender Tag!

Wir frühstücken auf der Picknickdecke und waschen anschließend im Fluss den Schlaf aus den Augen. Heute haben wir ein besonderes Ziel: das Nordkap! Europas nördlichster befahrbarer Punkt. Gute 3000 Kilometer, die uns dort von zu Hause trennen.

Auf der Strecke legen wir wie gewohnt eine kurze Rast ein. Kaum öffnet sich die Tür des Dicken, zeigt Matteo mit seinem kleinen Mittelfinger in die Ferne. Es wäre langsam an der Zeit zu lernen, dass er den Zeigefinger benutzt, denke ich. Doch in diesem Moment ist alles egal. Der Windelpupser dreht durch vor Glück. Er hat eine grasende Rentierherde entdeckt, gar nicht weit von uns. Ich setze ihn mir auf die Schultern und gehe langsam auf die Tiere zu. Sie geben sich einigermaßen unbeeindruckt, laufen ein paar Schritte weiter, wie Schafe, die von ihrem Schäfer getrieben werden. Nicht schreckhaft wie Rehe, die man in heimischen Wäldern aufstört. Was für ein Anblick!

Die Fahrt geht weiter, über kurvenreiche Straßen, durch karge Landschaft. Kein Baum weit und breit, nur steinige, mit gelbbraunem Gras bewachsene Hügel. Schließlich: Endstation.

Wir sind da! Wir sind tatsächlich am Nordkap! Am nördlichsten Punkt Europas! Wahnsinn. Allerdings versperrt eine Schranke den Zugang. Ich spreche mit dem Typen im Pförtnerhäuschen. Hinter der Schranke versteckt sich der eiserne Globus auf einer massiven Anhöhe, ummantelt von einer dichten Wolke. Ein Globus, den zu sehen dreißig Euro pro Person verlangt werden. Babys kostenlos.

Puh. Sechzig Euro für einen Globus im Nebel und das Herumlaufen auf einer Aussichtsplattform, nur wenige Meter entfernt von dem Ort, an dem wir gerade stehen.

»Vielen lieben Dank!«, winke ich freundlich ab und kehre zum Dicken zurück. Leider ist die Pforte 24 Stunden lang besetzt und man kommt nicht für einen kurzen Augenblick kostengünstig durch. Und dabei ist das noch nicht einmal der nördlichste Punkt! Eine frisch geteerte breite Straße, die in einer Sackgasse endet. Und irgendjemand hat irgendwann mal festgelegt, dass dies nun der nördlichste Punkt Europas sei.

Es gibt aber das wahre Nordkap!
Und dieses verlangt einiges ab.

Sieben Kilometer vom falschen Nordkap entfernt erreichen wir den Parkplatz. Die Anzeige im Auto zeigt sechzehn Uhr und die Sonne hat sich schon längst versteckt. Die Taschen sind gepackt, wir sind warm angezogen und voller Motivation! Von den aufziehenden tief hängenden Wolken lassen wir uns nicht beeindrucken. Eine alte Infotafel auf dem Parkplatz weist auf eine achtzehn Kilometer lange Strecke hin. Schaffen wir schon!

Matteo muss eigentlich schlafen, doch er gibt keine Ruhe, als hätte er eine gewisse Vorahnung. Erst nach einer ordentlichen Portion Snacks und Kinderliedern in Dauerschleife schließt er seine Äuglein, sanft in der Kraxe hin und her schaukelnd. Wir haben ein Viertel der Strecke geschafft. Das leichteste Viertel.

Euphorisch laufen wir weiter, drehen Videos, machen Fotos, freuen uns auf das Ziel aller Ziele. 2100 Kilometer weiter nördlich ist schon der Nordpol. Fast zum Greifen nahe. Nach zweieinhalb Stunden Fußmarsch sehen wir das offene Meer vor uns. »Da geht's nicht mehr weiter, das muss es sein!«, denken wir naiv. Der Weg nimmt kein Ende. Es wird immer frischer.

Zu unserer Rechten sehen wir die Schieferklippen aus dem Meer ragen, umschlungen von einer dichten Wolke. Doch wo versteckt sich das echte Nordkap? Die Kälte durchdringt langsam unsere Kleidung. Umdrehen oder weiter? In der felsigen Einöde ist weit und breit niemand zu sehen, der uns die Entscheidung abnehmen könnte.

Der Kleine schläft immer noch und unser Stolz übernimmt die Entscheidung. Wir wandern noch eine volle Stunde entlang der rauen und felsigen Küste in Richtung Norden. Ein eisiger Wind weht uns entgegen.

Dann endlich der lang ersehnte nördlichste Punkt. Was für ein Moment! Nun stehen wir wirklich am nördlichsten Zipfel Europas. Wir haben es geschafft! Strahlend fallen wir uns in die Arme, jubeln, machen Faxen, tanzen, kreischen euphorisch.

Zu euphorisch. Das Baby wird wach. Ups. Noch ist er gut gelaunt, doch aus Erfahrung wissen wir: Das ändert sich bei Hunger und Kälte schlagartig. Also nichts wie los! Wir müssen den Rückweg antreten! Im Schweinsgalopp geht es zurück. Das Baby freut sich. Immer wenn es in der Trage rappelt, bedeutet das Action!

Der Papa lobt das Kind in den höchsten Tönen. Daraufhin ist alles vorbei: Little Bigfoot kräht aus voller Kehle. Pause! Raus mit dem Kleinen, Körperwärme, Kekse, Wasser, warm kuscheln. Die Wangen sind rot, die Händchen und Füßchen trotz Wolle eiskalt. Wir bekommen ein schlechtes Gewissen.

Trotz Gebrüll geht es zurück in die Kraxe und nichts wie in Richtung Parkplatz. Die Suppe aus tief hängenden Wolken wird immer dicker. Nun hält sie auch uns dicht umschlungen. Wir orientieren uns an den Steinhaufen, die Wanderer mit der Zeit errichtet haben. Liebe Leser, ihr ahnt es schon: Wir sind dort angekommen, wo diese Geschichte begann. Bei den blau angelaufenen Lippen, den rot geweinten Augen und all den verdammten Hügeln, die niemals den Bick freigeben wollen auf unser Ziel. Den Parkplatz mit unserem Zuhause. Haben wir uns verirrt?

Wie konnten wir nur! Der geteerte Platz und die Gesellschaft anderer Touristen hätten es auch getan!

60 Euro!? Was sind schon 60 Euro?

Dann endlich: Unser Dicker! Gute 500 Meter trennen uns noch von ihm. »Wir sind gleich da!«, so sprechen wir uns Mut zu. Vor Erschöpfung ist der Kleine eingeschlafen.

Wir fahren los, ziehen den Kurzen aus – Körperwärme, Wärmflasche, kuscheln, küssen. Wir kommen fast um vor schlechtem Gewissen. Eine absolute Ausnahmesituation für alle. Das Thermometer zeigt fünf Grad Celsius an. Das erste Mal fühlen wir uns von Sätzen wie »Denkt ihr wirklich, dass ihr das mit dem Baby machen könnt?« und »Ganz schön mutig – oder gar verantwortungslos!« eingeholt. Heute Abend wird auf das Nordkap nicht mit Champagner oder Ähnlichem angestoßen, wie es die Tradition verlangt. Wir halten einander einfach im Arm und weinen vor Glück. Wir haben es geschafft. Hätte auch anders enden können. Nachdenklich und körperlich total am Ende fallen wir in einen unruhigen Schlaf.

Am nächsten Morgen weckt der Kurze uns mit fröhlichem Gelächter und zieht an unseren Haaren und Nasen. Er scheint sich an nichts mehr zu erinnern. Wir beobachten ihn übervorsichtig, das schlechte Gewissen immer noch im Bauch. Nichts – er ist ganz der Alte. Nicht mal die Nase läuft!

Wir sind dankbarer denn je. Bei einem starken Kaffee und Rührei lassen wir den gestrigen Tag Revue passieren – unvergesslich!

Happy Birthday!

Das Kind wird ein Jahr alt und hat bereits ein Viertel seines Lebens mit uns im Dicken auf der Straße verbracht.

Es geht zwei Wochen lang in großen Etappen wieder zurück ins mittlere Norwegen. Jeden Tag fahren wir 100 bis 150 Kilometer, während der Mittagschlafzeit. Wir erhoffen uns in der Mitte Norwegens besseres Wetter. Sonne und Wärme! Unsere Gedanken drehen sich nur um den Sommer. Wie schön es jetzt wäre …

Die Kälte schlägt uns langsam aufs Gemüt. Und der kleine Weltenbummler soll es gut haben an seinem ersten Geburtstag. Jemand, der so gut mitmacht und fast immer gut gelaunt ist, soll an seinem Geburtstag bei schönem Wetter verwöhnt werden.

Tatsächlich haben wir es, wie geplant, zurück bis ins Romsdal geschafft. Eine unglaublich schöne Ecke, in die wir uns bereits auf dem Weg in den Norden verliebt hatten, wo wir aber aufgrund der speziellen Situation nicht bleiben konnten: Aktivitäten bei einer geschlossenen Schneedecke von drei Meter Höhe waren einfach nicht drin.

28. Juni. Heute wird nicht Auto gefahren und auch nicht gewandert. Heute werden die Wünsche von den Lippen abgelesen. Kein Stress, einen Ort zum Wildcampen zu finden, wir beziehen einen offiziellen Campingplatz. Keine Abgeschiedenheit, sondern mit der Familie skypen. Pfannkuchen zum Frühstück, Gegrilltes zum Mittag und zum Abend leckere Erdbeeren. Toben, brüllen, die Regale im Auto ausräumen und mit den Geburtstagsgeschenken spielen. Einfach den ersten offiziellen Tag als Kleinkind genießen.

Happy End

Unsere Reise war eine Fahrt auf Berge und hinab in Täler. Auch im übertragenen Sinn. Aber: Unser Kleiner hat es überlebt – und wir auch!

Einige Wochen nach der Reise blättern wir in unserem Tagebuch. Eine unvergessliche, absolut bereichernde Erfahrung war diese Tour. Unser T4 hat uns treue Dienste geleistet, viele Höhenmeter und verhängnisvoll schmale Straßen brav gemeistert.

Wir sind an unsere Grenzen gekommen, haben diese eingerissen und erweitert. Als Unerfahrene Berge zu erklimmen, fordert. Sowohl körperlich als auch geistig. Die darauf folgenden Aussichten waren wir nicht gewohnt, Panoramen, die uns umhauten. Dimensionen, die man mit dem Kopf gar nicht begreifen kann. Eine Vielfalt an Flora und Fauna, die begeisterte und sprachlos machte.

Aber auch die ungewohnte Enge erwies sich als Herausforderung. Oft wollten wir zurück nach Hause. Haben gestritten oder geschrien. Uns stundenlang angeschwiegen oder geflucht. Man kann dem strömenden Regen nicht entfliehen. Auch das ist unsere Elternzeit! Und es bleibt zu sagen: Wir sind als Familie zusammengewachsen, in einem unfassbar schönen Land.

Nun hat der Alltag uns wieder voll im Griff und wir gehen unter der Woche oft getrennte Wege. Aber abends liegen Mama, Kind und Papa gemeinsam im Bett und denken an die Zeit in Norwegen.

Matteo, vielleicht erinnerst du dich doch irgendwann und irgendwie an den Trip. Und wenn nicht, dann werden dir zahlreiche Bilder und ein Tagebuch von unserem Abenteuer erzählen. Mama und Papa haben hundert Prozent Zeit mit dir verbracht und es sehr genossen. Ach, und unser Dicker, unser Dicker riecht nicht mehr typisch nach T4. Er riecht nach Leben – und Freiheit!

Südamerika

4200 KILOMETER AUF DEM MÄCHTIGSTEN STROM DER WELT

Unzählige Mythen und Legenden ranken sich um den Amazonas, der sich durch die endlosen Weiten des tropischen Regenwalds schlängelt. Diesen Giganten wollen wir bereisen.

Von Rochssare Neromand-Soma & Morten Hübbe

1
Von Iquitos (Peru) zum Dreiländereck (Peru, Kolumbien, Brasilien)

Mehr als 4200 Kilometer liegen vor uns, vom peruanischen Iquitos, wo sich der Marañón und der Ucayali zum Amazonas vereinen, bis ins brasilianische Belém, im Delta des Flusses. Das entspricht ungefähr der Strecke von Berlin bis in die irakische Hauptstadt Bagdad. In den kommenden Tagen werden wir beinahe den gesamten südamerikanischen Kontinent in der Breite durchqueren.

Bereits mehrere Stunden vor der Abfahrt herrscht Hochbetrieb an Bord der *Jorge*, unserem Zuhause für die erste Etappe bis zur brasilianischen Grenze. Das Schiff wird beladen, und immer mehr Passagiere drängen an Bord, um die besten Plätze zu ergattern. Zwei Stunden vor der geplanten Abfahrtszeit betreten wir das Boot und finden einen Platz auf dem Oberdeck. Hier bringen wir unsere Hängematten an, die uns auf dem Amazonas das Bett ersetzen werden.

Wir versuchen die fehlende Qualität unserer Knotentechnik durch Quantität zu ersetzen und können nur hoffen, dass diese laienhafte Aufhängung unserem Gewicht standhält. Das erste Probeliegen besteht den Test, doch knarrt die Hängematte verdächtig. Geräusche von reißenden Fäden begleiten jede Bewegung. Die Abfahrtszeit rückt näher und noch immer wird der Frachtraum beladen, noch immer erklimmen Reisende die Decks. Auf dem Zwischendeck wird es voll – übervoll. Zu den Passagieren gesellen sich nun auch Straßenverkäufer, die allerlei Lebensmittel anpreisen. Sie verkaufen *juanes*, in Bijao-Blätter gewickelten Reis mit Hühnchen und Oliven, gegrillte Fische oder in kleinen Plastiktüten portionierte Säfte. Hektisch und lautstark rufen sie ihre Angebote durch die Reihen der Hängematten. Die Zeit verrinnt. Mittlerweile haben wir die Abfahrtszeit schon um zwei Stunden überschritten und noch immer schleppen Männer Waren ins Unterdeck. Doch irgendwann ist alles verstaut, die Passagiere sind an Bord und unsere Reise auf dem Amazonas beginnt.

Während Iquitos hinter uns immer kleiner wird, richten wir den Blick nach vorne und schauen über den Strom, dessen Farbe an Tee mit Milch erinnert, so wie die Briten ihn lieben. Wolken und Sonne spiegeln sich in den Fluten, während an den Ufern die mächtigen Bäume des Urwaldes emporragen. Immer wieder wirbeln Strömungen die Wasseroberfläche auf, Baumstämme treiben den Fluss hinunter, und gelegentlich begegnen wir einem Fischer, der, einsam in einer Nussschale sitzend, sein Netz auswirft.

Sonst sind die Unterhaltungsmöglichkeiten auf dem Schiff überschaubar. Die meiste Zeit hängt unser Blick auf dem Wasser oder wir dösen in der Mittagshitze vor uns hin. Unterbrochen wird die Fahrt nur von gelegentlichen Stopps bei größeren und kleineren Gemeinden am Ufer, die manchmal nur aus einer Familie bestehen. Die Menschen am Fluss leben in einfachen Holzhütten, die auf Stelzen gebaut und so vor Hochwasser geschützt sind. Ein paar Familien halten Vieh, und fast immer ist ein Hund am Ufer zu sehen, der freudig aufgeregt und schwanzwedelnd das ankommende Schiff begrüßt.

Mitten im Dschungel sind Frachtboote, die den Amazonas hinauf- und hinunterfahren, die einzige Versorgungsmöglichkeit für die hier lebenden Menschen. Kühe, Pferde und Hühner werden ebenso transportiert wie Betten, Schränke oder Motoren. Nichts, was es an Bord nicht gibt. Dazu kommen die Passagiere, die auf dem Schiff den Regenwald durchqueren. Familien, Paare, Alleinreisende – so unterschiedlich wie die Fracht sind auch die Fahrgäste. Was sie vereint, ist das Leben in der Hängematte an Bord, und so entstehen für die kurze Zeit der gemeinsamen Reise regelrechte Freundschaften zwischen den Liegenachbarn. Mit Gesprächen über Gott und die Welt füllen sie die trägen Tage.

Alle Flussschiffe sind mit drei Decks ausgestattet. Im Unterdeck stapeln sich Kisten, Säcke voller Obst und Gemüse, Maschinen, Möbel und allerlei Gebrauchsgegenstände. Daneben stehen eingepfercht

Schafe, Schweine und anderes Nutzvieh. In niedrigen Käfigen gackern Hühner und Küken. Passagiere haben hier unten nichts zu suchen, und wer sich doch hierherverirrt, der flieht ob des Gestanks sofort wieder auf die beiden oberen Etagen. Diese sind für die Reisenden reserviert. Das Zwischendeck ist dabei regelmäßig überfüllt.

Die Passagiere schlafen in ihren Hängematten nicht nur neben-, sondern auch über- und untereinander.

Ständig müssen sie auf der Hut sein, um nichts von ihrem Schlafplatz einzubüßen, denn bei jedem Stopp kommen neue Reisende hinzu, die jede kleine Lücke nutzen, um ihre eigenen Hängematten anzubringen. Aus der Kombüse, der Schiffsküche, und dem Motorenraum dringt heiße, stickige Luft herein und riesige Planen verdecken die Sicht nach draußen. Dennoch befinden sich hier wesentlich mehr Menschen als auf dem Oberdeck. Der Grund ist schnell erklärt: Tickets für das Zwischendeck kosten nur halb so viel wie Tickets für das Oberdeck, das im Vergleich beinahe luxuriös wirkt: Der Fahrtwind zerzaust das Haar, die Sonne scheint vom frühen Morgen bis zum späten Abend in die Gesichter der Reisenden, und der Blick auf den Amazonas und die entfernten Ufer des Regenwaldes ist frei.

Das Essen an Bord besteht vor allem aus viel zu lange gekochtem Reis, garniert mit einer Soße aus schwarzen Bohnen, die besonders durch ihre Geschmacklosigkeit besticht. Die einzigen Geschmacksträger sind eine halbe Kochbanane und ein winziges Stück Hühnchen. Wer Glück hat, bekommt trockenes Brustfleisch. Die anderen finden auf ihren Tellern mehr Knochen und Knorpel als Muskelfleisch. Ich gehöre zu Letzteren und strafe meine Ration mit Missachtung. Langsam und bedacht drehe ich mich in meiner Hängematte, die dabei wieder laut knarzt und verdächtige Geräusche macht, so als würde sie jeden Moment auseinanderreißen. Vielleicht hätten wir doch nicht die billigsten Modelle kaufen sollen.

Vom Essen abgewandt, beobachte ich die Passagiere um mich herum. Familien mit riesigen Koffern und vollgestopften Seesäcken sitzen in ihren Hängematten und löffeln eifrig ihre Mittagsteller leer. Ich frage mich gerade, ob sie etwas Schmackhafteres serviert bekommen haben, da fällt mein Blick auf einen Mann, der hinter der Absperrung auf dem offenen Deck steht. Zuerst traue ich meinen Augen nicht, aber dann gibt es keinen Zweifel: Dieser Typ pinkelt aufs Deck. Doch niemand sonst stört sich daran. Angewidert wende ich mich ab. Wenig später laufe ich über das Zwischendeck und erkenne, warum der Pinkler keine allgemeine Welle der Empörung hervorruft. Bereits vor den WCs stinkt es ekelerregend nach Urin und Fäkalien. Auch ein Grund dafür, dass die Liegeplätze hier billiger sind als auf dem Oberdeck.

Auf dem Boden der Toilettenkabinen, die gleichzeitig als Duschen fungieren, wabert eine schmutzige Flüssigkeit, und ich hoffe inständig, dass es sich dabei nur um Flusswasser handelt. Hier möchte niemand freiwillig seine Notdurft verrichten. Taumelnd verlasse ich die Toilette und falle beinahe in eine der unzähligen Hängematten. Mitleidig schaue ich die junge Frau an, die genau vor der Zone des Grauens ihr Lager aufgeschlagen hat. Doch diese wippt nur mit dem Kopf und singt die Lieder mit, die in voller Lautstärke metallisch aus ihrem Handylautsprecher dröhnen, so als läge sie zu Hause auf ihrer gemütlichen Couch. Mein kurzer Spaziergang endet auf dem gut durchlüfteten Oberdeck. Ich lasse mich in meine Hängematte fallen, und *KRRRSCH!*, zwei Stricke für die Spannung der Matte reißen auseinander und baumeln lose herunter. Plötzlich ist ein Viertel meiner Liegefläche verschwunden und ich hänge nur noch in den Resten meines schaukelnden Bettes. Bald darauf läuft die *Jorge* einen weiteren Hafen an und plötzlich kommt Bewegung in die Menge auf dem Oberdeck.

Zunächst höre ich nur ein paar freudige Ausrufe, sehe meine Nachbarn mit Fingern auf den Fluss zeigen und andere Reisende, die bereits an der Reling stehen.

Die Flussdelfine sind da.

Etwa fünf oder sechs der rosa Tümmler schwimmen in unmittelbarer Nähe des Schiffes hin und her. Immer wieder kreuzen sich ihre Wege, tauchen sie bald links und bald rechts von uns auf. Pfeilschnell schießen sie auf der Jagd nach Fischen durchs Wasser.

Fasziniert beobachten wir die Tiere, wie sie, scheinbar miteinander spielend, um das Boot herumschwimmen. Bei jedem Stopp sind die Delfine zu sehen, und genauso schnell verschwinden sie wieder, sobald die *Jorge* erneut Fahrt aufnimmt.

Zurück in meiner kaputten Hängematte, döse ich wieder vor mich hin, bis mich unerwartete Kälte aufschrecken lässt. Der Wind hat deutlich zugenommen und dunkle Wolken ziehen über dem Fluss auf. Wie aus dem Nichts beginnt es sintflutartig zu regnen. Gerade noch rechtzeitig rollen wir eine Plane vom Sonnendach, um unsere Habseligkeiten und uns vor der Nässe zu schützen. So sitzen wir wie in einer Höhle, der Sicht auf die Umgebung beraubt. Statt auf die Fluten des Amazonas zu schauen, starren wir nun auf die riesigen Buchstaben, die auf der grünen Plane das peruanische Bier *Pilsen Callao* bewerben. Ich schließe die Augen und lausche dem Prasseln der Regentropfen auf dem Dach.

Doch der Schauer ist bald vorbei, das Deck trocknet und die Passagiere werden von der Abendsonne gewärmt.

Dann wird es Nacht. Unmengen von Urwaldkäfern versammeln sich auf dem Boot. Sie schwirren um die schwach leuchtenden Lampen an Deck, tanzen auf und ab, halten sich kopfüber an den Metallstangen des Sonnendachs fest und fallen wenig später vor Erschöpfung in die Hängematten der Schlafenden – was diese nicht gerade mit Begeisterung aufnehmen. Viele der Insekten überleben den nächtlichen Tanz nicht. Am nächsten Morgen ist das Deck übersät von schwarz, braun und violett schimmernden Käferleichen: Sie finden ihre letzte Ruhe in den Fluten des Amazonas, in die sie mit einem Kehrbesen befördert werden.

Nach zwei Nächten und drei Tagen auf dem Fluss erreichen wir das Dreiländereck Peru-Kolumbien-Brasilien. In Santa Rosa (Peru) verlassen wir das Schiff. Der Ort, nicht mehr als ein kleines Dorf, hätte gar nichts zu bieten, wäre da nicht seine direkte Nähe zu Brasilien und Kolumbien auf der anderen Flussseite. Diesem Umstand verdankt Santa Rosa den Ruf einer Partyhochburg. Junge Brasilianer und Kolumbianer überqueren jedes Wochenende den Amazonas, um auf der peruanischen Seite günstig zu feiern und vor allem zu trinken. Tatsächlich finden wir in den wenigen Straßen, aus denen das Dorf besteht, keinen Supermarkt, aber mehr als ein Dutzend Bars, Clubs und *discotecas*. Aus den Restaurants wummert brasilianische Musik, Samba und Forró, in voller Lautstärke. Ausgehend von Santa Rosas Hafen, nicht mehr als eine unbefestigte Anlegestelle am Fluss, überqueren kleine Boote in nur fünf Minuten den Amazonas in Richtung der Nachbarländer.

Wir entscheiden uns zunächst für die kolumbianische Seite. In Leticia, der kolumbianischen Dschungelstadt, schlendern wir über den Obst- und Gemüsemarkt. In den verschiedensten Farbtönen leuchten die Waren in den Verkaufsständen. Rot, Gelb, Orange, Violett und Grün in all ihren Nuancen bestimmen die Auslagen. Bananen, Limetten, Amazonas-Tomaten, Ananas, Maniok – nur die wenigsten Früchte kommen uns bekannt vor. Wir spazieren angeregt philosophierend durch die Straßen. So viel haben wir schon über dieses Land gehört: die freundlichen Menschen, die wunderschöne Natur, Kaffee, Kokain und Drogenkriege. In einem Café am Parque Santander gönnen wir uns ein ausgiebiges Frühstück. Die Rechnung bezahlen wir, ohne einen einzigen kolumbianischen Peso zu besitzen. Im Dreiländereck gelten neben der eigenen Währung auch die der Nachbarländer.

Von Leticia geht es mit dem Bus in zehn Minuten bis ins brasilianische Tabatinga. Und nun überschreiten wir nicht nur eine Landes- und Währungsgrenze, sondern kommen auch in eine neue Zeitzone und einen anderen Sprachraum. Plötzlich heißt »Willkommen« nicht mehr *Bienvenidos*, sondern *Bem-vindo* – das Portugiesische löst das Spanische ab. Zwischen den drei Ländern gibt es keine Passkontrollen, und solange man nicht weiter ins Landesinnere reist, ist auch ein Visum unnötig. Dutzende Ideen rauschen uns durch den Kopf, wie die hier vorhandenen Möglichkeiten zu nutzen wären: auswandern ohne Bürokratie, Verbrechen begehen ohne Angst vor Auslieferung.

Anonymität im Paradies.

Doch wir haben keine Zeit, weitere Theorien zu schmieden, denn wir steigen aus dem Bus und stehen nun in Tabatinga. Obwohl nur wenige Meter Luftlinie von Santa Rosa und Leticia entfernt, unterscheidet sich der Ort in seinem Erscheinungsbild stark von seinen Nachbarn. Die Straßen sind breiter, asphaltiert und gepflegter. Trotz der vielen Motorroller herrscht nicht annähernd so ein Verkehrschaos wie etwa in Peru. Alles scheint moderner und geordneter; so wie es auf der brasilianischen Flagge propagiert wird: »*Ordem e Progresso*« – »Ordnung und Fortschritt«. Jugendliche spielen auf der Straße Fußball, und überall grüßen uns entspannte, freundliche Gesichter.

Zu den auffälligen Eigenheiten Tabatingas gehören die öffentlichen Personenwaagen zur Gewichtskontrolle, die vor jedem Supermarkt stehen und von Männern und Frauen gleichermaßen genutzt werden. Die Gemütslage ändert sich je nach Anzeigenstand, doch die meisten scheinen mit sich zufrieden zu sein. Tabatinga erfüllt die europäische Klischeevorstellung von Brasilien vollkommen. Gut gelaunte Fußballspieler und schöne Menschen inmitten des undurchdringlichen Regenwaldes.

Wir verbringen die Nacht in einem Hostel in Tabatinga. Dort machen wir Bekanntschaft mit Manuel, einem Kolumbianer aus Leticia. Das Gespräch mit dem Betrunkenen beginnt zunächst harmlos, dann bietet er uns Marihuana an, später Kokain und Heroin. Je mehr Manuel trinkt, desto redseliger wird er und bittet uns letztendlich, einen Koffer voller Kokain und Heroin für ihn nach Manaus, den Amazonas hinunter, zu bringen. Ganz ungefährlich sei das und überhaupt kein Problem.

Wir lehnen jedoch dankend ab. Die Nacht ist unerträglich heiß. Nicht einmal der Ventilator neben unserem Bett verschafft Abkühlung, und so legen wir uns kurzerhand auf den kalten steinernen Fußboden, um unsere Körper etwas zu erfrischen. Nach wenig Schlaf packen wir am nächsten Morgen unsere Sachen zusammen, kontrollieren, ob Manuel nicht heimlich ein »Geschenk« für uns dagelassen hat, und machen uns auf zum Anleger. Es geht weiter den Fluss hinunter. Nächster Stopp: Manaus.

2
Von Tabatinga nach Manaus

Ein grünes Meer, undurchdringlich, bedrohlich und voller Gefahren – so erscheint den ersten Europäern der Regenwald des Amazonas. Riesige Bäume bedecken mit ihren Kronen sämtliches Leben. Kaum ein Sonnenstrahl gelangt bis auf den Boden. Feucht und düster ist es, voller giftiger Tier- und Pflanzenarten. Die selbst ernannten Eroberer suchen Gold, finden hier jedoch lediglich den Tod.

Es ist die grüne Hölle auf Erden.

Ein paar Hundert Jahre später befinden wir uns auf dem Amazonas und fahren gemächlich mitten durch diese »grüne Hölle« hindurch.

Der erste Streckenabschnitt vom peruanischen Iquitos bis ins Dreiländereck zwischen Kolumbien, Peru und Brasilien liegt bereits hinter uns. Nun setzen wir unsere Reise auf dem Amazonas vom brasilianischen Grenzort Tabatinga ausgehend fort. Wie schon in Iquitos, herrscht auch in Tabatinga bereits Stunden vor der Abfahrt rege Betriebsamkeit. Doch nicht etwa, weil jede Menge Waren verschifft werden, sondern weil etwa zwanzig Zollbeamte den Weg auf die oberen Etagen versperren. Mehrere nebeneinander aufgereihte Tische stehen im Unterdeck, eskortiert von den brasilianischen Staatsdienern. In ihren dunkelblauen Uniformen sehen die Grenzbeamten aus wie Cops aus schlechten US-Filmen. Einige sind dick und feist, tragen einen Schnurrbart und stützen ihr Übergewicht auf den Tischen ab. Andere, mit Anglerhut und der Attitüde eines Crocodile Dundees ausgestattet, laufen durch die Schlange der Wartenden und kontrollieren mit geübtem Blick die Reisepässe der Anwesenden.

An den Tischen im Schiffsrumpf wird das Gepäck überprüft. Jeder Koffer, jede Tasche und natürlich jeder überdimensionale Gringo-Rucksack, so wie unsere es sind, erfährt eine komplette Observation. Haben wir vor ein paar Stunden erst unsere Habseligkeiten ordentlich verstaut, so herrscht nach der Durchsuchung ein heilloses Durcheinander in unseren Rucksäcken. Und nicht nur, dass jeder Reißverschluss geöffnet und sämtliche Kleidung ausgepackt wird, auch eine intensive (!) Leibesvisitation gehört zum Programm.

Die Beamten fahnden nach Drogen und Waffen. Grund dafür sind die Nachbarstaaten: Kolumbien, der traditionelle Kokainproduzent, und Peru, das mittlerweile zum größten südamerikanischen Kokainhersteller aufgestiegen ist, blasen ihren »Schnee« in alle Winde. Den Drogenverkehr kontert die brasilianische Regierung mit einem massiven Aufgebot an Beamten, um die gemeinsame Grenze zu kontrollieren. Es dauert Stunden, bis alle Reisenden an der Kontrolle vorbeikommen und einen Platz auf dem Boot ergattern. Die drei Decks der *Voyager IV* gehören fast ausschließlich den Passagieren. Nur wenig Fracht ist an Bord, und so schaukeln bereits im Unterdeck jede Menge Hängematten.

Das Oberdeck ist dagegen eine Partyzone mit eigener kleiner Bar und lauter Musik, in der leider keine Hängematten erlaubt sind. Wir bleiben auf dem Zwischendeck, auf dem neben einer Menge Brasilianer auch einige internationale Passagiere ihren Platz finden. Peruaner, Kolumbianer, ein paar Europäer und sogar eine kleine Gruppe Haitianer sind an Bord.

Das Schiff legt ab, und mit ihm fahren auch die Grenzbeamten den Amazonas hinunter, der zwischen Tabatinga und der Dschungelstadt Manaus den Namen Río Solimões trägt. Auf dem Oberdeck sitzend lachen sie, machen untereinander Scherze und spielen, je nach Dienstgrad, Schach oder Domino. Ihre Anwesenheit auf dem Partydeck sorgt jedoch für eine gewisse Beklemmung bei den anderen Reisenden. Für südamerikanische Verhältnisse ist es trotz der lauten Musik, die sogar noch das Zwischendeck beschallt, erstaunlich ruhig. Es wird kaum gesprochen, und angestrengt gehen die Blicke der Passagiere immer wieder hinaus aufs Wasser. Sie suchen die Weite des Amazonas und können gleichzeitig ihre Augen nicht von den Grenzbeamten lassen.

Erst am nächsten Hafen, nachdem weitere zugestiegene Passagiere die gründliche Arbeitsweise der Beamten kennengelernt haben, verlassen diese das Schiff, und schlagartig verändert sich die Stimmung. Das Oberdeck füllt sich mit immer mehr Reisenden, Bierdosen werden geleert, und neben der lauten Musik sind Gesprächsfetzen auf Portugiesisch, Englisch, Spanisch oder Französisch zu hören. So verrinnt die Zeit, bis die Schiffsglocke zum Essen läutet.

Im kleinen Speisesaal gibt es ein Buffet. Pasta, Reis, Bohnen, Salat, Hühnchen – Nachschlag inklusive. Was für eine Auswahl im Vergleich zum Essen auf der letzten Fahrt bis zur brasilianischen Grenze. Tatsächlich schmeckt es auch um einiges besser. Der Speisesaal füllt sich in Sekundenschnelle. Die etwa zwanzig Sitzplätze werden unter den scharfen Augen des Küchenchefs, eines älteren Herrn mit Plauze und Lachfalten, aufs Genaueste beobachtet. Schulter an Schulter sitzen die Essenden, um jeden Zentimeter auf der harten Holzbank am Esstisch auszunutzen. Vor der Tür warten weitere Hungrige auf ihre Portion und so herrscht ständig Bewegung im Speisesaal: Während die einen durch die Hintertür verschwinden, drängen die Nächsten von vorne in die Mini-Kantine. Wer zu lange am Tisch sitzt, ohne zu essen, wird vom Küchenchef freundlich zu einer weiteren Portion aufgefordert oder gebeten, für andere Reisende Platz zu machen. Die Essenszeiten richten sich nach dem Leben auf dem Schiff. Frühstück gibt es kurz nach Sonnenaufgang von sechs bis sieben Uhr, Mittag zwischen elf und zwölf Uhr und Abendessen zwischen 16.30 und 17.30 Uhr, eine Stunde vor Sonnenuntergang.

Dazwischen bleibt viel Zeit zum Philosophieren.

Die Frage nach der Fliege stellen wir uns mehr als nur ein Mal.

Wenn das Insekt über unseren Köpfen in Fahrtrichtung des Bootes fliegt, muss es sich dann doppelt anstrengen, um die Geschwindigkeit des Schiffes aufbringen zu können? Und wenn es entgegen der Fahrtrichtung fliegt, bewegt es sich rückwärts, obwohl es vorwärtsfliegt, weil das Schiff schneller ist als die Fliege?

Wir finden jedoch keine zufriedenstellenden Antworten. Erst wenn die Hitze des Tages allmählich nachlässt, wagen wir uns hinaus aufs Oberdeck und genießen die letzten Sonnenstunden vor Einbruch der Dunkelheit. Wir sind jetzt mittendrin im Amazonasgebiet, das mit sieben Millionen Quadratkilometern eine Fläche umfasst, in die ganz Europa bequem hineinpasst. Es reicht vom Norden Boliviens bis nach Venezuela. Die enorme Größe des Regenwaldes wird nur noch durch seine Artenvielfalt übertroffen. Jede zehnte bekannte Tier- und Pflanzenspezies ist hier beheimatet. In Zahlen ausgedrückt heißt das: 40 000 Pflanzen-, 1300 Vogel-, 400 Säugetier-, 4000 Fisch- und 2,5 Millionen Insektenarten leben in dem riesigen tropischen Waldgebiet. Darüber hinaus, so wird vermutet, gibt es noch einige bisher nicht entdeckte Arten. Im Herzen dieses wilden Amazonasgebietes befindet sich die Dschungelstadt Manaus, die wir nach drei Nächten an Bord der *Voyager IV* erreichen.

Hier, am Zufluss des Río Negro, bietet sich uns eines der eindrucksvollsten Naturschauspiele der Region: Der teefarbene, sedimentreiche Río Solimões und der dunkle, sedimentfreie Río Negro fließen an dieser Stelle zusammen, ohne sich jedoch zu vermischen. Der Fluss hat nun zwei Farben, in der Mitte strikt voneinander getrennt. So wird das linke Ufer von schwarzem Wasser umspült, während an der gegenüberliegenden Seite hellbraunes Wasser auf das Land trifft.

Bei Manaus weitet sich der Amazonas von fünf Kilometer Breite auf bis zu elf Kilometer und ist etwa dreißig bis vierzig Meter tief. Vom Deck der *Voyager IV* sehen wir kaum noch den dichten Regenwald am Ufer, sondern nur noch einen grünen Küstenstreifen am Horizont. Ungläubig schauen wir hinaus auf den Fluss, der mittlerweile wie ein Binnensee wirkt. Nie hätte ich mir vorstellen können, auf dem Amazonas und gleichzeitig so weit entfernt vom Regenwald zu sein. Der Strom, 1500 Kilometer vom Meer entfernt, wird bis hierher von Hochseefrachtern und Ozeanriesen befahren, die Manaus mit allem Notwendigen beliefern. In den Hochwasserphasen, wenn der Wasserpegel anschwillt, liegen bis zu 120 Kilometer zwischen den beiden Ufern des Flusses. Dann wird das Schwemmland geflutet, und nur noch die Uferdämme ragen aus dem Wasser empor.

> Das Reich des Jaguars wird dann zum Jagdgebiet des schwarzen Kaimans.

Der Passagierhafen der Stadt ist eine Anlegestelle am sandigen Ufer des Flusses, an dem sich Dutzende großer und kleiner Schiffe treffen. Zwischen den vielen Hafenarbeitern, die die Fracht der Schiffe löschen, und den herumstehenden Transportern, die die Waren an ihren Bestimmungsort bringen, schlängeln wir uns hindurch, bis wir das Hafengelände verlassen und mitten in der Stadt stehen. Schon nach wenigen

Schritten fällt uns die Ambivalenz Manaus' auf. Überall im Zentrum entdecken wir Prachtbauten aus der Glanzzeit der Stadt, während des Kautschukbooms um 1900.

Manaus gehörte zu den reichsten Städten des Kontinents und war die zweite Stadt Brasiliens, die mit Elektrizität versorgt wurde. Von dieser Epoche zeugen eindrucksvolle Gebäude wie das Teatro Amazonas, das bekannteste Opernhaus Brasiliens, oder der Palácio Rio Negro, ehemaliger Wohnsitz eines Kautschukbarons. Doch auch der in den Folgejahren einsetzende Verfall ist bis heute spürbar. Kaputte Straßen und Häuser, Prostitution und Drogen, das ist mein erster Eindruck von der Stadt, nachdem wir zu später Stunde die Umgebung erkunden.

Wir machen uns auf in den *Bosque da Ciência*, den Wald der Wissenschaft. In diesem innerstädtischen Stück Dschungel leben Affen, Faultiere und Schildkröten, die mit etwas Glück den eigenen Weg kreuzen. Auch gibt es ein kleines Museum, das allerdings eher an eine Freakshow oder Frankensteins Laboratorium erinnert. Riesige, in Gläsern eingelegte Frösche starren die Besucher mit ihren Glupschaugen an, ganze Krokodilhäute hängen an den Wänden, und jede Menge präparierte, merkwürdig aussehende Amazonasfische gehören zur Ausstellung.

Nach dieser etwas eigenartigen Weise der Tierbeobachtung machen wir uns wieder auf den Weg ins Zentrum und bleiben in einer der unzähligen Saftbars hängen. Das Angebot ist einfach gigantisch. Mehr als sechzig verschiedene Saftsorten gibt es. Die Auswahl reicht vom bekannten Orangensaft bis hin zu Säften aus exotischen Früchten und Beeren wie Açai, Guaraná, und deren Kombinationen. Die Saftbar ist bis auf den letzten Platz besetzt.

Um uns herum leuchten rote, gelbe, orange, weiße und braune Flüssigkeiten in Cocktailgläsern. Wir wollen alles probieren – von den meisten der aufgelisteten Früchte haben wir noch nie gehört, und so ist jedes Getränk eine neue Überraschung für die Geschmacksnerven.

Wir bleiben ein paar Tage in Manaus und schlendern durch die Straßen, sobald der mehrfach am Tag niedergehende Katastrophenregen es zulässt. Bei einem dieser Spaziergänge laufen wir plötzlich in eine große Menschenmenge.

In ihrer Mitte steht ein riesiger Weihnachtsbaum.

Es ist der erste Advent. Eine Band spielt Weihnachtslieder, gefühlsbetont hauchen elegant gekleidete Sänger Berry Whites *White Christmas* und John Lennons *Happy Xmas (War Is Over)* den Zuhörern entgegen; ein roter Teppich und abgezäunte Bereiche kündigen den Besuch von Berühmtheiten an, und um den Weihnachtsbaum herum tanzen Lebkuchenmänner, Wichtel und Schneemänner. Das alles bei 36 °C und umringt von Hunderten schwitzender Schaulustiger in T-Shirts, kurzen Röcken und Shorts. Sie fächern sich Luft zu, während sie Lieder über Schnee, Kälte und Kaminfeuer singen. Sosehr wir uns auch bemühen, die Weihnachtsstimmung schwappt hier, mitten im Amazonas, nicht auf uns über.

Wir schlendern an den nahe gelegenen Essensständen vorbei. Ein Weihnachtsmarkt ohne Mutzen, Bratwurst und Glühwein. Dafür gibt es *tacará*, eine Suppe aus Jambú-Blättern mit Shrimps und einem durchsichtigen Brei aus Maniok. Sauer und ein bisschen fischig schmeckt sie. Dazu gibt es Caipirinha oder Guaraná, wahlweise als Saft oder Softdrink. Der brasilianische Advent endet mit einem Feuerwerk über der Plaza. Auf der Terrasse einer kleinen Saftbar schlürfen wir Maracuja-Caipirinhas, beobachten die leuchtenden Explosionen am nächtlichen Himmel und das allmählich abflauende Treiben um uns herum. Als der Lebkuchenmann und seine Freunde ihren Tanz um den Weihnachtsbaum beenden, machen wir uns auf den Weg nach Hause. Am nächsten Tag geht es weiter den Amazonas hinunter, bis nach Santarém.

3
Von Manaus nach Santarém

Mehr als die Hälfte des Amazonas haben wir bereits hinter uns gebracht, doch noch immer liegen 1500 Kilometer bis zum Atlantik vor uns. Wir verlassen Manaus etwas überstürzt.

Erst drei Stunden vor Abfahrt erfahren wir, dass es ein Schiff gibt, das uns weiter den Amazonas hinunter bis nach Santarém bringen wird. Eile ist geboten, wie immer, wenn es um das Besteigen eines Bootes geht. Zu spät bemerken wir, dass diesmal auch auf dem Oberdeck Hängematten zugelassen sind – unter freiem Himmel, mit Fahrtwind und dem Geruch von Wasser und Sonne. Doch ein Umzug aus der mit Klimaanlagen künstlich temperierten Ebene des Zwischendecks in die natürliche Ebene des Oberdecks ist nicht mehr möglich. Alle Plätze belegt.

Von Zeit zu Zeit steuern wir einen Hafen an, Passagiere steigen zu und aus, und Teile der Fracht werden entladen. Wir verpflegen uns mit allem, was am Hafen angeboten wird: Obst, Brot, gefüllte Teigtaschen und Saft, portionsgerecht abgefüllt in kleinen Plastiktüten. Mit langen Stangen reichen die Verkäufer auf dem Anleger ihre Waren nach oben ins Schiff. Allerlei Essbares baumelt an der Reling entlang, bis es seinen Bestimmungsort erreicht. Auf die gleiche Weise gelangt die Bezahlung nach unten. Das ist so einfach wie genial, und so ragen minutenlang immer wieder mehrere Stangen in alle drei Decks, bis die Passagiere versorgt sind.

Nach zwei Tagen und einer Nacht an Bord der *Santa Ana* erreichen wir Santarém mit einer Verspätung von sechs Stunden. Es ist bereits dunkel, und so beschließen wir, die Nacht erneut an Bord des im Hafen liegenden Schiffes zu verbringen.

Erst am nächsten Morgen gehen wir an Land und fahren von Santarém hinein in den Regenwald bis nach Alter do Chão, einem kleinen

Ort mitten in den Tropen. Umgeben von weißen Sandstränden am Flussufer, die es mit denen in der Karibik locker aufnehmen können, ist Alter do Chão das Badeparadies im Dschungel. Nur wenige Meter vom Ufer entfernt windet sich eine sandige Landzunge durch das Flussbett, die traumhaft schöne Strände bietet. Es herrscht völlige Ruhe.

Selbst die Strandkneipen, deren Plastiktische und -stühle im seichten Wasser stehen, können der Abgeschiedenheit nichts anhaben.

Menschenleer erstreckt sich der Strand, bis er hinter ein paar Kurven im Regenwald verschwindet.

Nach den übervölkerten Schiffsreisen der letzten Tage kommt dieser Ort wie gerufen. Stunden verbringen wir damit, im Sand zu liegen, die Sonne anzublinzeln oder im flach abfallenden Flussbett zu baden. Dabei ist das Wasser so warm, dass es kaum Abkühlung verschafft. Wie in einer überdimensionalen Badewanne planschen wir ein bisschen herum. Die Einsamkeit wird nur ab und an durch ein paar Strandspaziergänger unterbrochen. Gedrungene Bäume und Sträucher spenden wenig Schatten, und so brutzeln wir den ganzen Tag in der Sonne. Ein paar Fischerboote schaukeln weit draußen auf dem Fluss hin und her. Die beiden Männer an Bord – unbewegliche Statuen im Blau des Stroms – warten auf die Fische. Beide haben ihre Position gefunden und noch Stunden später sitzen sie unverändert da. Lediglich ein Windsurfer sorgt für etwas Bewegung auf dem Wasser. Er kreuzt gemächlich über den Fluss. Eine Wende hier, eine Halse da. Auch das sieht sehr entspannt aus.

In den staubigen Straßen Alter do Chãos verläuft das Leben langsam. Niemand ist im Stress, denn es gibt einfach unglaublich viel Zeit an diesem Ort. Auch wir verfallen schnell in einen langsamen, von der Atmosphäre des Ortes bestimmten Trott, und hätten wir in Santarém nicht bereits die Tickets für die Weiterreise gekauft, wer weiß, wie lange wir in Alter do Chão hängen bleiben würden. So ergeht es scheinbar vielen. Obwohl die Anfahrt hierher mehr als umständlich ist (eine mehrtägige Flussfahrt bis nach Santarém ist unumgänglich) und es außer den Stränden nichts zu sehen gibt, tummeln sich hier jede Menge ausländische Touristen, die nicht selten bis zu zwei Wochen bleiben.

Vor allem Hippies und Straßenkünstler zieht der Ort magisch an. Auf der kleinen Plaza im Zentrum verkaufen sie Ohrringe, Armreifen und selbst gemalte Bilder oder musizieren bis spät in die Nacht. Doch nicht nur die Hippiegemeinde sorgt für Unterhaltung. In den nahe gelegenen Restaurants spielen Live-Bands Reggae, Samba und brasilianische Folklore. Ein paar alternde Gäste bewegen ihre steifen Knochen und schwingen die Hüften zum Sound der Musik. Währenddessen erfreuen wir uns an ein paar ausgezeichneten Caipirinhas. Alles wirkt sehr ungezwungen. Selbst die Band macht eher den Eindruck, als bestünde sie aus Hobbymusikern, die, nur zum Spaß musizierend, vor den applaudierenden Restaurantbesuchern sitzen. Das ganze Flair Alter do Chãos wirkt sorglos. Das mag an der paradiesischen Lage liegen oder aber auch an der Marihuanawolke, die ständig über dem Ort schwebt.

Die Tage der Ruhe und Erholung sind jedoch bald zu Ende. Wir machen uns auf den Weg zurück nach Santarém. Unsere letzte Etappe, bis ins Delta des Amazonas, liegt nun vor uns.

4
Von Santarém bis ins Delta nach Belém

Schmale Gänge und enge Treppen müssen wir überwinden, als wir das Schiff nach Belém betreten. Mit unseren Rucksäcken passen wir kaum durch die Öffnung zum höher gelegenen Deck. Erst als ich mit der Brust auf einer der oberen Stufen liege, rutscht mein Rucksack an der Kante der Einstiegsluke vorbei und ich schaffe den Aufstieg in die nächste Etage.

Noch nie waren wir so sehr in unseren Hängematten eingezwängt wie auf diesem letzten Abschnitt unserer Amazonasreise. Kaum eine Bewegung ist möglich, ohne eine andere Hängematte anzuschubsen. Die Strömung des Flusses tut ein Übriges. Das Schaukeln ist diesmal wesentlich stärker als auf den drei Schiffen, mit denen wir bisher gereist sind. Die Bewegungen des Bootes lösen in dem engen Gewimmel aus Hängematten eine Kettenreaktion aus. Ununterbrochen schaukeln und schubsen wir und werden gleichermaßen von schaukelnden Hängematten angeschubst.

Um der Enge zu entkommen, verlasse ich bei den Zwischenstopps das Boot. Ein kleiner Spaziergang an Land, bevor ich wieder in das Gefängnis meiner Hängematte zurückkehre. Natürlich kommt es, wie es kommen muss: Auf dem Weg zurück zum Anleger sehe ich ein Boot auf dem Amazonas treiben, das mir verdächtig bekannt vorkommt. Erschrocken laufe ich zum Pier und stelle fest, dass meine Befürchtung wahr geworden ist.

> Da, mitten auf dem Fluss, schwimmt mein Schiff ohne mich davon!

Doch bevor mich vollkommene Panik übermannt, werde ich schon von ein paar Einheimischen in eine kleine Nussschale gesteckt, die gerade ablegen will. Ich bin nicht der Einzige, der zu spät zum Hafen zurückgekehrt ist. Mit mir im Boot sitzen noch zwei weitere Zuspätkommer.

Mit voller Kraft fahren wir dem Passagierschiff hinterher, doch holen wir nur sehr langsam auf. Mittlerweile hat sich an Bord herumgesprochen, dass es ein paar Nichtsnutze gibt, die die Abfahrt verpasst haben. Dutzende Köpfe ragen laut johlend über der Reling empor; die Fahrgäste winken uns zu, lachen und rufen uns schon von Weitem entgegen, was sie von dieser Aktion halten. Schadenfreude pur und eine willkommene Abwechslung während der öden Schiffsfahrt. Als wir endlich mit unserem hölzernen Einbaum neben dem Riesen aus Stahl schwimmen, grinsen uns aus drei Etagen Hunderte Reisende an. Einen Empfang der besonderen Art genießen wir, als wir zurück an Bord klettern.

Beinahe zwei Wochen haben wir bisher auf dem Amazonas verbracht. Vom peruanischen Iquitos bis ins Delta am Atlantik. Circa 350 Kilometer vor dem Ozean teilt sich der Strom und ergießt sich in seinen 200 Kilometer breiten Mündungsbereich. Etwa ein Fünftel des weltweiten Süßwassers strömt hier in den Ozean und drängt das Salzwasser bis zu 200 Kilometer zurück ins Meer. Viele kleine und größere Inseln befinden sich im Lauf des Flusses. Beinahe jede von ihnen ist bewohnt. Niedrige Holzhütten auf hohen Stegen stehen am Ufer. Allein und umgeben vom ausladenden Dschungel des Amazonas. Als wir an ihnen vorbeifahren, tauchen plötzlich mehrere kleine Boote auf, die mit laut knatternden Motoren auf uns zusteuern. Frauen und Kinder sitzen in ihnen und winken uns zu. Als sie nur noch wenige Meter von uns entfernt sind, fliegt ein Paket, in Plastiktüten gehüllt, über die Reling und landet in unmittelbarer Nähe eines der Schiffchen im Wasser. Auf und ab schwappt es auf den Wellen, bis es von einem kleinen Jungen an Bord gezogen wird.

Verwundert beobachten wir die Situation. Haben es tatsächlich ein paar Drogenkuriere geschafft, trotz aller Kontrollen ihre Ware bis hierher zu bringen? Immer mehr Pakete landen in den Fluten und so langsam kommen uns diese Unmengen an Drogen unwirklich vor.

Schließlich erkennen wir: Hier wird kein Kokain geschmuggelt. Die Passagiere unseres Schiffes werfen Lebensmittel für die Bewohner der Inseln über Bord. Eine Gabe für die, die wenig haben, und offensichtlich schon ein eingeübtes Ritual. So schnell, wie die kleinen Boote kommen, so schnell verschwinden sie auch wieder in Richtung ihrer Hütten.

Wir legen, nach einer geplant eineinhalbtägigen Reise von Santarém, mit mehr als zwölf Stunden Verspätung im Hafen von Belém an. Niemand weiß, warum und wo wir so viel Zeit verloren haben. Mitten in der Nacht verlässt kaum ein Passagier das Schiff. Auch wir schlafen ein letztes Mal in unseren schaukelnden Hängematten. Zwei Wochen haben wir in ihnen verbracht und die Zeit hat ihre Spuren hinterlassen. Die Aufhängungen beider Hängematten sind mehr als nur einmal gerissen, die Liegeflächen fast um die Hälfte geschrumpft, und dennoch haben sie uns bis zum Schluss einen guten Dienst erwiesen. 4200 Kilometer auf dem Amazonas liegen nun hinter uns.

Belém ist, ähnlich wie Manaus, eine Dschungelstadt – es ist heiß, feucht, und es regnet beinahe jeden Tag. Ohne Schirm verlässt niemand das Haus, denn entweder schützt er vor der brennenden Sonne oder vor einem prasselnden Tropenguss. Obwohl Belém mit mehr als zwei Millionen Einwohnern eine der größten Städte am Amazonas ist, hat sie ihren Kleinstadtcharme bewahrt. Wir spazieren entlang des Flussufers auf der Promenade und erreichen das historische Zentrum der Stadt. Die Festung *Forte do Presépio* zeugt noch von der Zeit, als Piraten erfolglos versuchten, die bis heute wichtigste Handelsstadt des Amazonas einzunehmen. Riesige eiserne Kanonenrohre zeigen hinaus auf den Fluss, dessen gegenüberliegendes Ufer am Horizont nur zu erahnen ist.

Neben der Schutzanlage befindet sich der Fischereihafen. Mehrere Kutter liegen vor Anker und um sie herum fliegen jede Menge Geier. Das Hafenbecken, ohne Wasser, ist übersät mit Müll und Unrat. Zerbrochene Kisten, Plastiktüten, Flaschen und Fischabfälle liegen überall auf dem Boden verstreut. Es stinkt erbärmlich – was die Aasfresser aus der Luft anlockt. Sie zanken um Fischköpfe und Innereien, picken mit ihren Schnäbeln in Augen und Körper und lassen sich die Mahlzeit schmecken. Nur wenige Meter von ihnen entfernt werden Kisten mit frischem Fisch aus den Booten entladen und zu Beléms größter Sehenswürdigkeit, dem Markt »Ver-o-Peso« (»Schau auf das Gewicht«), gebracht. Hier wird alles verkauft, was der Amazonas zu bieten hat: ganze Schwärme von Amazonasfischen, Kräuter, Nüsse und Kunsthandwerk.

Unzählige Essensstände servieren den hungrigen Mäulern der Stadt die verschiedensten Gerichte. Wir probieren die lokale Spezialität *Pato no tupuci*, gebratene Ente garniert mit Jambú-Blättern in einer sauren Soße. So gestärkt, schlendern wir weiter über den Markt und bleiben fasziniert in einem der Gänge stehen, in dem Kräuter, Wurzeln, getrocknete Blüten und Tinkturen angeboten werden. Hier gibt es für alles die richtige Mixtur, die Reichtum verspricht, oder Glück oder Frauen oder einen Job.

Für jedes Problem gibt es ein buntes Wässerchen.

Gelb, rot und grün – kleine leuchtende Lösungen, die alles zum Guten wenden. Egal für welche Lebenskrise, auf dem Markt findet sich die Antwort in flüssiger Form. Daneben gibt es Schlangenöle, die gegen Rheuma und Diabetes helfen sollen, heilende Rindenextrakte, und selbst natürliches Viagra steht zum Verkauf bereit.

Vom Markt gehen wir weiter ins heutige Stadtzentrum und kommen am *Teatro da Paz*, dem Theater des Friedens, vorbei. Das prächtige Opernhaus stammt wie sein Äquivalent in Manaus aus der Zeit des Kautschukbooms. Wir besorgen uns Tickets für die Abendvorstellung – die Vorführung einer Tanzschule. Als wir jedoch vor dem Einlass stehen, werden wir abgewiesen. Für Männer ist das Tragen einer langen Hose Pflicht. Uns bleibt der Eintritt verwehrt. Doch wir sind hartnäckig, und irgendwann schießt einem der Mitarbeiter eine hervorragende Idee durch den Kopf.

Er eilt ins Gebäude und kommt kurze Zeit später mit seiner eigenen schwarzen Stoffhose zurück, die zu seiner Arbeitskleidung gehört. Sie ist zwar etwas zu groß, aber dankend nehme ich an und darf in den fremden Beinkleidern nun doch der Vorstellung beiwohnen. Der Saal ist bis auf den letzten Platz gefüllt. Der Vorhang hebt sich, und wir sehen sowohl modernen Ausdruckstanz als auch Kleinkinder in Löwenkostümen, die eher unkontrolliert über die Bühne laufen. Dem Publikum – es besteht vor allem aus Familienmitgliedern der Tänzer und Tänzerinnen – ist es egal. Sie feiern die Vorführung mit wahren Jubelorgien.

Gemeinsam mit unseren Couchsurfing-Hosts, Avner und Dani, erkunden wir ein weiteres Mal die Stadt. Wir lassen uns von ihnen führen, und so gelangen wir zur besten Eisdiele weit und breit. Der unscheinbare kleine Stand in einem Shopping-Center offenbart uns neue, ungeahnte Geschmackswelten. Wir lassen uns Eiscreme aus den Früchten des Amazonas, wie Açai, Cupuaçu und Tamarinde, schmecken.

Tags darauf besuchen wir die Insel Cotijuba im Amazonasdelta. Etwa eine halbe Stunde dauert die Überfahrt. Obwohl wir uns immer noch am Amazonas befinden, ist das gegenüberliegende Ufer nicht mehr zu sehen. Hohe Wellen schlagen an den Strand, und wir haben eher das Gefühl, an einem Ozean aus Süßwasser als an einem Fluss zu sitzen.

Auf einem Karren, der von einem Wasserbüffel gezogen wird, dösen zwei Jugendliche, während sie gemächlich an uns vorbeijuckeln. Hier und da steht eine Hütte am Wegrand, doch die meiste Zeit umgibt uns der Urwald. Auf Cotijuba befindet sich das ehemalige Gefängnis Beléms. Nur noch die Mauern der einstigen Haftanstalt stehen, und langsam erobert die Natur die Gebäude. Wir schlendern über die Korridore, durch die Sträflingsküche und vorbei an den Zellenbaracken. Die tropische Feuchtigkeit hat dem Ort zugesetzt, und wir können nur noch erahnen, wie es hier einmal zuging – gefangen im Dschungel.

Zurück in Belém, trinken wir einen letzten Caipirinha, dann verabschieden wir uns nicht nur von Avner und Dani, sondern beenden auch das bisher längste Abenteuer unserer Reise: Auf Wiedersehen, Amazonas.

Mosambik

ZEITLOS

Von afrikanischem Gebrodel, betonierten sozialistischen Exzessen, Märchen am Praça da Independência und der Einsicht: Bob Dylans »Mozambique« ist zeitlos.

Von Markus Steiner

Eine Woche oder so geht das nun, und ich belauere Maputo weiter. Genauer kann ich es nicht sagen, weil sich irgendwo im Strudel des afrikanischen Lebens die Zeit ausgewaschen hat. Der Schriftsteller Nicolas Bouvier schreibt in *L'usage du monde*: »Man glaubt, dass man eine Reise machen wird, doch bald stellt sich heraus, dass die Reise einen macht.« Die meisten rastlosen Fragen nach dem Wann und Wo bleiben unbeantwortet. Raum wächst, für Wichtiges.

Jeden Morgen also – und erst wieder, wenn es dämmert – streife ich durch die Straßen und frage mich, wie sie das machen, wie alles sein kann. Will verstehen, will aufschreiben: Wie sie leben, wie sie leiden, wie sie lachen und überleben. Wie ein Herz Maputo aushalten kann. Natürlich versinke ich.

Zwischen Avenida Karl Marx, Avenida Ho Chi Min und Avenida Guerra Popular fließen die Farben. Vollgestopft mit Leben, mit brennender Fantasie und reichen Ideen. Mit Träumen und Gaben. Anders hier, in Europa: »Bei uns ist der Stoff des Lebens dank Gewohnheit so zugeschnitten, dass der Erfindungsgeist sich auf dekorative Funktionen beschränkt«, schreibt Bouvier.

Das erste große Glück für jeden Maputo-Reisenden sind die Gehwege: Gehwegplatten türmen sich auf wie das Kilimandscharo-Massiv. Schlaglöcher, so breit wie der Indische Ozean tief. Und wie so oft in der Welt: Maputos Poesie kristallisiert sich aus dem Mangel. Durch das langsame Gehen reift Zeit, um die Tiefenschärfe zu erhöhen. Um zu begreifen, wie schön irrsinnig und irrsinnig schön alles ist.

Wer in Maputo leben, ja überleben,
wer die Schönheit erfahren will,
der muss virtuoser Erfinder im Fach Leben sein.

Die *Monbé*, die Araber, kommen als Erste, verbergen schlampig ihr Interesse an den Goldfeldern. Den Mangel bringen die *Maguerre*, die

Portugiesen. Alles beginnt mit der hübschen *Ilha de Moçambique,* einer kleinen, dem Festland vorgelagerten Insel. Als Art Tank & Rast, als letzte Ausfahrt Indien für Vasco da Gama. 400 Jahre und eine Million verschiffter Sklaven später stürzt Salazar in Portugal und die *Maguerre* müssen gehen. Mosambik erbt eine weiche Sprache, Betonbauten und sozialistische Ruinen – ohne Hoffnung auf Auferstehung. Wenn im Kapitalismus der Exzess die Norm ist, dann ist Maputo der Exzess der sozialistischen Normalität.

FRELIMO übernimmt und findet Gefallen am Mangel fürs Volk. Das war 1975. Die Partei flirtet mit den Sowjets und Honecker und vergisst die schon zersetzten Identitäten der Makua, Makonde und Sena. Der Bürgerkrieg nistet sich ein. Alle warten auf den einen, der eint.

Die *Madgermanes* warten bis heute. Auf ihren Lohn. Jeden Tag im Jardim 28 de Maio, unter einer DDR-Fahne. Die *Madgermanes* sind 15 000 mosambikanische Gastarbeiter, die in der DDR lebten. Bis 1994. Dann Rückkehr aus dem Arbeiterstaat in einen Staat ohne Arbeit. Ihr Geld kam nie an. Über die Gier kann man nur staunen: Mosambiks Erdgasvorrat könnte die gesamte Welt für zwei Jahre versorgen.

An diesem Morgen wird in Maputo zum vierten Mal ein FRELIMO-Präsident vereidigt: Filipe Jacinto Nyusi. Junge Männer und Frauen sind zum *Praça da Independência* gekommen. Sie jubeln. Fünf Geburten pro Frau, fünfzig ihre Lebenserwartung. Kanonenschläge zünden. Der Präsident ist neu, die Probleme bleiben die alten. Wahlen, aber keine Wahl. Die Opposition hat gekämpft, auch mit Waffen. Bis die obersten Richter entschieden: Präsident ist Nyusi.

Gegenüber, im *Mercado do Povo,* sitzen sie im Schatten. Aus Holzverschlägen heraus geht lauwarmes Bier in Dosen über den Tresen. In den dunklen, verräucherten Gassen treiben sich Gammler herum, Väter, junge Burschen. Wie verbündet, wie lässig, wie warm es zugeht! Das prächtige Lachen. Der schmutzige Boden. Der Geruch von gebratenem Fleisch. Kohle glüht in einer halbierten rostigen Erdöltonne.

Auf dem Grill brutzelt eines von Millionen *frangos* – Hühnchen – im Land. Im TV marschieren Militärtruppen. Kontinuität sei nun wichtig, sagt einer, der das rote Parteihemd trägt.

Nach vierzig Jahren FRELIMO sagt er das. Nyusi spricht. Das erste Mal als Präsident. Und erfindet Märchen von Frieden, Gleichheit und Wirtschaftsboom für alle. Im Mercado nicken sie. Vielleicht bestellen sie auch nur eine neue Runde *Black Label.*

Einen Häuserblock weiter verändert sich alles, wird die betonierte sozialistische Ordnung ranzig. Vielleicht beginnt die Veränderung südlich der Avenida Mao Tse-Tung. Vielfalt und Chaos lassen sich nicht länger durch Worte verheimlichen. Auf der Fahrbahn: SUVs, Defender, *chapas,* Holzkarren, mit Kokosnüssen beladen. Die Tuk Tuks und ihr Fahrstil sind *made in India.* Jeder fährt, wie er will.

Wer von einem der Grenzübergänge im Süden Mosambiks nach Maputo kommt, wird von *chapas,* den Minibussen, in die Stadt gespült, die einen genau dort ausspucken, wo die Straßen mit Scharen von Menschen bevölkert sind und man sich gleich schwindlig fühlt: in der Baixa. Frauen laufen barfuß; in *capulana* gehüllt; und balancieren Litchis, Ananas oder Mangos auf ihrem Kopf. Elegant, natürlich und gelassen ziehen sie durch das strömende Durcheinander. Jeder bekommt ein Wort.

»Hey, Boss, *manga*!«, ruft eine der Frauen aus den blauen Wellblechboxen heraus. Fünfzig Meticais für eine. Der Preis ist viel zu hoch. Bei den Balancierenden gibt es sie für fünfzehn Mets. Aufgebracht feuert sie ihre Rechtfertigung: »Wir haben kein Geld, FRELIMO hat alles.«

Eine Art FRELIMO-Steuer also.

Die Frauen versuchen Fliegen vom Betriebskapital zu vertreiben. Erfolglos. Hand- und Taschentücher machen Jagd auf den rinnenden Schweiß. Jeder müht sich im Schatten die Straße entlang. Auch die jungen Frauen in Militäruniform. Männer sitzen auf Hockern und spielen Brettspiele mit Pepsi-Kronkorken. Kinder starren mich an und lachen dann.

Die Kinder. In den *chapas* werden sie verladen wie Amazon-Pakete. Kinder erhalten keinen eigenen Sitzplatz. Die Eltern hieven ihre Kinder in den Bus. Dann reißt der Blickkontakt ab. Ständig wird rangiert. Last-in-first-out-Prinzip. Die Erwachsenen haben nun andere Dinge zu tun: Essen, Handy, Kosmetisches, Warten. Die Kinder sitzen hinten, ruhig und mit ewiger Geduld in den schützenden Armen eines Fremden.

Dieses Vertrauen, ihre Unbefangenheit, rührt mich.

In der riesigen französischen Bäckerei liegen ein paar einsame dampfende Baguettes zum Verkauf aus. Der Rest der Regale ist leer. Auf der anderen Straßenseite hängen Moskitonetze in den Bäumen. Wie überdimensionierte chinesische Vogelkäfige, die im weichen Wind wehen, der von der Maputo-Bucht herüberbläst, der Staub und Hitze des Tages abwischt.

Wie an jeder Straßenecke in der Baixa teilen sich die Schuhverkäufer, die Blumenhändler und die Handymänner die Kreuzung. Die Schuhverkäufer parken ihre Schuhe in langen schwarzen Reihen auf dem Gehsteig, als wollten sie eine Partie Domino spielen. Die Gemüsehändler haben sich für das Stapeln ihrer Ware entschieden: Überall sind Pyramiden aus Karotten, Kartoffeln und Tomaten zu sehen. Limetten gibt es immer nur eine Handvoll.

Auf dem Weg zum Hafen der Hindutempel. Ein Inder schiebt Wache, preist einen sagenhaften privaten Rundgang an. Wie viel ich zahle, bliebe mir überlassen. Der Methodisten-Chor probt für den Sonntagsgottesdienst. Und unten am Hafen singen sie Suren in der Jumma-Masjid-Moschee. »Handy ist *haram*«, steht auf einem Schild.

Word Art illustriert die drohende Abtrünnigkeit. In der Pastelaria hocken später alle zusammen und spielen *Sueca*.

Gleich um die Ecke. An eine Hauswand ist von Hand »Hotel« geschrieben und darunter ein Pfeil, und jeder weiß, dass die Zimmer in der Rua do Bagamoyo stundenweise die Besitzer wechseln. Im *Hotel Carlton* stehen zwei üppige Mädchen hinter dem Tresen, schauen in ihre Schminkspiegel und lachen. Durch den schummrigen Flur hindurch kann ich ihre weißen Zähne blitzen sehen. Den Lippenstift bemerke ich erst später.

Auf dem Bordstein der Avenida Samora Machel, die vom Hafen hoch zum *Praça da Independência* führt, sitzt ein nackter Mann. Der Mann wäscht sich. Mit einem oben abgeschnittenen blauen Wasserkanister schaufelt er mehr und mehr Wasser aus der überlaufenden Kanalisation über seinen Kopf; und im Sonnenlicht perlt das silberne Wasser an ihm hinab. Kinder laufen vorbei und kichern. Große Frauen in kurzen Kleidern wechseln die Straßenseite. Der Mann singt.

Alt ist der Song. 1975. Und verrückt, weil einer dieser irren Widersprüche, in die uns das Leben einwickeln will. Bob Dylan schrieb *Mozambique* im Unabhängigkeitsjahr. An einem der grenzenlosen Strände, die irgendwo nördlich von Maputo beginnen, sich verschwenderisch auszustrecken. Den Song pressten sie später auf das Album *Desire*:

The sunny sky is aqua blue/And all the couples dancing cheek to cheek/And everybody likes to stop and speak/Or maybe say hello with just a glance/Magic in a magical land/You turn around to take a final peek/And you see why it's so unique to be/Among the lovely people living free.

Das Verrückte: Mozambique ist zeitlos.

Die Sehnsucht, die Lust, das Verlangen danach. Jede Zeile davon in Maputo zu fühlen. Maputo ist, wie ich mir Havanna vorstelle. Die Zeit. Sie hat den Leuten nicht alles geraubt.

Eine Woche oder so. Und ich bin überrascht, wie gut sich das anfühlt – sonderbar, aber gut –, etwas, das ich nicht begreifen kann, weil ich nur fühle, was es mit mir macht, wenn ich in Maputo versinke, wenn ich mich umdrehe, wenn wieder einer lacht, mich wieder einer von ihnen tief in eine neue Sackgasse hineinzieht.

Marokko

STUFEN ZUM HIMMEL

Ich hatte mich auf die Spuren der Berber begeben und fand uralte Mythen, eine wundersame Sprache und archaische Naturverbundenheit. Ich wollte ebenso leben und verlief mich in ein Abenteuer, das mich dem Himmel näher brachte, als mir lieb war.

Von Oleander Auffarth

Als ich nach meiner Rückkehr die Schriftstücke fand, die ich vor meinem Aufbruch verfasst hatte, überkam mich eine Gänsehaut. Wie ein Fremder blickte ich auf meine Notizen, las die Passage, in der ich in der dritten Person über mich und mein bevorstehendes Abenteuer geschrieben hatte, und fragte mich, was Freunde und Familie aus diesen Überresten auf mein verlorenes Leben geschlossen hätten. *Warum hatte ich es nur wieder so weit getrieben?*

Doch zurück zum Anfang: Seit vielen Wochen lebte ich in einer Herberge in der Dades Schlucht. Ich genoss das Glück, wieder einmal solch einen seltenen Heimat- und Sehnsuchtsort gefunden zu haben. Jeden Tag wanderte ich in den Bergen, erkundete die Gipfel und Schluchten der Umgebung und fühlte mich am Abend, als käme ich nach Hause.

Hier schien sich ein großer Kreis zu schließen.

Ausgedehnte Reisen hatten die letzten sechs Jahre bestimmt. Nun lag das vorläufige Ende meines Nomadenlebens in greifbarer Nähe; zum ersten Mal auf meinen Reisen wusste ich, was mich nach der Rückkehr erwarten würde: die Sesshaftigkeit in einer Hofgemeinschaft. Es fühlte sich so an, als würde noch einmal alles kulminieren, was meine Reisen ausgemacht hatte: In den ersten zwei Wochen in Marokko hatte mich noch einmal der fiebrige Taumel meiner ersten Indienreise befallen. Doch nachdem ich diesen Ort entdeckt hatte, wusste ich sofort, dass ich angekommen war. Bald spürte ich, welche Entwicklungen sich auf meinen Reisen in meinem Innern vollzogen hatten. Mohammed und Ibrahim, die beiden Angestellten des Hotels, wurden mir in Windeseile zu Freunden. Die Berge, über die mein Blick jeden Tag stundenlang schweifte, erinnerten mich an Formationen im Himalaja. Wenn ich nicht gerade in den Tälern und Bergen der Umgebung unterwegs war, saß ich auf der Dachterrasse in der Bergsonne, beobachtete, ließ meine Gedanken schweifen oder las. Das Panorama war mein größter

Luxus. Von dort aus hatte ich freien Blick auf die umliegenden Felsformationen, Dörfer und Gärten. Besonders spektakulär war das Schauspiel, wenn der Mond direkt über der gegenüberliegenden Formation aufging, die wie ein liegendes Gesicht aussieht, und dessen Konturen taghell erstrahlen ließ.

Morgens labte ich mich an Brot, Oliven, Marmelade, grünem Tee mit frischen Bergkräutern, Nüssen und Obst. Nach der herrlich heißen Dusche am Abend, für die Ibrahim mit Feuerholz einheizte, zauberte Mohammed eine *Tajine* (ein rundes, aus Lehm gebranntes Schmorgefäß und das darin befindliche Gericht). Ganz gleich ob mit Couscous, Ei, Taube, Huhn oder Fisch und Gemüse gefüllt, garniert mit Feigen, Rosinen oder Datteln – der abendliche Schmaus war ein Hochgenuss. Mediterrane und orientalische Küche verschmolzen miteinander.

Bei meinem Gang hoch zu meiner Terrasse passierte ich ständig die Berberflagge. Mir gefällt ihre Symbolik. Das Gelb repräsentiert die Wüste, das Blau das Meer und das Grün die Berge, die drei Siedlungsgebiete der Berber. In der Mitte breitet sich der rote Buchstabe *Yaz* über die drei Sphären aus. Er symbolisiert das Wort *Amazigh*, »die freien Menschen«, wie die Berber sich selbst bezeichnen. Das Blutrot repräsentiert das Leben und den Widerstand. Die Wände des Hauses waren mit Ornamenten, Abbildungen von Kasbahs und alten Türschlössern verziert. Mohammed hatte in Casablanca Innenarchitektur studiert und sich in der Herberge verewigt.

Der Salon war prächtig geschmückt mit Erzeugnissen der Berberkunst: Teppiche, Tücher, Kleidung, verzierte Teekannen, Waffen, Mineralien, Alltagsgegenstände, Bilder, Lampen und Musikinstrumente erzeugten eine heimelige Atmosphäre. Oft taten sich Mohammed und Ibrahim mit Führern von Touristen zusammen und spielten für die Gäste. Als ich das erste Mal erlebt hatte, wie ich inmitten der Männer in gemeinsamer Trance versank, hatte ich genau gewusst, dass ich den richtigen Ort für meine weiteren Exkursionen gefunden hatte.

Während mir der marokkanische Winter mehr Sonne bescherte als der deutsche Sommer, wurde es am späten Nachmittag frisch, und nachts ließ es sich im ungeheizten Zimmer nur mit dicken Decken aushalten. Trotzdem saß ich gerne noch auf der Terrasse und bewunderte die klare Sicht auf die Milchstraße.

Auf den Spuren der Berber

Ich erkundete die Oasengärten der Dadesschlucht, bewunderte die ursprüngliche Lebensweise der Menschen, lernte erste Worte der Berbersprache und spielte mit den Söhnen des Geschichtslehrers Tischkicker.

Jeden Tag streifte ich durch die Gärten, sah den Frauen zu, wie sie mit Grasbüscheln beladen nach Hause schritten, bewunderte die uralten Feigenbäume und noch älteren Bewässerungsanlagen, betrachtete, wie Arbeiter aus Lehm, Stroh und Bambus neue Häuser errichteten, durchstreifte die halb verfallenen Burgruinen, beobachtete die Männer, wie sie die Kanäle aufhackten und wieder verschlossen, sodass der Nachbar das Wasser aus den Bergen auf seine Felder umleiten konnte. Schon allein dieser Umstand erzwingt, dass man sich über die Verteilung des Wassers verständigen muss. Selbstverantwortung spielt bei den Berbern eine große Rolle. Schon die kleinen Kinder finden sich selbstständig in gefährlichem Terrain zurecht und übernehmen früh Aufgaben bei der Tierversorgung. Selbstverständlich laufen sie weite Strecken zur Schule. Viele Probleme werden innerhalb der Dorfgemeinschaften geregelt. Der Zugriff des Staates ist unerwünscht. Diese Gemeinschaften erinnerten mich vage an meine Kindheit.

Solch eine Verbundenheit wiederzuentdecken war eine Triebfeder meiner Reisen, trotz aller Ambivalenz zwischen selbst gewähltem Außenseiterstatus und dieser tiefen, selten gestillten Sehnsucht.

Die Berber nennen ihre Befestigungen *Tighremt*. Die arabische *Kas-*

bah bezeichnet hingegen eine Ansammlung von befestigten Gebäuden, nicht selten ein befestigtes Stadtviertel; sie dient militärischen Zwecken. Der Tighremt ist eine Speicherburg. Der untere Teil bietet Platz für Vieh und Stroh. Im oberen Bereich befinden sich Wohn- oder Schlafgemächer. Hier konnten Lebensmittel, Wertgegenstände und Werkzeuge eingelagert werden und hier fand sich der letzte Rückzugsraum. Dafür sorgten die Wehrtürme und die fensterlose Architektur, die Schießscharten zur Verteidigung bot.

Bei meinen Streifzügen fielen mir die Gesichtstätowierungen der alten Frauen besonders auf. Sie zeigen Schriftzeichen, Symbole, Dreiecke und Ornamente und symbolisieren die Verbundenheit mit Natur und Kosmos, sollen Fruchtbarkeit und Schutz vor der Geisterwelt bewirken. Die symmetrischen Linien und Kreuze zeigen Tiere, Pflanzen oder Himmelskörper. Die uralte Tradition erinnert an eine Zeit, in der die Berber dem Animismus (Geisterglaube) anhingen. Auch der Silberschmuck weist ähnliche Ornamente auf. Er symbolisiert darüber hinaus Stammeszugehörigkeit, soziale Stellung und dient als eiserne Reserve.

Ich sammelte Wildkräuter und Mineralien in den Bergen. Wenn ich auf Muscheln stieß, versuchte ich mir zu vergegenwärtigen, dass es einst Riffe gewesen waren, die ich nun hinaufstieg. Für mich waren es Stufen zum Himmel, die ich mühsam erklomm. Auf den Gipfeln stieß ich auf uralte Pfade und manchmal auf die Grundmauern von alten Befestigungen, Orte, von denen man auf viele Kilometer sehen konnte, wenn sich ein Eindringling näherte. Nicht zuletzt gab es auch unter den Berberstämmen Rivalitäten.

Ich spürte, wie ich mich immer weiter öffnete, ich knüpfte Kontakte in den umliegenden Dörfern und ließ mich mit einer Tiefe auf die Berberkultur ein, die nur möglich war, weil ich mich immer wieder neu der Fremde angenähert hatte. Bald führte ich eine kleine Liste mit Wörtern aus der Berbersprache Taschelhait mit mir, die ich durch Fragen immer weiter ergänzte. Ich konzentrierte mich zunächst darauf, die sichtbaren Dinge benennen zu können: Die Berge, die Flüsse,

Sonne, Mond und Sterne. Regelmäßig besuchte ich den Patron eines nahen Gasthauses, las in alten Berbermärchen oder diskutierte mit dem Geschichtslehrer über die Herausforderungen der Jetztzeit und befragte ihn zur Geschichte der Berber. Zayd hatte seinen Kindern bereits Berbernamen gegeben, als das noch offiziell verboten war. Und er hielt es mit Marx: »Religion ist das Opium des Volkes«, davon war auch er überzeugt. Er ist keineswegs der einzige Berber, der nach Jahrhunderten von Invasionen jedem Glauben abgeschworen hat.

Mit Zayds Söhnen spielte ich Tischkicker in einem nahen Café. Es war offensichtlich, dass viele junge Berber in letzter Zeit ein neues Selbstbewusstsein entwickelt haben. Auch in Marokko hatte der arabische Frühling seine Blüten getrieben. Doch der marokkanische König Mohammed VI. hatte sich klüger verhalten als andere Potentaten in der Region. Er hatte erkannt, dass er den Berbern, immerhin die Bevölkerungsmehrheit Marokkos, Zugeständnisse machen musste, um Revolten wie in Tunesien, Syrien oder Ägypten zu vermeiden. So darf seit fünf Jahren die Berbersprache an Schulen unterrichtet werden, und das kulturelle Erbe der Berber für das heutige Marokko wurde in der Verfassung anerkannt. Damit wurde der Freiheitsdrang der Berber in Teilen befriedigt. Gleichzeitig wurde das Selbstbewusstsein der Berber gestärkt. Es gibt einige, die wieder von einer eigenen Berbernation träumen und die Mythen der Widerstandskämpfer wiederbeleben.

Der Höhlenmensch

Wie die Nomaden übernachtete ich in Höhlen. So nah an ihrem Leben, wollte ich mehr über die Berber erfahren. Es ist eine beeindruckende Geschichte von rebellischem Geist, verlorenen Dynastien und ungeahntem kulturellen Einfluss.

Eine erste längere Wanderung lag bereits einige Wochen zurück und hatte mich wider Erwarten an meine Grenzen geführt. Die von Mohammed als lockere Zweitageswanderung beschriebene Route, die mit etwas gutem Willen auch an einem Tag zu schaffen sei, stellte sich als Abenteuer heraus, das mich mit 25 Kilogramm auf dem Rücken und ohne Karte zur Orientierungshilfe vier Tage lang weit jenseits der ausgetretenen Pfade führte.

Bald passierte ich die ersten Wohnhöhlen, die den Nomaden als Unterschlupf dienen. Auch ich schlug in den ersten beiden Nächten mein Lager in Höhlen auf. Es war ein eindrucksvolles Erlebnis, als Selbstversorger in der Geborgenheit der Höhlen im Schein der Kerzen meiner wahren Existenz nachzuspüren. Nur umgeben von Mond, Sternen, den segensreichen Flüssen und uneinnehmbaren Bergen.

Es fühlte sich an, als hätte ich eine Zeitreise zu meinen Vorfahren angetreten.

Manchmal zweifelte ich an der eingeschlagenen Route, litt Durst und erlebte eine Fremde, die mich überwältigte, manchmal überforderte und dann wieder tief im Innern anrührte und mir vertrauter schien als alles, was ich einst gekannt hatte. Mir begegneten Nomaden mit kristallblauen Augen, und ich hatte den Eindruck, in vollkommene Reinheit zu blicken. Sie lebten noch immer vollständig in die Natur eingebettet – ich suchte mühsam einen Weg dorthin zurück. Wenn mir ein einsamer Reiter auf einem Esel begegnete, fühlte ich mich in biblische Zeiten versetzt. Es war eine archaische, übermächtige Landschaft, eine Steinwüste, die ihren Bewohnern alles abverlangt. Die fruchtbaren Flusstäler schienen plötzlich weit weg. Zurückgezogen in die Berge, blieben den Berbern nur die Viehzucht und die Übernutzung der wenigen geeigneten Siedlungsgebiete. Die Wildbestände wurden fast vollständig dezimiert, das Land von Schafen und Ziegen kahl gefressen. Viele Seitentäler haben sich in reine

Steinwüsten mit ausgetrockneten Flussläufen verwandelt. Ich war auf mich selbst zurückgeworfen. Die touristische Infrastruktur war auf der Raumachse nicht weit; auf der Zeitachse schien sie Lichtjahre entfernt.

Spätestens diese Erfahrungen änderten die Wahrnehmung meiner Person – grundsätzlicher konnte ich mich kaum von anderen Touristen unterscheiden, die Komfort und Entspannung suchten und in Windeseile die touristischen Sehenswürdigkeiten abklapperten. Sie taten fast alle das Gleiche: Sie buchten in Ouarzazate eine Gruppentour, die sie zu den Dünen bei Merzouga und durch die Todra- oder Dadesschlucht führte. Ihr Vorteil war, dass sie von einem guten Führer viele Informationen bekommen konnten, aber dafür kamen sie nur selten direkt mit den Einheimischen in Kontakt. Die Dadesschlucht ist touristisch gut erschlossen, aber nur wenige Besucher bleiben länger; die meisten rauschen durch.

Ich hatte inzwischen etwa 200 Wörter Taschelhait gelernt. Das reichte zwar nicht für eine Konversation, stieß mir aber immer mehr Türen auf. Schon lange trug ich die *Dschellaba* (den Kapuzenmantel der Berber) mit großer Selbstverständlichkeit. Je mehr ich mich mit den Wurzeln der Berber beschäftigte, desto mehr Rätsel und Mythen tauchten in diesem faszinierenden Puzzle auf. Interessant ist, dass sich im Jemen Befestigungsanlagen finden, die denen der Berber verblüffend ähneln. Manche Forscher vermuteten daher ein gemeinsames sumerisches Erbe im Zweistromland zwischen Euphrat und Tigris. Viel mehr spricht inzwischen aber dafür, dass es sich bei den Garamanten um ein Berbervolk handelte und die Berber bereits im heutigen Libyen siedelten, bevor die Ausbreitung der Wüste sie zwischenzeitlich bis ins Nildelta trieb. Es gibt sogar Hinweise darauf, dass sie die Technik der Mumifizierung erst dorthin exportierten.

Auf Höhlenzeichnungen, die über die ganze Sahara verteilt sind, finden sich Darstellungen von Ackerpfluggeräten, Nutztieren, Streitwagen und den Tifinagh-Schriftzeichen, aus denen sich das Berberalphabet noch heute zusammensetzt, und die dafürsprechen, dass die Berber die Ureinwohner Nordafrikas sind.

Damals war die Sahara noch eine fruchtbare Savanne mit großen Tierherden. Offenbar hatten die Garamanten ein komplexes Wissen darüber entwickelt, wie sich die unterirdischen Wasserbecken der Sahara anzapfen und das Wasser über Kanäle verteilen ließen, um auch in unwirtlichen Gegenden Oasen zu schaffen. Die Hauptstadt Garama lag inmitten der Libyschen Wüste und bot zu ihrer Blütezeit Lebensraum für bis zu 10 000 Menschen. Man fand Spuren von Getreide, Wein und Olivenbäumen, die hier kultiviert wurden. Auch im Maghreb und in Andalusien wurde dieses komplexe Wissen über Wassersysteme sichtbar.

Während des Neuen Reiches drangen Berbervölker vom Westen nach Ägypten ein. Das Berbervolk der Meschwesch herrschte ab 945 v. Chr. über Ägypten und begründete die 22. Dynastie unter ihrem König Scheschonq I. Erst als die Römer nach Ägypten vordrangen, endete die Herrschaft der Berber über das Reich der Pharaonen.

Nach der Ankunft der Römer zogen die Berber nach Libyen zurück und später weiter nach Numidien (heute Tunesien und Teile Algeriens) und Mauretanien (das heutige Maghreb). Sie pflegten auch Handelsbeziehungen mit den Griechen, die auf libyschem Boden Kyrene gegründet hatten. Herodot erwähnt die Garamanten in seinen *Historien*.

Im neunten Jahrhundert vor Christus dehnten die Phönizier ihren Einflussbereich auf die Küstenregion Numidiens aus, verdrängten die Berberstämme vom Meer und machten Karthago bald zum ernsthaften Rivalen Roms. Die Berber zogen sich in die Berge Marokkos, Algeriens, Libyens und Tunesiens und in die Wüste zurück. Manche wurden in den Flussoasen sesshaft, andere wurden wieder zu Nomaden auf ständiger Wanderschaft.

Im Zweiten Punischen Krieg kämpften viele berittene Berber auf Seiten Hannibals. Nach dem Sieg Roms über Karthago gründeten die Römer die Provinz Mauretania. Von Leptis Magna in Libyen aus wurde der Handel mit den Garamanten intensiviert, die den Transsaharahandel kontrollierten. Aus dem Inneren Afrikas transportierten sie Gold, Salz, Sklaven, wilde Tiere für die Arenen, Elfenbein und Edelsteine nach Norden. Im Gegenzug erhielten sie mediterrane Luxuswaren, Amphoren und Glasgegenstände. Die Tuareg setzten ihre Tradition fort. Sie beherrschten die Zentralsahara, entwickelten die Schriftsprache Tamascheq und kontrollierten von ihrer Hauptstadt Timbuktu aus die Handelsrouten durch die Sahara.

Juden und Christen siedelten sich in der römischen Provinz an, viele Berber konvertierten. Während später der Islam das Christentum fast vollständig verdrängte, blieb die jüdische Tradition noch lange erhalten. Noch heute trifft man in der *Mellah*, dem jüdischen Viertel, von Meknès Berber, die mit Schläfenlocken, dichtem Bart und Kippa genauso gut nach Jerusalem passen würden.

429 fielen schließlich die Vandalen von Spanien aus ein. 439 eroberten sie Karthago und setzten sich fest. Nach dem Niedergang Westroms herrschte Krieg zwischen Vandalen und Byzanz. 533/34 wurden die Vandalen geschlagen und verlieren sich in der Geschichte. Nordafrika wurde wieder Teil des *Imperium Romanum* und unterstand Konstantinopel.

Die Berber waren integraler Bestandteil der miteinander verflochtenen Mittelmeerkulturen.

Ihr Olymp muss übergequollen sein mit ägyptischen, kanaanitischen, römischen oder griechischen Göttern. Es sollte aber nicht allzu lange dauern, bis die nächsten Eroberer vor der Tür standen: die Araber. Lange stellten sich die Berber ihnen im Kampf entgegen. Es dauerte einige Hundert Jahre, bis die meisten Berber zu Muslimen geworden waren. Damit schwand auch die bedeutende Rolle der Frauen, die in der Vergangenheit auch als Führerinnen und Kriegerinnen in den Stämmen aufgetreten waren.

Eine erste Gruppe von unterworfenen und islamisierten Berbern tat sich mit den Arabern zusammen, setzte unter Tariq ibn Ziyad über die Meerenge von Gibraltar auf die Iberische Halbinsel über und verdrängte die Westgoten. Sie gründeten Al-Andalus, und die Mauren (europäische Bezeichnung, »die aus Mauretanien Eingedrungenen«) sollten fast tausend Jahre über große Teile des heutigen Spanien herrschen. Besonders war die ungewöhnliche Toleranz zwischen Juden, Christen und Muslimen. Córdoba wurde zur größten Stadt Europas und die Alhambra zum Meisterstück der maurischen Architektur. Die Ähnlichkeiten zum Tighremt und der Kasbah sind unübersehbar. Damals waren die Verflechtungen und gegenseitigen Beeinflussungen zwischen Morgen- und Abendland offensichtlich.

Nach und nach etablierten einige Berberstämme in Nordafrika bedeutende Dynastien. Das erste Großreich begründeten die Almoraviden. Sie gründeten 1070 ihre neue Hauptstadt Marrakesch. Ihr Reich umfasste zur größten Blüte ein Gebiet von Saragossa im spanischen Norden bis zum Senegal im Süden. Verdrängt wurden sie von der Dynastie der Almohaden, die das Reich im Osten bis nach Tunesien und Libyen ausdehnten. Danach gelang es keiner Dynastie mehr, über ganz Nordafrika zu herrschen. 1492 wurden bei der Reconquista (Rückeroberung) durch europäische Heere die Muslime aus Granada vertrieben, und damit endeten die letzten Fürstentümer, die aus dem Erbe von Al-Andalus hervorgegangen waren. Auch viele Juden wurden nach Nordafrika vertrieben.

Die Vertriebenen taten sich mit den einheimischen Berbern und Arabern zusammen und begannen Flotten auszurüsten. Die alte Tradition der Seeräuberei, die schon den Garamanten nachgesagt wird, blühte auf. Von ihren Schlupfwinkeln in Algier, Tunis oder Tripolis aus machten sie das Mittelmeer unsicher. Schnell waren mehrere »Barbareskenstaaten« entstanden, die bald unter den Einfluss der osmanischen Sultane gerieten. Die Korsaren wie auch Barbarossa unternahmen Beutezüge vor Italiens, Spaniens und Portugals Küsten und drangen sogar bis Irland und Island vor, um Handelswaren zu erbeuten. Häufig plünderten sie Dörfer an der Küste und versklavten die Einwohner. Den Europäern gelang es nicht, den Freibeutern Einhalt zu gebieten. Die gerade unabhängig gewordenen USA schickten Anfang des 19. Jahrhunderts eine Flotte von Kriegsschiffen, nachdem sie viele Handelswaren im Mittelmeer verloren hatten. Aber erst die Kolonialisierung Algeriens durch Frankreich 1830 beendete die Epoche der Korsaren.

In Algerien widersetzte sich den Franzosen bald der zum Berberstamm der Rifkabylen gehörende Abd el-Kadr, der durch seine Tollkühnheit Gefolgsleute um sich scharte und mit Guerilla Taktiken dem übermächtigen Heer der Franzosen empfindliche Nadelstiche zufügte und ein neues Nationalbewusstsein befeuerte. Im 20. Jahrhundert trat Abd el-Krim, ebenfalls Rifkabyle, auf marokkanischer Seite des Rifgebirges sein Erbe an, widersetzte sich Spaniern und Franzosen, zermürbte die Kolonialherren mit Hinterhalten und herrschte schließlich zwischen 1921 und 1926/27 über eine eigenständige »Rifrepublik«. Erst eine Allianz aus Spaniern, Franzosen und dem Deutschen Reich, das Senfgas an Spanien lieferte, beendete seine Rebellion grausam.

Die Franzosen realisierten jedoch bald, dass der erstarkende arabische Nationalismus ihnen noch gefährlicher wurde als die Frage der Berber. So verbündeten sie sich mit Thami el Glaoui, einem Berber und Pascha von Marrakesch, und setzten in der Folgezeit erfolgreich darauf, einen tiefen Keil zwischen Araber und Berber zu treiben. So gelang es ihnen, weite Teile von Marokko und Algerien zu beherrschen. Erst 1956 wurde Marokko unabhängig.

Doch die Spannungen zwischen Berbern und Arabern vertieften sich weiter. Der marokkanische Staat war als jakobinisches Modell konzipiert; man strebte ein einheitliches Marokko an, Vielfalt galt als Bedrohung für den neuen Staat. Die arabische Stadtbevölkerung prägte Kultur, Wirtschaft und Politik, die auf dem Land lebenden Berber galten zunehmend als Bürger und Muslime zweiter Klasse. Ihre

Sprache war verboten, ihr Erbe wurde verkannt. Dennoch darf man nicht vergessen, wie sehr die Geschichte der Berber von einer ständigen Vermischung mit anderen Völkern geprägt wurde. Die Geschichte der Araber und die der Berber sind bei allen Ressentiments untrennbar miteinander verbunden.

Ich stellte mir die Frage, ob angesichts von knapp 35 Millionen Berbern in Nordafrika eine weitgehend autonome Berberbevölkerung, die sich in der Geschichte zumeist als tolerant gegenüber Andersgläubigen gezeigt hat, nicht ein wichtiges Gegengewicht zum Erstarken von einsickernden radikal-islamistischen Weltbildern darstellen könnte. Das Entsetzen über den brutalen Terroranschlag der Fundamentalisten auf das Büro von *Charlie Hebdo* war groß. Niemand, mit dem ich sprach, konnte das mit seinem Islam vereinen.

In jedem Fall imponierte mir der rebellische Geist der Berber, genauso wie ihr Beharren auf kultureller Eigenständigkeit und Sprache und dem Festhalten an Stammesgemeinschaften. Bis heute zeigen das die Ortsnamen an – der vielfach vorkommende Bestandteil *Ait* bedeutet »die Söhne von«. Vor allem aber schien es mir die Nostalgie zu sein, ein tief sitzendes, ortsungebundenes, melancholisches Heimweh, das mich mit ihnen verband.

> Und nun brannte ich darauf, einen Schritt weiter zu gehen und in die halbnomadischen Welten des Jbel Saghro vorzudringen.

Auch dies war ein Ort des Widerstands. Assou Oubasslam hatte sich 1933 am Bougafer spanischen und französischen Truppen entgegengestellt und sich trotz Niederlage großen Respekt erworben.

Nachdem ich die Wanderung, die seit Wochen in meinem Kopf herumspukte, schon mehrfach verschoben hatte, war ich nun wild entschlossen aufzubrechen. So ließen mich die Warnungen meiner Freunde Ibrahim und Mohammed kalt. Schwerer Schneefall war für den Saghro angekündigt, und sie appellierten an mich, meine Wanderung zu verschieben. Doch ich musste endlich los, ich war auf das große Abenteuer fokussiert, und wenn es zwei Tage lang schneien sollte, dann würde ich das Ende eben in den Bergen abwarten.

Als ich Tagdilt direkt am Fuße der Bergkette erreichte, war das Wetter prächtig, und es schien unvorstellbar, dass es bald schneien sollte.

Im Schneesturm

Ich hatte mir eine Bergtour in den Kopf gesetzt, und nichts und niemand konnte mich stoppen. Während eines Schneesturms genoss ich Youssefs Gastfreundschaft und lieferte mir eine Schneeballschlacht mit den Kindern und Lehrerinnen des Dorfes.

Doch die Prognosen waren nicht aus der Luft gegriffen. Als ich erwachte, lag bereits eine Schneedecke auf dem Boden, der Himmel hatte seine Pforten geöffnet und ließ schwere Flocken auf die Erde rieseln. Böiger Wind war aufgekommen und es wurde zunehmend diesig. Ich war zunächst unschlüssig, was ich tun sollte. Doch der älteste Sohn des Patrons meiner Herberge machte mir die Entscheidung leicht. In einem fort lamentierte er, wie furchtbar kalt es sei und dass ich doch nicht ernsthaft losgehen könne. Ich ertappte mich bei dem absurden Gedanken, wer wohl hier der Berber sei.

Bald beschloss ich, das nervige Gejammer hinter mir zu lassen und aufzubrechen. So stapfte ich mit den dreißig Kilogramm auf dem Rücken los. Bald war aus dem Wind ein heftiger Sturm geworden und es schneite sich immer weiter ein. Der Rucksack war viel zu schwer und die Dschellaba saugte sich mit Schmelzwasser voll. Es wurde neblig, und bald verringerte sich die Sicht auf wenige Meter. Von meiner Umgebung konnte ich kaum etwas erkennen. Die Felder und Gärten waren höchstens zu erahnen, und manchmal waren es nur die Bergflanken in unmittelbarer Nähe, die mir ein vages Gefühl davon vermittelten, dass ich tatsächlich auf dem Weg in das Saghro-Gebirge war. Die Weiler, die ich passierte, wirkten ausgestorben, dann traf ich zwei junge Burschen, die mich ein Stück auf meinem Weg begleiteten. Ein Transporter hielt an, und der Fahrer bot mir an, mitzufahren. Doch ich winkte ab – ich wollte mir die Berge Meter um Meter erobern. Schließlich erreichte ich erschöpft mein Tagesziel Imi n'Ouarg. Ich war kaum mehr als vier Stunden unterwegs gewesen, aber das Gewicht, die Nässe, der Sturm und der Schnee hatten mir schwer zugesetzt. Eigentlich trug ich zu viel Gepäck auf meinen Schultern, aber ich hoffte, wie auf der letzten Wanderung ein- oder zweimal in Höhlen oder Steinbehausungen übernachten zu können, und wollte mich zumindest teilweise selbst versorgen.

Ich hatte gerade meinen Rucksack an der überdachten Tür der kleinen Dorfmoschee abgesetzt, als ich vor dem benachbarten Haus den Mann erkannte, der mir unterwegs die Mitfahrt angeboten hatte. Ohne zu zögern, lud Youssef mich in sein Haus ein. Dankbar betrat ich einen offenen Innenhof, in dessen Mitte sich bereits ein beachtlicher Schneeberg angesammelt hatte, und wurde einer jungen Araberin vorgestellt. Ich erfuhr, dass Youssef die Lehrerinnen der Dorfschule in seinem Haus wohnen ließ. Nebenan betrieb sein Bruder einen der beiden kleinen Dorfläden. Während die Lehrerin mir ihre Pantoffeln auslieh, führte mich Youssef in einen Schlafraum und begann mir ein Nachtlager herzurichten. Ich war gerührt von seiner Gastfreundschaft und meine Dankbarkeit wuchs mit jeder Geste. Er brachte mir Tee, Tajine, Brot, Oliven und Öl. Er installierte einen kleinen Gasofen, für den er in den nächsten Tagen zweimal neue Gasflaschen kaufte. Zunächst war er enttäuscht, dass ich kein Französisch sprach. Umso mehr freute er sich über mein Interesse an Sprache und Kultur der Berber. In Windeseile schloss er mich in sein Herz und war fortan wie ein Vater zu mir. Da in dem Dorf kein reguläres Gasthaus existierte, gab ich vermutlich eine gespenstige Erscheinung ab. Was wollte ein einsamer Wanderer bei diesen Bedingungen hier in den Bergen?

Am Abend saß ich vor dem Gasofen. Draußen wehten die Stürme durch den Saghro, rüttelten an den Fensterläden, der Schneefall hatte nicht nachgelassen. Aus einem Nachbarzimmer erklang das fröhliche Lachen der Lehrerinnen. Ich schlief tief und erholsam. Dies war meine Trutzburg im Sturm.

Am nächsten Tag verwickelten mich die Dorfkinder und Lehrerinnen in eine Schneeballschlacht.

Vielleicht würde mir die Vollendung meiner Wanderung verwehrt bleiben, aber allein diese Tage waren den Aufbruch wert gewesen.

Nach der zweiten Übernachtung hatte sich das Wetter endlich beruhigt und ich wollte weiter. Zumindest bis zum nächsten Etappenort; dort wollte ich erfragen, ob der dahinterliegende Pass passierbar sei. Inzwischen lag mehr als ein halber Meter Schnee. Dort, wo sich Schneeverwehungen aufgetürmt hatten, war er noch deutlich tiefer. Youssef schippte wie die anderen Dorfbewohner gerade sein Dach frei und war keineswegs begeistert über mein Ansinnen, bei diesen Bedingungen weiterzugehen. Doch schließlich begleitete er mich mit seinem Sohn und einigen Kindern aus dem Dorf noch ein Stück und half mir, einen Weg zu spuren. Dann war ich wieder allein und kämpfte mich durch den Schnee. Irgendwann machte ich bei einer halb nomadischen Familie Rast und wurde in einem höhlenartigen Raum mit Tee, Olivenöl und Brot verköstigt. Kurze Zeit später erreichte ich Ishu Hassein, wo mich eine kleine Herberge mit grandiosem Ausblick erwartete. Mein Gastgeber Hassein war einer der wenigen Einheimischen, die ein passables Englisch sprachen. Er versorgte mich mit einem *Chimini* (ein kleiner Holzkohleofen) und leistete mir Gesellschaft. Ich äußerte Bedenken, mich mit dem Anstieg zum folgenden Pass zu übernehmen, und fragte ihn nach seiner Einschätzung. Es sei »*difficult, but not impossible*«. Das musste genügen.

In der Nacht ging ich immer wieder nach draußen, um den Himmel zu betrachten. Ich war vollkommen dem Moment ergeben, entrückt, ergriffen von den Elementen. Über mir blitzten die Sterne in all ihrer Pracht um die Wette. Hundegebell drang aus der Ferne zu mir und das Echo hallte im Tal wider. Ich war glücklich.

Stufen zum Himmel

Ich setzte meine Wanderung fort. In meinem Innern kämpfte der Draufgänger gegen den Ängstlichen. Hatte ich die falsche Abzweigung genommen?

Am nächsten Morgen zog ich weiter. Noch einmal machte ich kurz bei einer Nomadenfamilie halt. Es war die letzte Behausung vor dem Pass. Wir tauschten Tee, Brot und Zigaretten, im Halbdunkel lag ein schwerbehindertes Kind, das vollständig auf die Fürsorge seiner Eltern angewiesen war. Ich sah der Mutter zu, wie sie auf einfachste Weise Brotfladen buk. Es fiel mir in diesem Moment unendlich schwer, mir vorzustellen, wie sie dieses Leben meistern konnten. Die Elemente verlangten ihnen alles ab. Im Sommer herrschen im Saghro oft über fünfzig Grad, Skorpione und Kobras stellen eine große Gefahr dar, und wie widrig die Verhältnisse im Winter sein können, erlebte ich gerade selbst. Da stieß meine romantische Vorstellung von einem Leben inmitten der Berge an ihre Grenzen.

Ich brach wieder auf. Nach drei Schritten sank ich das erste Mal im Tiefschnee ein und fiel um. Mühsam rappelte ich mich wieder hoch.

Spätestens jetzt war mir klar, dass ich unter diesen Bedingungen auf keinen Fall weiterlaufen sollte, doch ein Umkehren war in meinem Kopf nicht mehr vorgesehen.

Längst betrachtete ich mein Abenteuer aus einem Tunnelblick heraus. Die Grenzerfahrungen meiner vorangegangenen Wanderungen im Himalaja gaben mir das Selbstbewusstsein, um weiter alleine in die fremde und zugleich doch vertraute Bergwelt vorzustoßen.

In der gleißenden Bergsonne war es unglaublich heiß. Ich trug noch immer den schweren Kapuzenmantel aus Schafswolle - in meinem Rucksack war kein Platz für ihn. So schwitzte ich wie ein Tier. Mühsam schleppte ich mich weiter und befand mich bald im Aufstieg zum Tizi n'Uarg - dem höchsten Pass der Wanderung. Es kostete unglaublich viel Kraft, mich im Tiefschnee nach oben zu arbeiten. Bereits bei Erreichen des Passes fühlte ich mich völlig entkräftet. Doch ich glaubte, das Schlimmste bereits hinter mich gebracht zu haben. Von dieser erhabenen Warte aus genoss ich den Blick auf die betörende und zugleich bedrohliche Schneelandschaft. Im Vergleich war meine eigene Existenz unbedeutend. Vor mir lag ein Tal ausgebreitet, in dem ich scheinbar verlassene Steinbehausungen von Nomaden ausmachte; hier stand die Zeit still - die Moderne war unendlich weit weg.

Dann folgte ich wieder der Route nach Igli, die kurz vor dem Pass abzweigte. Ich war mir sicher, das steilste Stück bereits hinter mich gebracht zu haben, und war überrascht, dass mich nach einer flachen Passage ein weiteres Steilstück forderte. Hier war der Schnee bereits bis zu einen Meter tief und es galt vereiste Stücke zu überwinden. Ich schwankte zwischen Hysterie angesichts des Wahnwitzes, mich hier hochzuwuchten, und einem unbändigen Stolz, dass ich mal wieder dabei war, Grenzen einzureißen. Nicht zuletzt musste ich über mich selbst lachen, mich wieder in so eine Extremsituation manövriert zu haben, bei der jeder vernünftige Mensch die Notbremse ziehen würde. Mein Wasser war inzwischen aufgebraucht. Um nicht völlig zu dehydrieren, hatte ich begonnen, Schnee zu essen. Es war ein Himmelfahrtskommando. Alle Kraft und Konzentration waren nach vorne gerichtet. Jeder Schritt war eine Qual. Doch ich wusste, dass mich auch auf den anderen Grenzgängen nicht die Kondition, sondern mein unbändiger Wille ans Ziel gebracht hatte. Wieder traten zwei Teile meiner Persönlichkeit in den Vordergrund, zwischen deren Polen ich zerrissen bin. Der eine Teil ist neugierig bis zum Anschlag, voller Hoffnung und Erwartungen, mitgerissen vom Leben, risikobereit bis zum Draufgängertum, sorglos und optimistisch. Der Antagonist könnte kaum gegensätzlicher sein: Er ist in Erwartung der großen Katastrophe, skeptisch, misanthropisch, ängstlich und pessimistisch. Der plötzliche Tod ist für ihn keine Überraschung, sondern unausweichlich.

Naturgemäß verstehen sich die beiden nicht besonders gut. Gerade jetzt führten sie einen grotesken Wettstreit. Diese Extreme in mir sind Fluch und Segen. Sie verhindern, dass ich Gleichgewicht finde, und sind zugleich ein wesentlicher Teil meiner Persönlichkeit geworden, nicht mehr abzustreifen. Angesichts der langen Perioden von Dunkelheit, Hoffnungslosigkeit und Nichtexistenz drängt es mich in den anderen hinaus, ich brenne, fühle mich getrieben, ich habe überschäumende Ideen für hundert mögliche Existenzen. Deswegen stand ich hier oben. Ich wollte weg von dem ewigen Lärm, der Nachrichtenflut, den Zwängen der Gesellschaft. Inmitten dieser Welt, deren Entwicklung noch immer von der Mehrheit begrüßt oder zumindest mitgetragen und die mir immer fremder wurde, fühlte ich mich entsetzlich einsam. Je weiter ich mich von der modernen Welt entfernte, desto mehr wünschte ich mir das Alleinsein, die Ruhe, den Frieden mit mir und meiner Umgebung. Ich spürte, dass ich nur in diesem Raum reifen konnte. Es blieb ein schmaler Grat.

Und nun hatte der risikobereite Draufgänger in mir den Vorsichtigen meilenweit abgehängt und trat dessen Bedürfnisse in den Staub.

Der vorsichtige Teil in mir ist auf der Suche nach Heimat, ist zumindest auf einen Hafen angewiesen, an dem mich die Stürme meiner Emotionen und Gedanken erreichen können, ohne mich davonzutragen wie ein Blatt im Wind. Ich versuchte schon lange, einen Ausgleich zwischen den Extremen in mir zu finden. Doch in dieser Situation schüttelte ich wieder einmal die Schatten der Vergangenheit ab und überging meine Ängste.

Ich hörte Rufe aus dem Tal, dem ich gerade entstieg, interpretierte sie als Warnung, auf dem falschen Weg unterwegs zu sein, und die grenzenlose Erschöpfung löste Verwirrung in mir aus. Ich hatte meine letzten Körner verbraucht und bald würde die Dämmerung hereinbrechen. Ich konnte mir auch nicht vorstellen, dass mein Weg immer weiter nach oben führen sollte. Also begann ich zu zweifeln. Die Ängste holten mich nun doch ein.

Folgte ich wirklich noch dem richtigen Weg, oder war ich längst auf einer aberwitzigen Route, die mich in die Irre führte?

Hätte ich doch in Richtung der Nomadenbehausungen gehen sollen?

In Wahrheit war ich vom höchsten Punkt meiner Route noch eine gute Stunde entfernt. Ich hätte noch zwei oder drei letzte Kuppen bezwingen müssen und mich dann im langen Abstieg nach Igli befunden. Doch in dieser völlig unübersichtlichen Berg- und Schneelandschaft war Orientierung fast unmöglich. In meiner Verunsicherung und grenzenlosen Erschöpfung traf ich die fatale Entscheidung, die Fußspuren zu verlassen und in ein Seitental hinabzusteigen, um wieder auf die Route zu stoßen, die ich von der Passhöhe aus hatte erahnen können, oder zumindest eine Höhle für eine Übernachtung zu finden. Das war Wahnsinn, eine unwahrscheinliche Annahme. Doch die Tour war seit Stunden eine Grenzerfahrung fernab jeglicher Rationalität.

Todesfalle

Ich saß fest. Unter mir Wasser, um mich herum nur Fels, den ich nicht erklimmen konnte. Und die Nacht brach herein.

Um es mir einfacher zu machen, beschloss ich, seitlich über die Felsen in das Tal zu klettern, denn zwischen den Gesteinsformationen war der Schnee verboten tief.

Als ich das Tal erreichte, erlebte ich eine böse Überraschung: Unter dem Schnee hatte sich ein unterirdischer Fluss gebildet. Immer wieder kreuzte ich den Fluss auf der Suche nach Passagen, in denen ich nicht zu tief einsank. Das Wasser spielte keine Rolle; meine Schuhe waren ohnehin schon seit dem Morgen durchnässt. Ich überlegte kurz, wieder zurückzukehren, aber mir fehlte die Kraft. Es fiel mir immer schwerer, vernünftige Gedanken zu entwickeln. Mir lief die Zeit davon. Die Dunkelheit war nicht mehr fern. Ich begann verzweifelt nach einer Höhle Ausschau zu halten – doch vergeblich. Dann verengte sich das Tal und ein kleiner Wasserfall verhinderte ein Weiterkommen. Ich kletterte auf den linken Grat, stand aber bald vor einem Abgrund. Ein weiteres Aufsteigen schien unmöglich; von diesem Aussichtspunkt aus entschied ich mich, auf die rechte Flanke hinaufzuklettern, um das Nadelöhr zu umgehen. Doch ich schaffte es nicht mehr, hinaufzukommen, nach einigen Metern steckte ich fest, ich war zu entkräftet, der poröse Fels gab kaum Halt oder war von Schnee bedeckt. In diesem Moment der absoluten Schwäche realisierte ich, dass ich von meiner Position aus den kleinen Wasserfall umgehen konnte, indem ich mit dem Schnee wieder zur Talsohle hinunterrutschte. Ich sah keine anderen Optionen mehr.

Umso größer war mein Entsetzen, als mir das ganze Ausmaß meiner Entscheidung klar wurde:

Ich hatte mich in eine Todesfalle begeben.

Das Tal hatte sich an dieser Stelle auf wenige Meter verengt, in der Mitte hatte sich ein kleiner See gebildet, und der Schnee links und rechts davon lag abschüssig und war gerade dabei, sich in Wasser zu verwandeln. Rechts und links über mir ragte nur schroffer, steiler Fels auf.

Zunächst versuchte ich die Wasseransammlung am Rande zu umgehen. Nach wenigen Schritten versank ich vollständig im Schnee. Lange konnte ich mich nicht aus dieser misslichen Lage befreien. Todesangst erfüllte mich. Nur mit den Irrsinnskräften der Verzweiflung gelang es mir noch einmal, mich seitlich aus dem Loch herauszurollen. Nun war ich endgültig hysterisch und ein lautloses, verzweifeltes Schluchzen brach sich Bahn.

Ich versuchte jetzt, die Wasseransammlung zu durchqueren, doch als ich bereits am Rande bis zu den Hüften einsank, musste ich auch dieses Vorhaben aufgeben. Im eisigen Wasser stehend, war ich mir sicher, dass mein Leben an diesem Ort enden würde. *Alea iacta est!* Der Würfel ist gefallen. Nackte Panik lähmte mich; Gedankenfetzen rasten durch meinen Kopf: *Du gehst kaputt,* wiederholte eine Stimme in mir unaufhörlich. Was war das für ein erbärmliches Ende! Das Leben entglitt mir, und ich dachte traurig an all die schönen Erfahrungen, die ich nie wieder würde machen dürfen. Die anderen Gedanken kreisten um die Frage, was die Lieben sagen würden, wenn man mich irgendwann finden sollte. Der Abenteurer in mir hatte sich oft insgeheim gewünscht, während einem dieser Grenzgänge im vollen Seinszustand mit erhobenem Haupt zu verunglücken und nicht während einer der Phasen der Unlebendigkeit, die mich immer wieder einholten. Aber doch nicht so! Würden sie verstehen können, warum ich solche Risiken einging? Ein anderer Gedanke jagte mir durch den Kopf: Mit sechzehn hatte ich sterben wollen, jetzt war ich zweiunddreißig, und ich würde sterben, obwohl ich unbedingt leben wollte.

Mühsam stieg ich aus dem Wasser heraus und setzte mich auf einen Stein, um wieder einen klaren Kopf zu bekommen. Ich versuchte den tückischen Zynismus zu ersticken, den die bitter-absurde Situation in mir heraufbeschwor. Ich hatte nur noch eine einzige Chance: Ich musste irgendwie den Fels erklimmen. Ein erster Versuch endete nach wenigen Metern. Da saß ich nun in einem Felsspalt, krampfhaft bemüht, mich und die beiden Rucksäcke festzuhalten, und beschloss, in dieser windgeschützten Position eine Nudelsuppe zu kochen. Wie das technisch möglich war, wird mir immer ein Rätsel bleiben. Ich konnte mich jedoch unmöglich die ganze Nacht hier festhalten, geschweige denn die Kleider aus meinem Rucksack anziehen. Ich kletterte wieder hinab und versuchte es an der einzigen anderen Stelle, die theoretisch infrage kommen konnte. Doch der Fels war brüchig und bot kaum Möglichkeiten, sich festzuklammern. Ich begann, mich am Rande des Gesteins, im Tiefschnee an den Fels geklammert, hinaufzuarbeiten, den einen Rucksack immer weiter nach oben wuchtend, den anderen am Körper. Jeder falsche Griff hätte bedeutet, mit den Rucksäcken nach unten in das Eiswasser zu fallen; wovon ich mich nicht mehr hätte erholen können. Selbst einen der Rucksäcke zu verlieren, hätte alle verbliebenen Hoffnungen vernichtet – darin war alles, was mich vor den widrigen Verhältnissen schützen konnte. Alle Notreserven waren lange verbraucht. Doch im Angesicht des sicheren Todes mobilisierte ich übermenschliche Kräfte. Ich befand mich im reinen Überlebensmodus.

Mein Bewusstsein schien auf Zeitlupe eingefroren.
Alle Energie galt der nächsten Bewegung.

Irgendwann hatte ich zu meinem Erstaunen die schroffe Felswand überwunden. Die Erleichterung hielt nur kurz an, die eigentliche Prüfung lag noch vor mir. Nachdem ich mich etwas gesammelt hatte, schrie ich aus Leibeskräften um Hilfe, doch niemand konnte mich hören. Ich war mutterseelenallein.

Mein Lagerplatz war der einzige Ort in der näheren Umgebung, an dem auf etwa drei Meter Breite kein Schnee lag. Ich lehnte mich gegen einen Felsen, der mich ein wenig vor dem an Stärke gewinnenden Sturm schützte. Um mich herum waren nur Schnee und Stein und über mir das Himmelszelt. Kurz überlegte ich noch, nach einem besseren Ort Ausschau zu halten, aber ich durfte keine Kraft mehr vergeuden. Ich begann mich in mein Schicksal zu fügen.

Ich dachte an die einzige halbwegs vergleichbare Situation, als ich in Ladakh ohne Zelt draußen übernachtet hatte, weil ein Fluss unpassierbar geworden war. Das war auf 4000 Metern gewesen. Doch damals war ich nicht alleine, es hatte kein Schnee gelegen und es war weder feucht noch stürmisch. Jetzt ging es um Leben und Tod.

Ich war froh über jedes einzelne Kleidungsstück in meinem Rucksack. Ohne die beiden Dschellaba und den *Ahandir*, eine schwere Nomadendecke, hätte ich keine Chance gehabt. Dazu hatte ich Thermounterwäsche, mehrere T-Shirts, einen Pullover, eine leichte Jacke, Handschuhe, eine Mütze und drei Paar trockene Socken. Vor allem Letzteres schien mir jetzt sehr wertvoll. Endlich trockene Füße! Doch die frischen Socken hielten meine Füße gerade mal fünfzehn Minuten lang trocken, bevor sich mir der schlimmste Umstand meiner Übernachtung offenbarte: Von unten drückte Wasser durch den Fels – der Grund, warum hier kein Schnee lag. Schon zog die Feuchtigkeit durch alle meine Kleiderschichten, bis ich völlig durchnässt war.

Ich konzentrierte mich ganz darauf, innerlich ruhig zu werden. Panik würde innerhalb kürzester Zeit alle verbliebenen Überlebensreserven verbrauchen und meinen sicheren Tod bedeuten. Ich hatte noch etwas *Mahia* (Feigenschnaps) bei mir. Mühsam widerstand ich dem Impuls, den Schnaps auf einen Zug zu trinken. Ich zügelte mich und trank langsam Schluck für Schluck und rauchte einige Zigaretten, um mich runterzubringen und ein Gefühl für die Zeit aufrechtzuerhalten. Dann versagten meine Feuerzeuge und damit wurden Vorräte und Gaskocher unbrauchbar.

Ich richtete mich noch einmal auf und warf einen Blick auf den erhabenen Sonnenuntergang. Es würde mein letzter sein, dessen war ich mir gewiss. Wie sollte ich auch die nächsten sechzehn Stunden überleben? Und selbst wenn ich das schaffen sollte, die Zeit arbeitete gegen mich. Unter mir verwandelte sich stetig Schnee in Wasser. Es wurde dunkel.

> Der Moment war gekommen,
> mich von meiner Existenz zu verabschieden.

Es war Neumond und die Sterne funkelten in all ihrer Intensität. Nach einem Anflug von süßbitterer Melancholie hatte ich bald keinen Blick mehr für das vollkommene Himmelszelt. In meinem Inneren war rabenschwarze Nacht hereingebrochen. Der Sturm gewann weiter an Kraft und die Böen erreichten im Fünfminutentakt mein Sterbelager. Es war unfassbar kalt. Tränen blieben mir versagt.

Trotz meiner aussichtslosen Lage kehrte die Hoffnung noch einmal zurück. In mir erwachte ein Lebenswille, der mich in seiner Intensität überraschte. Ich wollte noch etwas beitragen, etwas schaffen, mich für einen Wandel einsetzen, vor allem aber Liebe schenken und erfahren. Ich wünschte mir sehnlichst einen geliebten Menschen an meine Seite, in meinen Fantasien wärmten wir uns gegenseitig. Es war kein rein egoistisches Überlebenwollen, sondern vielmehr das Gefühl, dass ich noch gebraucht wurde, dass ich noch etwas zu geben und zu sagen hatte, mein Auftrag auf dieser Erde noch nicht erfüllt war. Ich begann alle mentalen Kräfte aufzuwenden, um das innere Feuer zu nähren, das mich vielleicht aus der Dunkelheit retten konnte.

Ich versuchte mich mit den Böen anzufreunden, mich ihrem Rhythmus zwischen Wachen und Träumen, zwischen Leben und Tod anzupassen. Mein Atem wurde immer flacher. Ich kam zur Ruhe in dem vollkommenen Bewusstsein, dass ich mich zum Sterben hingelegt hatte, und mobilisierte zugleich noch einmal allen inneren Willen, um die minimale Chance zu wahren, die Nacht zu überstehen. Es war ein widersprüchlicher Drahtseilakt: den eigenen Tod akzeptieren und aus dieser Ruhe heraus doch überleben. Ich driftete immer weiter ab und mein Bewusstsein wurde immer schwächer. Manchmal kamen mir Fetzen aus dem Psalm 23 in den Sinn: *Und ob ich schon wanderte im finstern Tal, fürchte ich kein Unglück; denn du bist bei mir, dein Stecken und Stab trösten mich.*

In der unendlichen Nacht fiel ich immer wieder in kurzen, komatösen Schlaf. Ich war weit weg von allem Irdischen.

Neu geboren

Ich hatte es geschafft! Ich hatte die Nacht überstanden.
Bei Tag sah alles ganz anders aus.

Als ich irgendwann den schweren Ahandir von meinem Kopf zog, war es zu meiner Überraschung schon hell. Ich konnte es kaum fassen: Ich hatte die endlose Finsternis überstanden. Ich frohlockte. Noch war es eisig, aber ich wusste, dass ich die Zeit bis zur Ankunft der Sonne überstehen würde. Bald sah ich die ersten Sonnenstrahlen auf einen nahen Gipfel scheinen und ihn in Gold tauchen. Ganz langsam übernahm die Sonne wieder das Kommando über die Erde. Im Tageslicht sah meine Umgebung friedlich aus.

Ich war der Dunkelheit entstiegen.
Das Leben war zurückgekehrt.

Doch zunächst musste ich hier wieder wegkommen. Meine ersten Versuche, in die Schuhe zu steigen, waren aussichtslos. Sie waren über Nacht gefroren. So wartete ich geduldig darauf, dass die Sonne mich erreichte und die Schuhe aufweichen würde und die vollständig mit Wasser vollgesogenen Kleider und die Decke etwas trocknen konnten. Trotzdem wog jeder Gegenstand nun das Doppelte. Zu meiner Überraschung funktionierte eines der Feuerzeuge wieder und ich machte mir eine Suppe. Ich versuchte, aus Stöckchen ein Feuer zu entzünden, gab es aber bald auf. Meine Zehen waren stark geschwollen, doch es blieb mir nichts anderes übrig, als die nassen Socken wieder überzuziehen und weiterzugehen. Zunächst rätselte ich noch, ob ich versuchen sollte, einen der beiden Felshänge zu erklimmen, um mir einen Überblick zu verschaffen, wo ich mich befand. Dann beschloss ich, das einzig Sinnvolle zu tun und zurück nach Ishu Hassein zu laufen. Glücklicherweise war der Fluss nicht noch weiter angeschwollen. Den größten Teil der Nacht hatte ich die Beine eng an den Körper gewinkelt gehalten; in Kombination mit den Anstrengungen des Vortags konnte ich kaum noch laufen. Aber ich hatte keine Wahl.

Ich war seit einer Stunde unterwegs, mein Hals brannte, und ich fragte mich, wie ich völlig entkräftet über den Pass kommen sollte. Ich hatte mir vorgenommen, nie wieder so etwas alleine zu wagen, nicht unter solchen Bedingungen. Ich hatte das Schicksal oft genug herausgefordert, genug Grenzgänge unternommen. Ich wollte auch den Ängstlichen in mir mit ins Licht nehmen; er hatte genauso seinen Platz wie der Draufgänger. Ich hatte genug riskiert, es war an der Zeit, endlich einmal zur Ruhe zu kommen. Ich wollte nicht mehr mit dem Kopf durch die Wand. Kein Mensch kann immer kämpfen. Ich wollte Geborgenheit, inneren Frieden und Gleichgewicht finden. Ein neuer Tag, ein neues Leben. *Jehella tafuid!* – Schöne Sonne!

Plötzlich kam mir wie aus dem Nichts ein Berber entgegen. Er war meinen Spuren gefolgt, die nur in die Irre führen konnten. Ich hatte mich so sehr nach einem Menschen gesehnt, der mir half. Und nun stand er vor mir. Eine Tonne Gewicht fiel von meinen Schultern. Er bot mir an, mir die Route nach Igli zu zeigen, und forderte einen stattlichen Geldbetrag dafür.

Es war absurd: Gerade wäre ich fast gestorben und nun feilschte ich mit ihm um Geld.

Zugegeben, meine Verhandlungsposition war schlecht, bald wurden wir uns einig. Kurze Zeit später nahm er mir meinen schweren Rucksack ab, den ich kaum noch tragen konnte. Als wir wieder die Route erreichten, an der ich ins Nichts abgebogen war, sahen wir eine Gruppe von Berbern, die mit ihren Eseln Richtung Ishu Hassein unterwegs waren. Selbst die Esel verweigerten die Gefolgschaft; die Führer mussten sie zum Pass schieben. Sie waren auf dem Weg zurück nach Tagdilt, nachdem alle Touristentouren abgesagt worden oder auf schneefreie Korridore ausgewichen waren. Ich war der einzige Ausländer weit und breit und hatte mitten im Schneekorridor übernachtet. Ein ungünstigerer Ort für die vergangene Nacht war kaum vorstellbar. So erklärte ich es auch meinem Führer. Ich war auf dem Weg von *Igna* (Taschelhait für »Himmel«) nach Igli.

Trotz des viel geringeren Gewichts war es noch immer eine unmenschliche Anstrengung, wieder bergauf durch den Tiefschnee zu laufen. Mein unerwarteter Führer trieb mich immer wieder zur Eile, bis er schließlich akzeptierte, dass ich auf Notreserve lief. Endlich erreichten wir den höchsten Punkt der Wanderung. Vor uns lag eine schneefreie Ebene. Der Kontrast erschien geradezu unwirklich. Nun ging ich die Stufen vom Himmel wieder hinab.

Nachdem das Ziel vor unseren Augen lag, machte sich mein Begleiter wieder auf den Rückweg und ich stieg scheinbar endlos an mächtigen Tafelbergen entlang hinab ins rettende Tal. Bald sah ich die ersten Vögel und lauschte ihrem Gesang. Erst nachdem ich das Bild der ersten kleinen Gärten ganz in mich aufgesogen hatte, machte ich mich im Dunkeln auf die letzten Meter zu einer kleinen Herberge. Dort war die Überraschung groß. Kam ich wirklich alleine von den Bergen hinab?

Nachdem ich mich hingelegt hatte, konnte ich mich kaum wieder aufrichten. Ich musste zur Wand robben und mich dagegen aufstemmen. Als ich mich noch einmal in die Nacht hinausgequält hatte, war ich entsetzt und ungläubig angesichts der Kälte, der ich in der Nacht zuvor hoch oben in den Bergen im Sturm und durchnässt sechzehn Stunden lang ausgesetzt gewesen war. Wie hatte ich das überstehen können?

Am nächsten Tag bewegte ich mich kaum, beschränkte mich auf das Liegen in der Sonne, fühlte mich geerdet wie seit Jahren nicht mehr. Igli war ein wunderbarer Ort, um mir die Schönheit meiner Existenz noch einmal neu zu vergegenwärtigen. Immer wieder blickte ich ehrfürchtig auf die Tafelberge, die meinen Weg aus der Schneezone markiert hatten. Fast war ich die Stufen zum Himmel ganz hinaufgestiegen.

Es schien völlig absurd, hier in der Sonne zu liegen, umgeben von kleinen Gärten, und nur einige Kilometer entfernt den Ort zu wissen, an dem ich gerade fast erfroren wäre. Wie gut rochen die Sträucher und Wildblumen, wie satt leuchtete das Grün der Felder und Gärten, wie hell zwitscherten die Vögel, strahlten die Sonne und der blaue Himmel um die Wette, mundete das Wasser, zirpten die Grillen im Wohlklang! Ich war neu geboren.

Noch immer lagen drei anstrengende Tagesetappen vor mir, die mir alles abverlangen sollten. Auf der letzten Etappe begegnete mir Said. Mit fünf anderen jungen Männern arbeitete er mit der Spitzhacke in einem Steinbruch. Sie hatten Tee und Wasser ausgegeben und ich hatte mich mit Kaffee, Zigaretten und etwas Haschisch revanchiert. Dann hatte mich Said auf den letzten Kilometern in einer glühend heißen Ebene ohne Schatten begleitet und sein Fahrrad geschoben, obwohl er für die Fahrt zurück nach N'Kob nur eine halbe Stunde gebraucht hätte. Unterwegs hatte er mir von seiner spektakulären Flucht von Ceuta nach Spanien erzählt. Damals hatten er und sein Freund von nichts anderem geträumt. Sechs Jahre hatte er in Frankreich und Spanien gelebt. Seit der europäischen Krise reizte ihn eine erneute Flucht nicht mehr, auch wenn ihm hier nur die knüppelharte Arbeit im Steinbruch und Gelegenheitsjobs blieben. Ob die Abschottung Europas irgendwann enden und es eine Renaissance des kulturellen Austauschs und Handels über das Mittelmeer geben würde, von der schon

Camus geträumt hatte? Lag nicht die einzige Chance darin, endlich neue Perspektiven in Nordafrika zu schaffen, anstatt die dortigen Regierungen zu Komplizen einer militärischen Operation zu machen, die nur ein Ziel kennt: die Grenzen um jeden Preis geschlossen zu halten?

Endlich erreichten wir N'Kob mit seinen Tausenden von Dattelpalmen und Hunderten von alten Kasbahs. Ich kam mir vor wie in meinem eigenen Märchen. Für die Menschen hier war der Schnee ein Segen. Die Felder würden erblühen. Seit acht Jahren hatte es nicht mehr so viel Wasser gegeben.

Zum Abschied lud ich Said in ein Teehaus ein. Es wurde ein großartiger Abend. Ich lief noch einmal zu Hochform auf und machte alles aus meinem Miniwortschatz und meinem theatralischen Talent. Als wir zu später Stunde durch die Straßen des Ortes schlenderten, saß vor einem kleinen Laden ein junger Mann, der *Imgoune Life* auf der Gitarre spielte, einen rebellischen Freiheitssong der Berber. Neben Stücken aus dem Soundtrack von *Into the Wild* war dies das einzige Musikstück, das mich auf der Wanderung durch den Saghro begleitet hatte. Es war zu schön, um wahr zu sein. Ich würde weiter im Karussell des Lebens schleudern. Ich war noch nicht am Ende angekommen.

Demokratische Republik Kongo

TANZ AUF DEM VULKAN

Eine Reise aus Versehen. Durch ein Land, in dem Rebellenkämpfe toben und Vulkane brodeln. Per Anhalter in einer Nussschale auf dem Kongo und mit Gott im Lkw.

Von Dominik Mohr

Worauf habe ich mich nur eingelassen? Ich stehe am Strand und schaue über den See. Es ist ein ruhiger Tag, der Sand unter meinen Füßen ist warm. Um mich herum Menschen und vor mir im Wasser spielende Kinder. Auf meinem Rücken schmiegt sich mein Rucksack an mich. Sein Gewicht trage ich nun schon sehr lange auf meinen Schultern, und ich fühle mich eigentlich wohl. Seit Monaten reise ich durch Afrika.

Ich blicke auf eine wundervolle Zeit zurück und heute mit gemischten Gefühlen in die Zukunft. Was zu Hause noch ein Witz mit Kollegen am Mittagstisch war, was vor zwei Wochen zwar nah, aber unmöglich schien, was vor einigen Tagen in Kigali, der Hauptstadt Ruandas, ein paar irritierte Blicke forderte, wird heute wahr: Ich reise in die Demokratische Republik Kongo.

Zwei Wochen zuvor: Ich liege am Strand des Tanganjika-Sees, auf tansanischer Seite. Roter Sand umgibt mich. Eine Zebrafamilie zieht hinter mir vorbei, ich blicke über den See und versuche das andere Ufer zu erahnen. Dort verbirgt sich die Demokratische Republik Kongo. Das Auswärtige Amt verliert nicht viele gute Worte über dieses Land. Die Kämpfe zwischen Rebellen und kongolesischen Truppen toben vor allem in den östlichen und nordöstlichen Teilen der Republik. Meine Pläne schwirren mir durch den Kopf: von Tansania nach Ruanda und dann über Uganda nach Kenia. Die Reise soll ihren Höhepunkt in Äthiopien finden. Der Kongo war nicht auf meiner Liste und mein Busticket führt mich auch um Burundi herum. Erst ein paar Deutsche auf motorisierter Wanderschaft bestätigten mir sichere Verhältnisse im kleinen Burundi. Ich benötige ein Visum. Auf der Suche nach dem Konsulat biege ich am nächsten Tag etwas zu früh ab. Ich merke es erst, als ich schon fast im Gebäude bin: Ich bin beim kongolesischen Konsulat gelandet! Hier wollte ich doch gar nicht hin! Ist dies ein Wink des Schicksals für das bevorstehende Abenteuer?

Glühende Berge

In Afrika kann man nichts planen, es bleibt also spannend.
Hallo, Kongo! Darf ich auf einen deiner Vulkane klettern?

Ich stehe in Gisenyi, Ruanda, am Kivusee, nur zwei Kilometer von der kongolesischen Grenze und der Stadt Goma entfernt. Der See begleitet mich zu meiner Linken, als ich die Promenadenstraße in Richtung »*Grande Barrière*«, Grenzübergang nach Goma, hinunterlaufe. Villen wechseln sich mit Seeblick ab. Es sind die letzten Meter in das größte Abenteuer meines Lebens. Die Gedanken überschlagen sich. Was erwartet mich auf der anderen Seite?

Das Gewusel wird immer dichter und meine Anspannung steigt mit jeder Sekunde. Ich habe nur eine mündliche Zusage, dass ich ein kongolesisches Visum bekomme. Nervös erledige ich die ruandischen Formalitäten und blicke schon an dem Schlagbaum vorbei auf die andere Seite nach Goma. Dort reihen sich Lkws des Roten Kreuzes aneinander. Dazwischen ein Tieflader mit zerstörten Fahrzeugen der UN-Schutztruppe und ein Minibus mit vier Touristen. Ich überlege, ob ich meine Kamera rausholen soll, entscheide mich aber dagegen. Keine öffentlichen Gebäude ohne Genehmigung fotografieren, ich will ja noch ein Visum haben. Mein Kontakt Joseph empfängt mich am Schlagbaum, führt mich zur Kontrolle des Impfausweises und dann zu einem kleinen Büro. Ich staune nicht schlecht, als mir nach wenigen Minuten mein Pass mit einem riesigen roten Stempel zurückgegeben wird.

Meine Erlaubnis, ins Unbekannte aufzubrechen.

So unbekannt scheint es mir anfangs gar nicht zu sein. In Kigali hat mir ein anderer Rucksackreisender von einem aktiven Vulkan mit einem unmerkbaren Namen erzählt. Mein Interesse war sofort geweckt und auch der Name des Vulkans bald eingeprägt. Nun ragt der Nyiragongo in der Ferne in den Himmel – mein erstes Ziel. In den nächsten Tagen werde ich dann die Berggorillas etwas weiter nördlich besuchen. So ist der Plan. Da man in Afrika aber nicht alles planen kann, bleibt es spannend.

Zusammen mit meinem Kontakt kaufe ich noch einige Vorräte für meine Wanderung auf den Nyiragongo ein und fahre dann zu meinem Hotel. Am nächsten Morgen frühstücke ich zwischen Offizieren der UN. Lange muss ich nicht warten, da werde ich auch schon abgeholt. Wir holpern vorbei an schwer bewaffneten Patrouillen der UN und verlassen Goma in Richtung Norden. Am Fuße des Vulkans empfangen mich Ranger des Virunga National Park. Hier treffe ich auch auf zwei Deutsche, Dirk und Dieter. Noch beim Aufstieg auf den Vulkan erzählen sie mir von ihrem Vorhaben: Sie möchten die nächsten drei Wochen den Fluss Kongo hinunterfahren, einen der mächtigsten Flüsse der Erde, fast 4400 Kilometer lang. Ihr Plan scheint genauso minutiös durchdacht wie ungeplant. Ich weiß nicht, was ich davon halten soll, aber meine Finger fangen an zu kribbeln. Wir haben uns gerade mit unseren schweren Rucksäcken durch den tiefgrünen Wald gekämpft und die Baumgrenze erreicht, da fälle ich meine Entscheidung, zücke mein Handy und rufe Joseph an. Ich brauche dringend eine Visumsverlängerung und dann einen Flug nach Kisangani im Nordosten der Demokratischen Republik Kongo. Mehr kann ich erst mal nicht machen.

Unser Pfad schlängelt sich immer weiter den riesigen Vulkankegel hinauf. Die bewaffneten Ranger vorneweg und wir im Schlepptau, so kriechen wir auf kleinem und scharfem Vulkangeröll nach oben. Der Nyiragongo brach zum letzten Mal im Jahr 2002 aus. Mehrere Dörfer wurden dabei zerstört und über hundert Menschen kamen ums Leben. Auch in der Stadt Goma richtete der Lavastrom große Verwüstung an. Auf diesem Vulkan wollen wir übernachten! Unsere Behausungen kommen langsam näher. Ich habe den Tipp erhalten, dass sich auf dem oberen Kraterrand noch zwei Hütten befinden, die einen grandiosen Ausblick bieten. Also stürme ich vorneweg, um mir den besten Platz zu sichern. Doch ich werde abrupt gestoppt.

Vor mir liegt der mächtige Lavasee. In ihm brodelt heißes Gestein. Wie Eisschollen treiben erkaltete Platten, durchzogen von einem rotorange leuchtenden Streifen, umher. An einigen Stellen bilden sich Lavafontänen, und unter einer Art Meeresrauschen schmelzen die Platten wieder, um an einer anderen Stelle neu zu entstehen. Selbst aus 700 Meter Entfernung spüre ich noch die Hitze dieser Naturgewalt. Sie wärmt mich zwar nicht, aber für diesen Moment sind Kälte und Regen vergessen.

Im Nebel

Die ersten Spuren: Bäume ohne Rinde und weiträumig niedergedrücktes Gras. Im tiefen Bergwald an den Hängen des Vulkans gehen wir auf die Suche nach Gorillas.

Kaum bin ich wieder zurück in Goma, zählt nur die eine Frage: Wie komme ich an eine Verlängerung meines Visums?

Mein Kontaktmann Joseph hat wiederum einen Kontakt in der Einwanderungsbehörde. Also schauen wir da auch gleich vorbei. Nach einigem Hin und Her muss ich beim Chef vorsprechen. Kein Erfolg! Dann spreche ich bei der Visastelle vor. Kein Erfolg! Ich probiere es noch einmal. Mäßiger Erfolg. Leider brauche ich für meinen nächsten Programmpunkt, die Berggorillas, einen Pass. Also ziehe ich unverrichteter Dinge wieder von dannen. Aber ich habe ein Versprechen bekommen: Wenn ich morgen um fünfzehn Uhr meinen Pass abgebe, kann ich um acht Uhr am nächsten Tag das Visum haben. Das muss klappen, denn der Flieger geht um zwölf und ich muss um neun Uhr das

Ein Bett, ein Stuhl, kein Fenster: Das Zimmer von Philipp Laage im Gasthaus in Shendi ist absolut spartanisch – und bietet doch einen wertvollen Rückzugsort auf der Reise durch den Sudan.

Mitten in der Wüste, 37 Kilometer vom Nil entfernt, liegt der Tempel von Naga. Es gibt hier keine Straßen und keine Häuser. Ahmed, ein Bewohner von Shendi, fährt den Reisenden mit seinem schrottreifen Auto an diesen verlassenen Ort.

Huskies sind Dirk Rohrbachs einzige Begleiter, während er in der Wildnis Alaskas auf dem Land eines Freundes nach dem Rechten sieht.

Der mächtige Yukon River bleibt auch im Winter, wenn er zugefroren ist, der wichtigste Transportweg für die Menschen in der Gegend.

Im Iran trifft Nadine Pungs auf Menschen, die sich in einer widersprüchlichen Welt aus öffentlichen Verboten und privatem Ungehorsam eingerichtet haben. Und findet wahre Schönheit.

Markus Steiner segelt vor einem der Strände von Mosambik, die nördlich der Hauptstadt Maputo beginnen und sich verschwenderisch ausstrecken.

Der berühmte *Trollstigen*, die »Trollleiter«, in Norwegen.

Elternzeit in Norwegen: Renate und Artis Lehn haben nicht immer Glück mit dem Wetter, die Enge in ihrem VW-Bus ist für ihren Sohn, der gerade laufen lernt, ein ungewohntes Hindernis – aber ihre Erlebnisse schweißen die Familie zusammen.

»Taucht man ein in die zerklüftete Landschaft jenseits des Eisschilds, öffnet sich eine Welt aus Bergen, Tälern und Fjorden, die entdeckt werden will…«

Jens Notroff erkundet die Küste Grönlands mit dem Kajak.

Im Süden Marokkos, in den Oasengärten der Dadesschlucht, beginnt Oleander Auffarth seine Suche nach den Ursprüngen der Berberkultur.

Die Durchquerung des tief verschneiten Jbel Saghro, einer zum Atlasgebirge gehörenden Gebirgskette, wird zu einem lebensgefährlichen Abenteuer.

Rochssare Neromand-Soma und Morten Hübbe reisen über 4200 Kilometer auf dem Amazonas – vom peruanischen Iquitos bis nach Belém im Norden Brasiliens.

»Da, mitten auf dem Fluss, schwimmt mein Schiff ohne mich davon!«

Als Nachzügler klettert Morten zurück auf das Passagierschiff.

Ein Handelsschiff bringt Dominik Mohr auf dem Fluss Kongo von Kisangani nach Bumba – eine der einfacheren Etappen auf seiner Reise durch die Demokratische Republik Kongo.

Der Vulkan Nyiragongo brach zum letzten Mal im Jahr 2002 aus. Bis in die kongolesische Grenzstadt Goma ergoss sich der Lavastrom. Immer noch brodelt im mächtigen Kratersee heißes Gestein. Dominik Mohr verbringt die Nacht am Rand des Kraters.

Ticket kaufen. Ich erhole mich im Hotel – dank Stromausfall besonders lange, da ich einfach ins Bett gehen kann. Zumindest habe ich keine kleinen Besucher im Bad und mäßig tropfend fließendes Wasser. Mehr als in den folgenden Wochen an Leitungswasser zusammen.

Als ich den Sicherheitsmann am nächsten Morgen aus dem Schlaf reiße und ihm meinen Schlüssel in die Hand drücke, hebt sich gerade die Sonne sanft über den Horizont und begrüßt meinen Tag der bewegenden Begegnungen. Wieder holpern wir auf der Straße Richtung Norden. Wir passieren den Nyiragongo. Zu unserer Rechten liegt die Grenze zu Ruanda. In der Ebene zwischen den Vulkanen erstrecken sich Felder und überwucherte Gebäude, die Überreste von Flüchtlingscamps aus der Zeit des Genozids in Ruanda.

Am Fuße des Mikeno-Vulkans werde ich in ein kleines Militärcamp geführt. Es ist die gemeinsame Basis der Virunga-Ranger und der Grenzbeamten. Hier warte ich auf meine Begleitung.

Zusammen mit dem Gorilla-Doc Eddy und Jean Bosco, meinem Ranger-Guide, ziehen wir endlich los. Es geht in den tiefen Bergwald an den Hängen des Vulkans. Die ersten Spuren der Gorillas sind schon zu erkennen: Bäume ohne Rinde und weiträumig niedergedrücktes Gras einer Schlafstelle. Mit der Machete bahnt sich Jean den Weg durch das grüne Dickicht, wobei er elegant den riesigen Brennnesseln und distelartigen Gewächsen ausweicht. Eddy scherzt nur, dass das Brennen die Durchblutung fördere und nach fünfzehn Minuten aufhöre. Ich vermeide trotzdem jeden Kontakt.

Da sind sie!

Mit einem kurzen Gorillalaut kündigt Jean unsere Anwesenheit an, und die erste Mutter mit ihrem Baby kommt in Sichtweite. Ein paar Schritte weiter turnen zwei Halbstarke im Baum und hangeln sich von Ast zu Ast. Wir folgen den Teenagern, und in gebührender Entfernung sehen wir den Silberrücken der Familie. Er pflegt das Fell einer seiner Damen, ihr Baby sitzt daneben und schaut interessiert in meine Richtung.

Diese mächtigen Tiere in unmittelbarer Nähe, das Wissen, dass ein beherzter Griff tödlich sein kann und selbst eine spielende Bewegung schmerzhafte Folgen hätte ...

Es herrscht ein munteres Kommen und Gehen. Viel zu schnell verstreicht die Zeit, nach nur einer Stunde müssen wir Abschied nehmen. Drei Minuten Aufschub bekomme ich allerdings noch: Auf einmal kann ich weder vor noch zurück. Eine Mutter mit Kind auf dem Rücken versperrt mir den Weg. Ich muss bleiben, wo ich bin, und die Dame in nur zwei Meter Distanz passieren lassen.

Fitzcarraldo

Alles, was schwimmt, kommt für unser Abenteuer infrage. Wir wählen den Wasserweg, den Kongo hinunter.

Ich liebe es, wenn ein Plan funktioniert. Fröhlich halte ich mein Visum in den Händen, jetzt nur noch das Flugticket kaufen. Die Mitarbeiter im Konsulat kennen mich langsam schon, und einige Minuten später flitze ich zum Hotel, um Dieter und Dirk von meinem Erfolg zu berichten. Wir schwingen uns auf drei Motorradtaxis und los geht's zum Flughafen. Der Weg zurück ist nun fast ausgeschlossen.

Das Chaos am Flughafen überstehen wir ohne größere Probleme. Nur die Mitarbeiter der Migrationsbehörde wollen uns nicht glauben, was wir vorhaben. Ich kann sie natürlich verstehen, wir müssen verrückt sein, uns in dieses Abenteuer stürzen zu wollen. Sie bitten uns, doch einfach im Flieger sitzen zu bleiben und bis Kinshasa zu fliegen. Das wäre der schnellere und sichere Weg. Unseren Plan, mit dem Boot den Kongo hinunterzufahren, halten sie für ungünstig, langsam und unbequem. Wir sind uns dessen bewusst, und erst nachdem ich im Reiseführer unsere Route noch mal nachgezeichnet und ihnen versichert habe, dass wir das Risiko in Kauf nehmen , lassen sie uns ziehen.

Vielleicht liegt es auch an dem viel spannenderen Fall des UN-Mitarbeiters ohne gültiges Visum, der am Nachbartisch für ausgelassene Stimmung sorgt.

Fast pünktlich verlässt der Flieger Goma in Richtung Kisangani. Schon im Anflug auf die »Metropole« bekommen wir einen ersten Blick auf den mächtigen Strom. Hier in Kisangani enden die hundert Kilometer langen Stromschnellen, der Fluss wird wieder schiffbar und bleibt dies bis Kinshasa. Kisangani oder Stanleyville, wie es bis 1966 hieß, muss eine wunderschöne Stadt gewesen sein. Im Flughafen aus den 1970er-Jahren kann man noch Elemente von Holzvertäfelung und Kronleuchtern bestaunen. Die Flusspromenade lässt an vielen Parkbuchten, Treppen und der ein oder anderen Mauer erkennen, dass einmal reges automobiles Treiben auf den Straßen geherrscht hat. Heute sehnt sich manches Asphaltstück nach besseren Tagen zurück. In der Innenstadt finden sich ehemalige Prachtbauten, die leider zunehmender Verwahrlosung ausgeliefert sind. Mit viel Fantasie sieht man im heutigen Kisangani noch den einstigen Reichtum, zur Schau gestellt in Palmenalleen und schön angelegten Flaniermeilen.

Alles, was schwimmt, kommt für unser Abenteuer infrage.

Wir finden ein kleines Handelsschiff, das uns bis Bumba bringen könnte. Es erweist sich als Glücksgriff bezüglich der Mitreisenden. Sie entpuppen sich als gute Fremdenführer und erklären uns die Geschichte der einzelnen Gebäude entlang des Flusses. Von kolonialen Altbauten über kongolesisch-historische Orte hin zu einzelnen Fabriken am Ufer. Unser Glück verfolgt uns bis in die Nacht: Von Mathieu, dem Buchhalter des Schiffes, bekommen wir am ersten Abend eine Matratze gereicht. Als Teil der Ladung nehmen wir diese bequeme Alternative zu unseren Isomatten dankbar an. Und unter den Sternen schläft es sich sowieso am besten.

Jeden Tag spüren wir die Freundlichkeit, Offenheit und Gastfreundschaft der Menschen. Uns wird bei jedem Landgang geholfen, Fremde werden uns vorgestellt, und unsere Begleiter erzählen offen von ihrem Leben. Die Kinder in den Dörfern rufen uns immer wieder »*Mundele!*« (»Weißer«) zu. Sie spielen mit ungezähmtem Elan Fußball und zeigen uns stolz ihren großen Bolzplatz, als wir zum wiederholten Mal aufgrund eines Motorschadens eine Zwangspause einlegen. Frauen kochen am Ufer, während einige Männer die Fischernetze flicken.

Nach 381 Kilometern ist Bumba fast erreicht. Wir haben der Sonne standgehalten, die sternenklaren Nächte bewundert, Pannen an Motor und Antrieb überwunden, Menschen kennengelernt, Freundschaften geschlossen, Essen geteilt und uns wieder von einer Sandbank befreit. Es fehlt aber noch der Klassiker:

Sprit alle. Genau zwei Kilometer vor Bumba gibt der Motor auf. Uns fehlen drei Liter.

Verhandlungssicher

Das Vorankommen wird ab Bumba schwierig. Am Hafen finde ich zum Glück Gott.

Drei Verkehrsmittel später, Tausende Nervenenden weniger und alle halbe Stunde ein neuer »Plan«: Die Demokratische Republik Kongo macht uns das Vorankommen nicht leicht. Auf der Landkarte sieht der Weg ganz einfach aus. Von Bumba nach Lisala und von dort aus über Akula nach Gemena. Hier wartet ein Flugzeug nach Mbandaka. Auf dem Landweg insgesamt etwa 450 Kilometer auf der Nationalstraße 6.

Wir legen also los mit dem Planen. Plan A lautet: Gemütlich an die Nationalstraße 6 in Richtung Lisala setzen und auf eine Mitfahrgelegenheit hoffen. Der Plan klingt für andere Länder sehr effektiv, nicht aber für die Demokratische Republik Kongo. Nach sechs Stunden Warten sind wir keinen Millimeter vom Fleck gekommen. Unsere einzige Option sind Mototaxis, aber mit Rucksack und dann noch als Beifahrer sind 150 Kilometer ein Horror. Kurz entschlossen rufe ich Kapitän John von unserem Handelsschiff an, erzähle von unserem Zwangsaufenthalt in Bumba und frage ihn nach einer Mitfahrgelegenheit auf dem Fluss bis nach Lisala. Einige Minuten später ruft er zurück und verkündet mir, dass eine Piroge am nächsten Tag abfahren werde. Plan P, wie Piroge, ist geboren. Sieben Tonnen plus Passagiere sollen es am Ende sein, die mit uns den Weg nach Lisala antreten. Kurz vor der Abfahrt erlaubt sich ein Beamter der Migrationsbehörde noch einen kleinen Streich mit uns. Um an etwas Knete zu kommen, will er uns unter dem Vorwand, dass das Boot erst am nächsten Tag abfährt, von der Piroge locken. Mitreisende lachen nur und wir bleiben einfach in unseren Gartenstühlen sitzen. Die Nacht wird unbequem und laut. Wie Nähmaschinen klackern die drei abwechselnd kaputten oder aus Benzinmangel ausfallenden 15-PS-Außenborder durch das Wasser.

In Lisala beginnt unsere Suche nach einem fahrbaren Untersatz von Neuem. Immer wieder werden wir durch den Preis für Jeeps abgeschreckt. Wir ändern unsere Pläne schneller, als wir sie aufstellen können. Am Ende wollen wir zu Lande nach Gemena und dann mit dem Flieger nach Mbandaka. Mit dem Handy buchen wir in einem NGO-Büro unsere Tickets. Gerade noch rechtzeitig, bevor der Generator und somit das Internet ausgeht.

Am Hafen finde ich Gott. Er ist Lkw-Fahrer, heißt eigentlich Dieu und belädt gerade mit seinen Kollegen mehrere Lkws. Ich frage nach einer Mitfahrgelegenheit nach Gemena. Leider bekomme ich diesen Wunsch nicht erfüllt. Die Strecke Lisala–Gemena wird einfach zu selten befahren. Die Straße ist zu schlecht, und Akula mit seinem Hafen eignet sich um Welten besser, um Gemena zu versorgen. Dieu bietet mir aber an, uns bis Businga mitzunehmen. Das wäre die halbe Miete nach Gemena. Dirk und Dieter sind von der neuen Mitfahrgelegenheit begeistert. Dieu verspricht uns sogar, in Businga einen Weitertransport zu organisieren. Kurz vor Mitternacht stehen die Lkws auf der Straße. Im Halbschlaf klettern wir in die Fahrerkabine und machen es uns für die nächsten Stunden »bequem«.

Fehlende Scheiben und kühle Nachtluft. Wir frieren.

Das wilde Geruckel lässt nicht einmal den Gedanken an Sekundenschlaf zu. Im Morgengrauen bleiben wir plötzlich an einem Berg hängen. Mit vereinten Kräften wird die Einspritzpumpe wieder flottgemacht und wir können unsere Fahrt nach Businga fortsetzen.

Businga besteht aus einer Hauptstraße und ein paar engen Nebenstraßen. Ein kleiner Außenposten der Zivilisation. Dieu macht sich gleich an die Arbeit und treibt drei Motorradtaxis auf. Fünfzig Dollar bis nach Gemena. Auf unser Drängen hin erklärt er sich bereit, auch noch mal nach einem Jeep zu suchen. Den einzigen im Ort finden wir bei einem Portugiesen. Leider kaputt und das Auto seines Sohnes. Na ja, und der Schlüssel ist in Kinshasa. Pech. Wir müssen also auf Motorrädern weiter. Ein kleiner Kampf entbrennt, plötzlich werden aus fünfzig Dollar achtzig. Einzig ein Fahrer bleibt bei seinem Wort und hat nun die schwere Aufgabe, seine Kollegen zu besänftigen.

Im irren Tempo fahren wir in die lichten Überbleibsel des Regenwaldes. Zuerst noch auf guter Sandpiste, dann aber gleicht die Fahrt einem Offroad-Abenteuer.

Unsere Fahrer wollen in Karawa zu Mittag essen. Eine schlechte Idee. In Karawa haben sich Polizei und Judikative zusammengetan und erpressen regelrecht Bestechungsgelder von Ausländern. Hier ist der Stopp wirklich fehl am Platz. Wir sollen zehn Dollar pro Person für ein uns nicht betreffendes, unnützes Formular bezahlen, andernfalls kommen wir ins Gefängnis und unsere Reise ist zu Ende, heißt es. Nach langen Verhandlungen lässt man uns schließlich doch gehen.

Aber leider zu früh gefreut: Als wir wieder bei den Motorrädern sind, erfahren wir, dass einer unserer Fahrer verhaftet wurde. Sozusagen als Rache dafür, dass wir uns rausgeredet haben. Meine Interventionen auf der Polizeiwache bleiben zunächst erfolglos. Wir bezahlen die Fahrer für ihre bisherigen Leistungen und geben üppiges Trinkgeld.

Sie klären es unter Kongolesen, und als die Abenddämmerung einsetzt, haben wir wieder alle drei Fahrer zusammen und setzen nun völlig erschöpft die Reise nach Gemena fort.

Spurensuche

Der härteste Teil des Abenteuers liegt hinter uns. Wir warten in Gemena auf unseren Flug zurück in das andere Land »Kongo«.

Zurück in eine Welt mit geteerten Straßen, gefüllten Lebensmittelläden und relativer Sauberkeit. Werte, die man erst mal wieder verkraften muss. Weil unsere Reise in Stanleyville (Kisangani) begann, wollen wir uns von dem britischen Entdecker und Abenteurer Henry Morton Stanley verabschieden, der in der zweiten Hälfte des 19. Jahrhunderts ein riesiges Gebiet rund um den Kongo erforschte und fast den kompletten Fluss befuhr. Wir schwingen uns in Mbandaka erneut auf drei Motorradtaxis und fahren Richtung Süden. Etwas außerhalb der Stadt steht der »Äquatorstein«, ein braun bemooster Felsbrocken mit einem rostigen Schild darüber: »ICI PASSE LA LIGNE EQUATEUR – EQUATEUR VILLE EN 1883 – PRES EQUATEUR GEOGRAPHIQUE« Stanley ließ ihn damals aufstellen. Auch wenn sich der Entdecker um knappe vier Kilometer vertan hat, zeugt der Marker doch von dessen bewundernswerten Pioniertaten. Und man kann zumindest einen Stein und ein Schild fotografieren.

Auf dem Rückweg in die Stadt machen wir kurz halt an der prominentesten Bauruine der Gegend: dem Palast von Mobutu. Nicht zu verwechseln mit seinen drei geplünderten Prachtschlössern in Gbadolite, ist die Ruine einfach nur in der Zeit stehen geblieben. Die Lage und das Gerippe zeugen von einem ursprünglich großen Vorhaben. Wir spazieren frei herum und werden ein wenig von der Dorfjugend begutachtet. Touristen sieht man hier nicht häufig aus der Nähe.

Zurück in Mbandaka, bei einem Spaziergang entlang der Hafenpromenade, beantwortet sich auch eine Frage, die uns schon lange beschäftigt: Wo sind nur all die alten Passagierschiffe abgeblieben, mit denen man so komfortabel den Fluss bereisen konnte? Hier liegen zwei davon, verrostet und verlassen auf einem ehemaligen Werftgelände. Werfthallen und Arbeiterhäuser stehen leer, im Garten haben die Leute Lehmhütten errichtet.

Weiter landeinwärts, parallel zum Fluss, verläuft die Prachtmeile der Stadt: geteert, gepflegt und von Anfang bis Ende mit kolonialen Gebäuden geschmückt. Neben der Post reihen sich das Rathaus, viele Geschäfte und Banken, ein schöner Park und mehrere Verwaltungen aneinander. Sehenswert, aber gleichzeitig traurig anzusehen ist der botanische Garten, gegründet um 1900. Der größte Garten seiner Art in Zentralafrika hat den Charme eines gepflegten Urwaldes. Das Museum lädt uns zu einer Gruselstunde ein: In den Gläsern mit den Präparaten ist der Alkohol verdunstet, im Dach haust eine Fledermauskolonie. Der einstige Stolz zerfällt.

Mit ein wenig Respekt vor Kinshasa fahren wir zum Flughafen. Die 8-Millionen-Metropole ist die letzte Station auf unserer Reise. Hier angekommen, haben wir 2525 Kilometer und drei Wochen Abenteuer hinter uns. Die Stadt ist überwältigend. Plötzlich sind wir wieder in der bekannten, nun aber ungewohnten Welt. Erschlagen von riesigen Supermärkten, westlichen Produkten im Überfluss und besonders von den horrenden Preisen, setzt ein regelrechter Zivilisationsschock ein. Drei bis vier Dollar für eine Tafel Schokolade, Nutella für fünfzehn und hundert Gramm Käse ab sechs Dollar sprengen unsere Vorstellungen. Mit leeren Händen flüchten wir aus dem Supermarkt.

Nach dem Frühstück am nächsten Tag brechen wir zu einem Spaziergang epischen Ausmaßes auf. Die Distanzen sind riesig. Vom Hafen aus laufen wir am Ostbahnhof vorbei, über den Boulevard des 30. Juni zum Zentralmarkt. Ganz froh, dass heute Sonntag ist, bahnen wir uns unseren Weg durch Tausende leerer Holzverschläge und Berge von Müll. Es braucht nicht viel, um sich vorzustellen, wie ein Markttag aussieht. Wir passieren das Stadion der Märtyrer und sehen aus der Ferne den Volkspalast. Einige Kilometer später, kurz vor dem Präsidentenpalast, wird unsere Sightseeing-Tour unterbrochen: Ein Militär-Checkpoint lässt uns umkehren. Wir schlendern weiter durchs Botschaftsviertel. Vor der deutschen Botschaft werfen wir kurz einen Blick über die Grenze nach Brazzaville in der Republik Kongo.

In den 1880er-Jahren warben ein Italiener für die Franzosen und ein Engländer für die Belgier um die Gunst der Stämme im Gebiet der beiden heutigen Kongos. Der Italiener Savorgnan de Brazza gründete Siedlungen, darunter auch Brazzaville, für die Franzosen auf der rechten Seite des Kongo. Gegenüber von Brazzaville errichtete der Brite Henry Morton Stanley auf der linken Seite des Kongo die Siedlung Léopoldville, das heutige Kinshasa. Nach der Unabhängigkeitserklärung der Kolonie Belgisch-Kongo im Jahr 1960 wechselte der Kongo mit Kinshasa als Hauptstadt mehrmals seinen Namen: über »Republik Kongo« und »Republik Zaïre« zur seit 1997 bestehenden »Demokratischen Republik Kongo«. Der erste Präsident der durch mehrere Kriege zerrütteten Republik war Laurent Kabila. Sein Tod aufgrund eines Attentats im Jahr 2001 leitete einen Wendepunkt im Krieg wie im Land ein. Sein Mausoleum steht heute vor dem Nationalpalast in Kinshasa.

Das Monument präsentiert sich uns als letztes Highlight der Stadt. Mich überrascht es, dass Fotos hier erlaubt sind. Die Soldaten in der Hochsicherheitszone argumentieren, dass Touristen und Kameras völlig normal seien. So denken die Menschen im Kongo auch nur auf diesem Platz. Im Rest des Landes sind Fotos verpönt und ungern gesehen.

> Die Stadt lädt nicht zum Träumen ein, auch weil man sonst auf der Straße in die großen Gullilöcher fallen würde.

Am Abend sitzen wir gemütlich in einem Restaurant. Ich habe noch keinen Flug und muss ihn endlich mal buchen. Das Visum läuft in wenigen Tagen ab, und noch einmal für Hunderte Dollar mit der Immigrationsbehörde über eine Verlängerung zu diskutieren, ist keine Option. Es ist zum Verzweifeln. So schwer es war für mich, in dieses Land zu kommen, so schwer macht es mir das Land jetzt, es zu verlassen. Bei dem Versuch, meinen Flug von Kinshasa nach Addis Abeba zu kaufen, sperre ich meine Kreditkarte. Die Sicherheitsmaßnahmen meiner Bank funktionieren tadellos. Ein Flug innerhalb Afrikas, mit einer deutschen Kreditkarte über eine spanische Webseite, das kann nur Kreditkartenbetrug sein. Erst nachdem meine Schwester den Flug aus Deutschland mit meiner Ersatzkarte gebucht hat, halte ich nach weiteren Sicherheitsabfragen ein Ticket in der Hand.

Irgendwie bin ich froh und traurig zugleich, den Kongo zu verlassen. Mit einem Passagierschiff aus Kolonialzeiten wäre unsere Reise sicherlich weniger beschwerlich gewesen. Doch es war ein großartiges Erlebnis. Einmal quer durch den Kongo. Mittendrin im Leben der Menschen und einmal durch die Geschichte des Landes.

Grönland

DEM EISSCHILD ENTGEGEN

Eis. Viel Eis. Sonst nichts. Den Eindruck bekommt man leicht, schaut man aus dem Flugzeug auf Grönland hinab. Taucht man aber ein in die zerklüftete Landschaft aus Bergen, Tälern und Fjorden jenseits des Eisschilds, öffnet sich eine ganz andere Welt.

Von Jens Notroff

Laut klatschend bricht die Welle über dem Bug. Dicht gefolgt von der nächsten. Und der nächsten. Das kleine Boot rollt im Rhythmus der stampfenden Wogen, pflügt eher durch die See, als gewohnt elegant darüber hinwegzugleiten. Gischt sprüht uns um die Ohren, eiskaltes Wasser ergießt sich übers Deck. Die Spritzdecken vermögen kaum noch Schutz zu bieten, längst sind wir völlig durchnässt. Der Wind kommt erst von vorn, dann von achtern, von der Seite, wieder von vorn; versucht bei jedem Paddelschlag gierig nach dem erhobenen Paddelblatt zu greifen. Stürmisch fallen die Böen über uns her, drücken uns hierhin und dorthin. Über eine Stunde geht das nun schon so. Über eine Stunde legen wir uns nun schon in die Riemen – und sind doch kaum einen Kilometer vorangekommen. Langsam macht sich Erschöpfung breit, aber das nahe Ufer zeigt sich abweisend und schroff. Keine Möglichkeit, irgendwo anzulanden. Und abzuwarten. Auszuruhen. Längst haben wir es aufgegeben, bei jeder weiteren großen Welle beizudrehen, um deren Wucht frontal abzufangen.

Es dauert noch eine weitere ungemütliche halbe Stunde, bis wir endlich die leidlich geschützte Bucht hinter einer vorgelagerten Halbinsel erreichen, die Paddel von uns werfen und die Kajaks auf den Kiesstrand ziehen können. Eine halbe Stunde – die uns doch nur wenige Hundert Meter voranbringt. Längst nicht so weit wie eigentlich geplant. Dabei hatte der blaue Himmel am Morgen noch eine durchaus angenehme letzte Etappe dieser Kajaktour in den malerischen Fjorden Südgrönlands versprochen. Und selbst jetzt, da wir mit müden Muskeln am Ufer hocken, lässt die strahlende Sonne uns träge blinzeln. Nur mit dem Wind, mit diesem heftigen Wind hatten wir nicht mehr gerechnet. Ein ganz natürliches Phänomen allerdings, wie wir später erfahren sollen: Die von der Sonne erwärmte Luft (und über einen Mangel an Sonnenschein können wir uns wahrlich nicht beklagen) steigt über Fjord und nahem Eis auf und erzeugt einen Unterdruck, der vom Meer her weitere Luft förmlich ansaugt, die dann als kräftiger Wind durch das schmale Tal fegt. Jene Sturmböen also, die uns, in der (vergeblichen) Hoffnung, im Schutz der Berge am gegenüberliegenden Ufer etwas besser voranzukommen, dazu bewogen hatten, das Wagnis einzugehen und den Fjord zu queren, mitten durch die kabbelige See.

Für Stunden harren wir am Ufer aus, starren sorgenvoll aufs sturmgepeitschte Wasser.

Allein es ändert nichts: Der Wind lässt nicht nach, die See kommt nicht zur Ruhe. Wir müssen uns damit abfinden, hier und heute nicht weiterzukommen. Die Sonne strebt bereits dem Horizont entgegen (auch wenn sie in diesen hohen Breiten noch lange dort verweilen wird); es ist an der Zeit, das Lager zu errichten. Ein Unterfangen, das der nimmermüde Wind von Neuem und immer wieder von Neuem zu durchkreuzen sucht. Viel länger als sonst dauert es, bis die beiden Zelte endlich stehen, und wir fühlen uns erst wohler, als sie zusätzlich mit schweren Steinen, die wir vom Strand herauftragen, abgesichert sind.

Eine Exkursion ins Hinterland lässt zur Gewissheit werden, was der Blick auf die Karte längst offenbart hat: Als wir einen Bergsattel erklimmen, können wir in der Ferne die ersten Häuser der kleinen Ortschaft Nanortalik auf einer benachbarten Insel erkennen, von der uns allerdings ein weiterer breiter Meeresarm trennt. Der auf einem nahen Gipfel erspähte Sendemast verdeutlicht, wie nah wir bewohnten Gefilden inzwischen wieder gekommen sind. Telefonempfang? Seit Wochen mussten wir ohne auskommen – und waren so traurig darüber eigentlich nicht. Nun aber, da sich unsere angekündigte Rückkehr wegen des Sturms zu verzögern droht, kommen die Errungenschaften moderner Zivilisation nicht ungelegen. Für einen Anruf reicht es zwar nicht, aber immerhin gelingt es, eine Nachricht an Niels abzusetzen, in der wir die Lage kurz schildern und den erneuten Versuch, in See zu stechen, für den folgenden Tag ankündigen können.

Niels, von dem wir uns vor gut zwei Wochen verabschiedet haben. Der uns vertrauensvoll die drei Kajaks überließ und uns alles Gute für das bevorstehende Abenteuer wünschte: den Tasermiut-Fjord hinaufzupaddeln bis zum Gletscher an dessen Ende. Hin und wieder zurück. Es ist nicht unsere erste Paddeltour in arktischen Gewässern – zwei Mal schon haben wir zuvor die Küsten Grönlands und diese urwüchsige, einem fernen mythischen Zeitalter entstammende Landschaft mit dem Kajak erkundet. Als uns der Hubschrauber (der in einem Land, dessen gesamtes Straßennetz sich auf nur knapp hundert Kilometer addiert, durchaus als »öffentlicher Personennahverkehr« gelten kann) zu unserem diesjährigen Ausgangspunkt brachte, zogen die schroffen Felsklippen und tiefen Fjorde, die eisgesprenkelten Buchten und grünen Täler in rascher Folge unter uns hinweg – und machten so einmal mehr deutlich, dass diese größte Insel der Welt eben nur aus der Ferne betrachtet eine lebensfeindliche Eiswüste ist. Denn gerade hier im Südwesten Grönlands findet sich dem mächtigen Eisschild ein Streifen (wenn auch eher dünn) besiedelten Landes vorgelagert – jene fruchtbaren Täler, die den Wikinger Erik den Roten seinerzeit dazu bewogen, in der isländischen Heimat die Werbetrommel für dieses »Grünland« zu rühren.

Bei jedem Zwischenstopp in einer der kleinen Siedlungen mit ihren charakteristischen farbenfrohen Holzhäusern wechselten Ladung und Passagiere. Bis wir schließlich in Nanortalik, fast ganz an der Südspitze Grönlands, angekommen waren, hatten die großen in Narsaq eingeladenen Postsäcke einigen in Qaqortoq zugestiegenen Teenagern Platz gemacht. Nanortalik, das lässt sich mit »Bärenort« übersetzen und kommt nicht von ungefähr. Die drei Eisbären schmücken das Stadtwappen aus gutem Grund, denn immer wieder gelangen diese weißen Riesen im Frühjahr, wenn das Tauwetter beginnt, mit dem Treibeis bis hierher. Oft genug willkommene Jagdbeute, gelegentlich auch latente Bedrohung. Die Stadt, auf einer kleinen Insel unmittelbar am Ausgang des Tasermiut-Fjords gelegen, zählt gerade einmal

1400 Einwohner und ist in ihrer heutigen Form erst 1830 gegründet worden.

Eine strahlend weiße Kirche dominiert den Ort und ist zugleich Zeugnis der Rolle deutscher Herrnhuter (die hier ganz in der Nähe die Station Lichtenau gründeten) bei der Missionierung der Grönländer zum Christentum – ebenso wie zahlreiche deutsche Nach- und Straßennamen übrigens. Ein Blick in den Sonntagsgottesdienst freilich macht deutlich, dass es der Kirche in Grönland dieser Tage nicht besser ergeht als anderswo:

Kaum eine Handvoll älterer Schäfchen findet sich noch ein, um der auf Grönländisch gehaltenen Predigt zu lauschen.

Am alten Koloniehafen aus dem 18. Jahrhundert (heute ein Museum, in dem selbst nach all diesen Jahren der Geruch von Waltran noch in der Luft hängt) hatte Niels sich von uns verabschiedet, bevor wir uns Paddelschlag für Paddelschlag von Nanortalik entfernten. Im gleichen Maße, in dem die Silhouette der Stadt mit ihrem markanten Kirchturm hinter uns langsam kleiner wurde und allmählich ganz verblasste, ließen wir auch die offene See zurück und tauchten ein in die raue Fjordlandschaft unmittelbar voraus.

Schroffe Felsklippen markieren hier die Ufer zu beiden Seiten; hoch, überraschend hoch strebt der Granit hinauf. Die Landschaft unterscheidet sich deutlich von dem, was wir von den früheren Grönland-Touren gewohnt sind: rauer, steiler, höher. Gezackte Spitzen und in die Wolken ragende Zinnen – regelrechte Berge gibt es hier! Dass es sich bei den Gipfeln, deren konsonantenreiche Namen wir fasziniert der Karte entnehmen, tatsächlich um Freikletterziele handelt, bemerken wir, als wir am vermeintlich einsamen Ufer zu Füßen eines dieser Massive unser Lager aufschlagen und bei einer Wanderung plötzlich mitten in einem üppig ausgestatteten Klettercamp stehen.

Kletterer und Paddler sind natürlich mitnichten die Einzigen, die dem Genius Loci dieser sagenhaften Gegend erliegen – und die Ersten sind sie schon gar nicht. Während wir unseren Weg in den Fjord hinein fortsetzen, stoßen wir ein ums andere Mal auch auf die Spuren früherer Besucher. Die pittoresk an einem niedrigen, aber dafür umso breiteren Wasserfall gelegenen Ruinen eines wohl auch zu seinen besten Zeiten nicht eben prachtvollen Klosters (das dem gesamten Tal seinen Namen gab) legen Zeugnis davon ab, dass die Mönche neben dessen Abgeschiedenheit auch die Anmut dieses Ortes zu schätzen wussten – wie vielleicht auch jene Nordmänner und -frauen, die sich nur ein paar Kilometer weiter flussaufwärts angesiedelt hatten. Wovon heute allerdings nur noch ihre überwucherten Gräber zeugen, denn lange hielt sich letzten Endes keine dieser Enklaven auf Grönland. Irgendwann in den ersten Jahren des 15. Jahrhunderts war schließlich jeder Kontakt zu den »*Grænlendingar*« genannten skandinavischen Siedlern abgebrochen, waren deren Höfe und Dörfer verlassen. Gut möglich, dass die just in dieser Zeit einsetzende »kleine Eiszeit« fatale Auswirkungen hatte, als die Temperaturen fielen und Ernten ausblieben. Vielleicht ist es auch zum Konflikt mit den einheimischen Inuit gekommen, allerdings gibt es hier deutlich weniger Spuren der typischen Eskimo-Tunnelhäuser, als wir an anderer Stelle, näher am Polarkreis, sehen konnten.

Ebenso selten stoßen wir erstaunlicherweise auf Eis.

Waren blassweiße Schollen und türkisblaue Eisberge, frostigen Kathedralen und bizarren Palästen gleich, bei anderer Gelegenheit ständige Begleiter und oft genug auch Hindernis in Grönlands Gewässern, begegnen wir ihnen hier nur vereinzelt und ausnahmsweise (was es schwierig macht, das lieb gewonnene Ritual aufrechtzuerhalten, jede Ankunft mit einem Schluck Rum auf Gletschereis aus der Emaille-Tasse zu begehen). Der Gletscher am Ende des Fjords ist nicht länger aktiv, hat keine Berührung mit dem Wasser mehr. Immer weiter hat sich das Eis zurückgezogen und gibt nun den Blick auf blank geschliffenen Granit frei. Hier, wo man die so oft beschworenen Eiskappen unmittelbar vor Augen hat, werden Voranschreiten und Folgen der globalen Erwärmung plötzlich sehr real und im Wortsinne begreifbar. Fahler Fels, wo noch vor Kurzem das Eis ruhte. Weniger als zwei Jahre zuvor sah das noch anders aus: Da schoben die aus dem Hinterland drängenden Eismassen sich bis ans Ufer heran und in den Fjord hinein – das hatte Niels uns im kleinen Tourismusbüro von Nanortalik auf Fotos gezeigt.

Niels, der die Nachricht von unserer Sturmzwangspause doch hoffentlich erhalten haben und ob der Verspätung nicht an unserem Wohlergehen oder schlimmer noch: unseren paddlerischen Fähigkeiten zweifeln wird. (Tat er übrigens nicht. Wie sich später herausstellte, nahm er das alles weit gelassener hin als wir.) Mit der Dämmerung kommt auch die Kälte, und wir ziehen uns in die wärmenden Schlafsäcke zurück, keiner allerdings mit dem ernsthaften Gedanken, sonderlich viel Schlaf zu finden, denn der Wind zerrt am Zelt, dass einem bange werden kann. Die ganze Nacht über wütet der Sturm, zeigt auch am Morgen keine Erschöpfung. Wir sind gezwungen, weiter auszuharren und den Robben draußen in der Bucht beim Synchronrückenschwimmen zuzuschauen. Immerhin aber erspähen wir so auch den kleinen Wal, der gemächlich Richtung Meer vorbeizieht und nicht sehr beeindruckt scheint von Wind und Wellen. Mit seiner mächtigen Fluke winkt er uns kurz vorm Abtauchen einen lässigen Abschiedsgruß zu. Wir, die wir zurückbleiben, müssen uns, als die Sonne den Zenit überschreitet, allmählich mit dem Gedanken anfreunden, dass auch an diesem Tag an Aufbruch nicht mehr zu denken sein wird. Der Wind lässt nicht nach, die See kommt einfach nicht zur Ruhe. Der Abend senkt sich über den Fjord und mit mürrischem Blick zu den am Ufer liegenden Kajaks zurren wir die Zeltleinen noch einmal fester. Wir haben gut daran getan, denn auch diese Nacht ist erfüllt von Pfeifen und Rütteln – als würde eine johlende Meute Trolle ums Zelt jagen. Bis sie im Morgengrauen plötzlich verstummen, die Trolle. Kein Pfeifen, kein Rütteln. Stille. Ein vorsichtiger Blick aus dem Zelt offenbart einen unschuldig blauen Himmel; kein einziger Grashalm, der sich wöge. Windstille. Hastig brechen wir das Lager ab, packen, stopfen Ausrüstung und Vorräte in die Boote. Die Gelegenheit ist günstig! Aufbruch. Endlich, Aufbruch! Wir legen ab, tauchen die Paddel schwungvoll ins Wasser. Hinaus aus der Bucht, hinaus auf den Fjord. Und tatsächlich: Die See liegt ruhig, geradezu unbeteiligt vor uns. Als hätte es Sturm und Wellen und Schaumkronen nie gegeben.

Teil II

GESCHICHTEN FÜR GLÜCKSRITTER

Nicaragua

DIE MAGIE DER MAISINSELN

Kennt ihr noch die Serie »Lost«? Die nicaraguanische Little Corn Island könnte das reale Ebenbild der Serieninsel sein. Viele Menschen kommen nicht mehr von ihr weg. Ich wäre gerne einer von ihnen.

Von Christoph Karrasch

Als ich Kelly an diesem Morgen treffe, ahne ich noch nicht, dass wir uns gerade zum letzten Mal sehen. Mit glasigen Augen und einer Frisur, die nach explodierter Palme aussieht, kommt sie mir am Weststrand von Little Corn Island entgegen. Es scheint, als habe Kelly die ganze Nacht nicht geschlafen.

»Christoph, ich hab die ganze Nacht nicht geschlafen. Wie spät ist es?«

Es ist zehn Uhr. Dann fällt sie mir um den Hals, sie riecht ein bisschen nach Alkohol und ein bisschen nach Schweiß. In ihrem Haar steckt noch das Lagerfeuer von gestern Abend. Sie seufzt erschöpft, schließlich flüstert sie:

»Letzte Nacht hat mein Leben verändert.«

Ich drehe gerade meine Abschiedsrunde über Little Corn Island. In einer halben Stunde wird mich das nächste *panga* zurück nach Big Corn Island bringen. Ein letztes Mal klappere ich die Unterkünfte meiner Inselbekanntschaften ab, um Lebewohl zu sagen. Auf ein letztes Morgenbier zu Marc und Paul, einmal noch Norah auf der anderen Seite bei *Grace's Place* drücken. Wo Clara wohnt, weiß ich gar nicht so genau – aber wenn sie nicht gerade unterwegs ist, sitzt sie eigentlich immer bei ihrem *Aqua Boy*. Tja, und dann ist da eben noch Kelly, die ich eigentlich heute mitnehmen wollte. Wir kennen uns seit ihrem vierzigsten Geburtstag. Der war gestern.

»Ich werde wahrscheinlich hier auf Little Corn bleiben, Christoph«, sagt sie und klingt dabei seltsam atemlos. Eigentlich hatten wir gestern Abend beschlossen, heute gemeinsam abzureisen. Aber wir kennen uns ja erst seit ein paar Stunden und sind uns keinerlei Rechenschaft schuldig. Deshalb versichere ich ihr, dass es total okay sei, wenn sie noch ein paar Tage länger bleiben wolle. »Nein, du verstehst nicht«, unterbricht sie mich. »Ich meine, für immer. Ich weiß, dass das verrückt klingt. Aber ich werde wohl für immer auf Little Corn bleiben.«

Ich stutze. Sie wäre zwar nicht die Erste, der das passiert. Clara ist auch hier gestrandet - oder die französischen Zwillinge oben am Leuchtturm. Trotzdem bringt mich Kellys Nachricht ins Grübeln. Ich schaue sie an und lege meine Stirn in Falten. Dann versuche ich, mich zu erinnern: Aus den Augen verloren habe ich Kelly gestern, als ich nach dem letzten Cuba Libre ins Bett gegangen bin und sie noch zum Tanzen in die *Tiki Bar* weitergezogen ist. Was genau ist in der Zwischenzeit passiert? Und vor allem: Was ist das hier für eine Insel, die so was mit den Menschen zu machen scheint?

Fliegen und Flanieren auf Big Corn

Es gibt zwei Wege auf die Corn Islands: einen entspannten Flug mit der Propellermaschine oder eine raue Fahrt übers Meer. Völlig klar, wofür sich unser wilder Abenteurer entscheidet.

Eine Woche zuvor. Etwa siebzig Kilometer vor der Küste Nicaraguas liegen zwei Fleckchen im Karibischen Meer. Zwei kleine grüne Wuschelköpfe, die aus dem türkisblauen Flüssigteppich ragen und irgendwie so gar nicht zum Rest des mittelamerikanischen Landes passen wollen. Las Islas del Maíz heißen sie, die Maisinseln. Doch vom amtssprachlichen Spanisch will man hier nicht so viel wissen.

Das Aussehen der Menschen: afrokaribisch.
Die Musik: Reggae.
Das Mundwerk: Kreol-Englisch.

Deshalb nennt man die Inseln hier ganz einfach: Big Corn und Little Corn. Yo.

Egal ob Fähre oder Flugzeug: Der Weg vom Festland nach Little Corn führt grundsätzlich über Big Corn, das regelmäßig übers Meer und aus der Luft angesteuert wird. Weil ich unangenehmerweise recht anfällig für Seekrankheit bin und gehört habe, dass die fast fünfstündige Bootsfahrt mitunter anstrengend sein kann, entscheide ich mich fürs Fliegen.

Unglaublich eigentlich, dass auf Big Corn überhaupt Flugzeuge landen können – die größere der beiden Inseln umfasst gerade mal zehn Quadratkilometer. Beim Anflug sehe ich, dass die zwei Kilometer lange Landebahn die Insel einmal komplett von Nord nach Süd durchschneidet. Sie teilt Big Corn in einen schmalen Westen und einen dickbäuchigen Osten. Wie es wohl war, als der Bau des Flugplatzes beschlossen wurde? Als den Einwohnern mitgeteilt wurde, dass sie sich in Zukunft auf einen halbstündigen Marsch um die Landebahn machen müssen, wenn sie ihren Nachbarn auf der anderen Seite besuchen wollen, der eigentlich nur fünfzig Meter Luftlinie von ihnen entfernt wohnt? Oder wenn sie zum Einkaufen gehen wollen, zur Schule? Alles nur, damit der bequeme Tourist (der irgendwas von Seekrankheit schwafelt) sicher und trocken und schnell nach Big Corn kommen kann? Das ist doch irgendwie …

Zum Glück gibt es in dieser Geschichte ein Aber.

Schon wenige Minuten nach der Landung werde ich aus meinen schäumenden Gedanken gerissen. Ach, manchmal bin ich wirklich ein Stück zu deutsch. Denn was machen die Menschen hier, wenn sie auf die andere Seite wollen? Na logo, sie laufen einfach über die Landebahn.

Man muss das Ganze ins rechte Verhältnis setzen: Offiziell ist die asphaltierte Fläche ein Rollfeld, ja. Morgens und nachmittags, wenn hier die Propellermaschinen starten und landen, wird es für Fußgänger gesperrt. In den restlichen 23 Stunden des Tages aber werden hier

Picknickdecken ausgebreitet, Tennismatches veranstaltet, wird Fahrrad gefahren. Für die Inselbewohner ist die Landebahn Flaniermeile und Sportplatz, Spielwiese und Treffpunkt. Nun, oder einfach: der größte Bürgersteig der Welt.

Badebucht mit Fieber

Touristische Highlights auf Big Corn sind rar – und das soll auch genau so sein.

Der grauhaarige Mann wischt seine schmierigen Fischfinger am nicht mehr ganz weißen Unterhemd ab und schüttelt den Kopf: »Fish Tacos sind gerade aus. Komm um drei noch mal wieder.«

Dann hebt er den Daumen und offenbart mir grinsend seine Zahnlücken. Die Fish Tacos müssen ja echt der Knaller sein, wenn sie mitten am Tag vergriffen sind, denke ich.

»Du konntest es wohl gar nicht abwarten, was?«, höre ich eine Stimme von hinten. Gelächter einer zweiten Stimme stimmt mit ein. Ich drehe mich um. Es sind die beiden Amerikaner aus meiner Unterkunft, mit denen ich mich am Abend zuvor an der Bar unterhalten habe. Von ihnen bekam ich den Tipp, hier bei *Victoria's* an der Nordküste vorbeizuschauen, um die »sensationellen Fish Tacos« zu probieren.

»Haha, und selber?«, kontere ich lachend und zeige auf das, was die beiden in ihren Händen halten. Kokosnussbrot aus der *Island Bakery* – den Tipp wiederum habe ich ihnen gegeben.

Genau so funktioniert es hier. Big Corn ist nicht übermäßig mit klassisch touristischen Highlights gespickt – mal abgesehen vom fantastischen Ausblick vom Quinn Hill, einem der höchsten Inselpunkte. Deshalb freut man sich über die Geheimtipps anderer Reisender. Ein weiterer Hinweis lautete: »Fahr in South End hinterm Friedhof links rein. Da kommt eine einsame Bucht, in der sich durch Felsformationen kleine Badebecken gebildet haben.« Mir wurde nicht zu viel versprochen – aber auch nicht alles erzählt: Das Wasser in den Becken hat vierzig Fieber. Nicht unbedingt nötig bei Luftwerten von 33 Grad.

Als aufmerksame Leser dieser Geschichte habt ihr natürlich längst bemerkt, dass auf Big Corn nicht viel los ist. Wenn der Geschichtenerzähler schon ausverkaufte Fish Tacos in den erlesenen Kreis erwähnenswerter Urlaubshighlights aufnimmt, kann es drum herum nicht viel mehr geben. Und wisst ihr, was? Das ist genau der Grund, warum die (wenigen) Menschen hierherkommen: Weil sie die wunderschönsten Karibikstrände vorfinden und sie mit niemandem teilen müssen.

Es passiert nichts Weltbewegendes auf Big Corn.
Wie wunderbar.

Dasselbe Bild, dieselbe Stimmung, dieselben Beachbar-Reggaebeats würde ich auch fünfzehn Kilometer weiter nordöstlich erwarten. Drei Quadratkilometer mit jeder Menge Raum fürs paradiesische Nichts. Umso erstaunlicher ist es, dass da draußen auf der viel kleineren Schwesterinsel Little Corn genau das Gegenteil zu passieren scheint. Dass die Welt sich dort für viele Menschen eben doch bewegt – manchmal schneller, als sie gucken können.

Parallelwelt: Paradies

Vor dem Eintritt nach Little Corn steht die Mutprobe.

Es ist so eine Sache mit den *pangas*, den blauen Großraumnussschalen, die dreimal täglich zwischen Big Corn und Little Corn hin- und herpendeln. Während der Überfahrt ist es nicht unwahrscheinlich, klitschnass zu werden (was bei Lufttemperaturen jenseits der dreißig Grad noch recht angenehm sein kann) oder dass es im Rücken knackt, wenn das Boot nach einer Welle auf die harte Wasseroberfläche aufschlägt (was wiederum recht unangenehm sein kann).

> Ab und zu kippt auch mal ein Boot im rauen Gewässer um. Beim letzten Unfall dieser Art sind dreizehn Menschen ums Leben gekommen.

Eine ziemlich gruselige Vorstellung – dennoch ist man hier auf die *pangas* angewiesen. Sie sind die einzige Verbindung zwischen den beiden Maisinseln. Jedes Nahrungsmittel, das nicht auf der Insel wächst, jede Arznei oder Haushaltsware, jedes Werkzeug, jeder Fahrradschlauch und jede Fliegenklatsche wird mithilfe der wackeligen Außenborderschiffchen auf die Insel gebracht. Vor allem aber sind die *pangas* für die 800 Bewohner Little Corns das einzige Tor zur Außenwelt. Viele von ihnen arbeiten auf Big Corn, machen dort ihre Besorgungen, gehen zum Zahnarzt, in die Schule. Eine laufende Petition an den nicaraguanischen Präsidenten Daniel Ortega soll der abgelegenen Insel endlich sicherere Boote bescheren.

An diesem Tag ist die See vergleichsweise ruhig. Nach einer halben Stunde docken wir am schmalen Holzpier auf Little Corn an. Die Einheimischen warten schon darauf, das Gepäck der Neuankömmlinge für ein paar Gold-Córdoba mit dem Radwagen zur Unterkunft zu fahren. Von Bord gehen einige neugierige Backpacker, darunter auch Marc und Paul, die beiden Amis von Big Corn.

»Hell, yeah!«, entfährt es Paul beim Anblick der Uferzeile. Er breitet beide Arme aus und richtet sein Gesicht gen Sonne. »Da hat es jemand gut mit uns gemeint.«

»Was führt euch eigentlich hierher?«, will ich von den beiden wissen.

Marc erzählt, dass sie sich gerade eine Auszeit von ihrem Job in den Staaten nehmen und in den letzten Wochen bei einem Brückenbau, einem Freiwilligenprojekt auf dem Festland, geholfen haben.

»Jetzt machen wir noch zwei Wochen Urlaub. Einer der Bauarbeiter hat uns den Tipp mit Little Corn gegeben.«

Wir schultern unsere Rucksäcke und machen uns auf die Suche nach einer Unterkunft. Vom Pier, an dessen Ende weitere Einheimische im Schatten der Laubbäume dösen, führt ein asphaltierter, vielleicht 1,50 Meter schmaler Pfad am Weststrand entlang. Es stellt sich bald heraus, dass es sich dabei um die Hauptstraße der Insel handelt: zwei Café-Restaurants, eine Handvoll Unterkünfte, eine Tauchschule – das war's. Autos oder andere motorisierte Fahrzeuge gibt es auf Little Corn nicht, alles findet zu Fuß oder maximal per Fahrrad statt.

»Zehn Dollar pro Tag«, antwortet die junge Frau beim Fahrradverleih auf meine Frage nach dem Preis. Sie ist knallblond, und in ihrem Englisch erahne ich einen mir bekannten Akzent.

»*Where are you from?*«, hake ich nach. Sie scheint die Pointe zu ahnen.

»Aus Deutschland«, antwortet sie auf Deutsch – wir lachen. Clara erzählt, dass sie vor einigen Monaten mit einer Freundin durch Mittelamerika gebackpackt ist. Eigentlich wollten sie von Panama bis nach Mexiko reisen.

»Aber na ja – unterwegs hat uns jemand von dieser Insel erzählt. Hier hab ich mich in Roy verliebt, seitdem bin ich hier irgendwie hängen geblieben.« Sie sieht glücklich aus, während sie das erzählt. Noch glücklicher, als Roy um die Ecke kommt. Er ist ein *local,* stammt von den Corn Islands und hat hier vor Kurzem sein eigenes Business gestartet. Mit *Aqua Boy* bietet er Schnorchel- und Angeltouren an, vermietet Fahrräder und Paddleboards. Clara ist kurzerhand bei ihm eingestiegen. »Als Mädchen für alles«, sagt sie und freut sich drüber.

Noch ein bisschen erstaunlicher ist die Geschichte von Gary und Sullivan. Ich treffe die beiden französischen Zwillinge während meiner Fahrradtour oben am Leuchtturm. Clara hatte mir dort den besten Ausblick über die Insel versprochen, also bin ich hin. Gary und Sullivan sitzen auf der Veranda eines der glänzend lackierten Holzbungalows, die sich auf der Anhöhe befinden, und deuten mir den Weg zum Leuchtturm.

»Eine nette Unterkunft habt ihr hier«, werfe ich ihnen zu. »Was zahlt ihr dafür pro Nacht?« Sie grinsen. »Das Hotel gehört uns«, antwortet Sullivan. »Wir haben es selbst gebaut.«

Ich bleibe stehen und staune. Jetzt will ich natürlich die ganze Geschichte hören. 2013 sind die Zwillinge von Frankreich aus auf eine Weltreise aufgebrochen. Es bestand kein Plan, hierherzukommen. Doch ihr Weg kreuzte sich mit dem eines anderen Reisenden, der gerade von Little Corn zurückkehrte und nicht aufhören konnte zu schwärmen.

»Also fuhren wir hin – und verliebten uns sofort in die Insel«, erzählt Gary. »Wir hatten schon immer den heimlichen Traum, ein eigenes Hotel zu eröffnen. Hier auf der Anhöhe rund um den Leuchtturm haben wir den perfekten Ort dafür gefunden.«

Zurück in Frankreich, haben sie sich um die Finanzierung gekümmert. 2014 konnte der Bau schließlich beginnen, seit letztem Jahr haben sie geöffnet.

»Das klingt ganz wundervoll!«, stelle ich fest. Die beiden nicken.

In dem Moment streicht ein leichter Wind über die Veranda, die Baumkronen über uns rascheln. Ich lasse meinen Blick über die Insel schweifen und stelle mir für einen Augenblick vor, wie es wäre, wenn ich auch hierbliebe. Diese Frage habe ich mir bisher nie gestellt. Klar, ich wollte schon immer an all diese großartigen Orte reisen, die Welt sehen. Deshalb bin ich Reiseautor geworden. Aber ich habe unterwegs noch nie den konkreten Wunsch geäußert, ernsthaft an einem dieser Orte zu bleiben. Weil ich immer genau zu wissen glaubte, wohin ich gehöre. Aber jetzt sitzen hier zwei Männer in meinem Alter vor mir, die genau das hinterfragt haben: wohin sie gehören und wo sie gerne sein möchten. Zusammen haben sie ihr komplettes Leben in Frankreich aufgegeben und sind an einen Ort gezogen, von dem die allermeisten Menschen noch nie gehört haben. Keiner, den ich bisher auf dieser

Reise getroffen habe, wusste, dass Little Corn überhaupt existiert, bevor er hier landete. So ging es auch Gary und Sullivan noch vor drei Jahren. Nun ist diese Insel ihr Zuhause.

»Lass mich raten«, unterbricht Gary mein Schweigen und Schweifen. »Du fragst dich, was das hier für ein Ort ist, oder?« Ich nicke ratlos, ziehe die Schultern hoch. »Genauso stand ich damals auch auf diesem Hügel und konnte Little Corn nicht begreifen.« Und dann sagt er, wie es auf Englisch nur jemand mit französischem Akzent sagen kann:

»I don't know, man. It's magic.«

Vierzig ist die Hälfte

Quatsch, die Insel spricht nicht mit mir. Doch, warte – da war was. Hat jemand was gesagt? Nein, ich bin alleine. Jetzt hör doch mal auf, Mann!

Ich muss gestehen: Ich hab's nicht so mit Magie. In der Regel glaube ich an das, was ich sehe. Bei der Weltmeisterschaft der großen Träumer lande ich mit dieser Abgeklärtheit mit hoher Wahrscheinlichkeit eher auf den hinteren Plätzen. Ich bin aber der Meinung, mein Leben mit Realitätsnähe und Bodenhaftung besser gestalten zu können als mit gefühlsduseligen Höhenflügen und dem Glauben an irgendwas zwischen Himmel und Erde. Umso erstaunter bin ich, dass ich auf Little Corn plötzlich anfange, doch nach diesem Dazwischen zu suchen. Was ist das hier für ein Ort?

Die Insel ist gerade mal drei Quadratkilometer groß, sie hat einen West- und einen Oststrand und einen schmalen Pfad, der ein Baseballfeld kreuzt. Über ihn gelangt man an den abgelegenen Nordstrand zum *Yemaya*, dem einzigen Luxusresort der Insel. Bei *Derek's Place* schaukele ich den Tag über in der Hängematte, im *Turned Turtle* am

Oststrand schlürfe ich Mango Shakes, im Wald und am Strand treffe ich einen Haufen faszinierender Menschen. Michael zum Beispiel ist deutscher Arzt, der gerade in Nicaragua überwintert, um hier ehrenamtlich als Doktor tätig zu sein. Zwischendurch frage ich mich immer wieder, was diese Insel mit mir macht. Ich bin fasziniert von diesem Ort, an dem so viel Energie zu strömen scheint. Ist das Little Corn selbst? Oder sind es die Menschen, die sich hier – teils mit Plan, teils naiv – selbst verwirklichen?

Ich bin seit drei Tagen hier, kenne fast jeden Winkel und habe inzwischen viele Bekannte, die ich aufgrund der Enge der Insel mehrmals täglich zum Schnacken treffe und die ich vor lauter Gefühlsduselei sogar als meine Freunde bezeichnen würde. Warum ist das so? Was macht es mit einem, so weit weg vom Rest der Welt zu sein? Sind die Menschen hier deshalb mehr Verbündete, als sie es anderswo wären?

Oder ist das einfach nur der Cuba Libre vor mir, der schon wieder hervorragend schmeckt?

Ist ja auch völlig wumpe, all diese Gedanken und Träumereien sind ab morgen hinfällig. Ich sitze im *Tranquilo*, es ist schon dunkel. Den Strand erahne ich nur durch das leise Rauschen der Wellen. Hinten in der Ecke turteln Clara und Roy, die Zwillinge sind auch da, sie stoßen gerade mit Norah von der anderen Inselseite an. Tauchtourist Frank aus Hamburg und Arzt Michael unterhalten sich an der Bar, dahinter klackern die Bierflaschen von Marc und Paul aneinander. Es ist mein letzter Abend auf Little Corn, morgen werde ich die Insel verlassen und mich wohl noch einige Zeit fragen, wie es wäre, nicht so ein elender Realist (na gut, und Familienvater mit wartenden Kindern) zu sein.

Kelly aus Portland ist da anders. Sie sitzt mir gegenüber, wir kennen uns seit einer halben Stunde. Gerade hat der gesamte Laden für sie gesungen, weil Kelly heute ihren vierzigsten Geburtstag feiert. Ihre Freudentränen über die spontane Einlage sind inzwischen getrocknet.

»Das ist für mich gerade eine wahnsinnig emotionale Zeit«, erzählt sie. »Vierzig ist eine krasse Marke.«

»Na ja«, wiegele ich ab und gebe das Übliche von mir: »Das ist doch nur eine Zahl. Vierzig ist das neue Dreißig, weißt du doch.«

»Nein, ist es nicht«, widerspricht Kelly. »Vierzig ist die Hälfte von allem. Es ist ein Einschnitt, die Vierzig verlangt nach einem Resümee.«

»Und? Wie lautet deins?« Kelly zeigt mir ihre beiden Handrücken und deutet auf ihre Ringfinger. Auf ihnen prangen dezent zwei kleine Tattoos.

»Ich habe meine erste Lebenshälfte gerade mit einer Zeremonie besiegelt – vor einem Monat habe ich mich zu Hause in Portland selbst geheiratet.«

Ich mache große Augen. Dann entfährt mir ein »Wow!«. Das kann zum Glück alles heißen. Denn selbstverständlich bin ich mir ab sofort sicher, dass der Mensch vor mir gehörig einen an der Waffel hat.

Und doch finde ich in Kellys Erklärung etwas, das mich berührt.

»Weißt du, mir ist vor ein paar Monaten klar geworden, dass sich mein Leben nicht so entwickelt hat, wie ich es mir immer vorgestellt hatte. Ich habe keinen Mann, hatte nie die Gelegenheit, Kinder zu bekommen.« Kelly streicht über das Tattoo auf ihrem linken Ringfinger. »Ich habe gemerkt, dass die einzige Person, die mir immer treu geblieben ist, ich selbst bin. Deshalb habe ich mich einfach geheiratet.«

Sie muss laut lachen, dann kullern erneut ein paar Tränen. Ich bin völlig hin und her gerissen.

»Du hältst mich für bescheuert, oder?«

Jetzt erlaube ich mir auch zu lachen, kann ihre Frage aber – anders als vermutet – doch nicht so klar beantworten. Sich selbst zu heiraten ist ungewöhnlich, ohne Zweifel. Von so etwas habe ich noch nie gehört. Ihre Geschichte, so wie sie sie erzählt, ist auch irgendwie traurig, deshalb weint gerade einer von uns. Aber diese pure Bestätigung sich selbst gegenüber, dieses klare Ja zu dem, der man ist, beeindruckt mich dennoch übermäßig stark.

Versteht ihr, was ich mit Energie meine?

Um kurz nach zwei verabschiede ich mich von Kelly. »Mein *panga* geht morgen früh um halb elf.« Kelly hält mich am Arm fest.

»Hättest du was dagegen, wenn ich mitkomme?«, sagt sie. »Ich glaube, ich möchte morgen auch abreisen.«

»Nein, gar nicht – ich freu mich. Bis morgen dann!«

Acht Stunden später stehe ich mit der noch immer wachen Kelly am Weststrand, rieche den erkalteten Rauch in ihrem Haar und staune über die spontanen und enormen Planänderungen zum Start in ihre zweite Lebenshälfte.

»*It's magic, Christoph. This island is magic!*«

Ich ahne, bei wem Kellys Nacht gestern zu Ende gegangen ist. »Warst du bei den Zwillingen?« Kelly nickt.

»Du wirst es nicht glauben. Da oben am Leuchtturm ist ein Stück Land frei. Ich bin gelernte Therapeutin und hatte schon immer den Traum, ein kleines Gesundheitszentrum aufzumachen. Little Corn ist der perfekte Ort dafür. Morgen treffe ich mich mit dem Mayor und dem Landbesitzer, dann wollen wir über alles sprechen.« Sie sagt das, ohne Luft zu holen.

»Warte, warte, warte«, werfe ich ein. »Das hat sich alles in den letzten acht Stunden ergeben?« Kelly nickt erneut und sieht sehr glücklich dabei aus.

»Ich hab's dir doch gesagt. Letzte Nacht hat mein Leben verändert.«

Am Pier wartet das *panga* auf die Abfahrt. Ich nehme Kelly ein letztes Mal fest in den Arm, wünsche ihr alles Gute für ihre Pläne, wohin auch immer sie sie führen werden. Vielleicht bleibt sie ja wirklich auf Little Corn, vielleicht schläft sie sich aber auch einfach nur mal richtig aus. Jedenfalls bin ich inzwischen in der Lage, mich doch festzulegen: Kelly hat definitiv einen an der Waffel – und zwar so richtig!

Ein bisschen was würde ich gerne davon abhaben, denke ich noch. Dann legt die blaue Nussschale ab und trägt mich weg von diesem magischen Ort.

Ruanda

MISTER GUHONDA UND DIE LETZTEN GORILLAS

Ich kauere im Dickicht des Bambuswalds an einem Vulkan in Ruanda. Ein Knacken. Und plötzlich steht er vor mir – Guhonda, der gewaltigste Silberrücken auf dieser Erde.

Von Susanne Maier

Ein Rascheln im Unterholz. Schwarze, schemenhafte Gestalten, die sich ringsherum hinter den Ästen bewegen, ein tiefes Grunzen. Dann sind sie plötzlich da.

Die letzten Berggorillas der Erde.
Ohne Glasscheiben, ohne Zaun dazwischen.

Adrenalin pulsiert durch meine Adern. Vorsichtig bewege ich mich durch den dichten Wald, näher zu ihnen hin, in meinem Kopf ein wirrer Mix aus unbeschreiblicher Freude, Faszination und Furcht.

Ich staune über eine auf einem Bett aus Blättern liegende stillende Mutter, balgende und posende Gorillamännchen, verliebe mich in das Baby, das auf dem Rücken seiner Mutter reitet, und lache beim Anblick des Kleinen, der sich immer wieder im Kreis um den Baum schwingt und schon fast wie die Großen auf seiner schmalen Brust trommelt. Sie spielen, sie kämpfen, sie dösen, sie mampfen sich genüsslich durch wilden Sellerie und werden beschwipst von saftigem Bambus. Familienidylle auf 3000 Metern Höhe.

Dann ein lautes Knacken und Krachen im Gebüsch, ein kurzes Grollen und er steht vor mir: Mister Guhonda, ältester und gewaltigster aller Silberrücken auf diesem Planeten. Zwei Meter groß und 220 Kilogramm schwer. Ein Kopf, dreimal so breit wie meiner, und Arme, dick wie zwei Schenkel. Ich halte die Luft an, als er direkt auf mich zukommt. Die sieben Meter Abstand, die wir versuchen einzuhalten, sind den Gorillas herzlich egal. Fast berührt er mich im Vorbeigehen. Guhonda ist der Boss, und ich bin nur kurz zu Gast in seiner Welt.

Geheimnisse im Nebel: Die Virunga-Vulkane von Ruanda

Ein Tag zuvor: Ich stehe auf einer 2600 Meter hohen Anhöhe im äußersten Nordwesten Ruandas, auf der Terrasse der Virunga Lodge. Vor mir erstreckt sich ein weites grünes Tal, aus dem die Vulkane der Virunga-Bergkette in den Himmel ragen, hinter mir liegen tief unten die dunkelblauen Zwillingsseen Bulera und Ruhonda, dazwischen überall üppiges Grün und terrassenartige Felder.

Es ist eine der schönsten Landschaften, die ich je gesehen habe.

Hier, im Dreiländereck zwischen Ruanda, Uganda und der Demokratischen Republik Kongo, in den Nebelwäldern an den Hängen der Vulkane, leben die letzten Berggorillas der Erde. An die 400 sollen es hier und im Kongo noch sein, weitere 400 leben im Bwindi-Wald drüben in Uganda – nur ein Gorilla auf zehn Millionen Menschen auf der Welt.

Neben den vom Aussterben bedrohten Gorillas leben in den Bergnebelwäldern der Virungas noch die ebenfalls bedrohten, extrem seltenen Golden Monkeys, aber auch wilde Büffel, Antilopen, Elefanten und viele weitere Arten. Ihr Lebensraum ist seit 1925 durch den ältesten Nationalpark Afrikas geschützt – heute aufgeteilt in den Volcanoes National Park auf ruandischer und den Virunga National Park auf kongolesischer Seite.

So wunderschön und einzigartig diese Landschaft ist, so umkämpft und sorgenbeladen ist sie, voller Geschichten von Krieg und Gewalt. Aber auch von Neuanfang und Hoffnung.

Und mittendrin die Gorillas. Werden sie es schaffen zu überleben?

Am Vormittag waren wir mit unserem gemieteten Jeep aus Uganda über den nahe gelegenen Grenzübergang von Cyanika nach Ruanda gekommen. Die Grenzbeamten staunten nicht schlecht über die zwei *Wazungu*-Frauen, die ohne Guide und Fahrer, dafür aber mit eigenem fahrbaren Untersatz bei ihnen aufschlugen, den wir nun aus Uganda auszuführen und nach Ruanda einzuführen gedachten. Nach einigem Hin und Her, Ausfüllen von Formularen, Stempeln, Parken vor dem Schlagbaum und mehrmaligem Überqueren der Grenze zu Fuß (nur mit Pass in der Hand) durften wir schließlich passieren. Langsam rollten wir zwischen schwer bepackten, vom Markt auf der ugandischen Seite kommenden Fußgängern und meterhoch mit Zuckerrohr und Matoke beladenen Fahrrädern über die Grenze und quälten unseren kleinen Jeep die steile, schlaglochübersäte Piste zur Virunga Lodge hinauf, staunend beim Ausblick über das »Land der tausend Hügel«, wie Ruanda auch genannt wird.

Der Name ist Programm – auch wenn man angesichts der Virunga-Vulkane hier im Nordwesten nicht mehr von Hügeln sprechen kann. Die üppige Vegetation bis hinauf zu ihren Gipfeln täuscht: Diese Berge sind zwischen 3000 und 4500 Meter hoch. Sie tragen klangvolle Namen wie Mgahinga, Muhabura, Sabyinyo, Karisimbi. Drüben im Kongo erhellen Nyiragongo und Nyamuragira mit ihrem Feuerschein die Nacht, alle anderen Vulkane liegen im Dornröschenschlaf.

Umkämpfte Heimat

Die Virunga-Vulkane bilden die Grenze zwischen Ruanda, Uganda und der Demokratischen Republik Kongo und sind Teil des Ostafrikanischen Grabenbruchs. Sie sind die Heimat der letzten Berggorillas der Erde – und diese ist bedroht.

Wer sich die Landschaft als unberührte Wildnis vorstellt, irrt. Wie Inseln liegen die Bergnebelwälder in einem der am dichtesten besiedelten Landstriche Afrikas. Die schwarze Vulkanerde ist fruchtbar, Felder und Dörfer reichen bis an die Flanken der Vulkane heran, direkt dahinter beginnt der Wald. Nicht nur die Einschränkung ihres Lebensraums durch Ackerbau und Siedlungen bedroht die Berggorillas, sondern auch Wilderei und politische Instabilität in den drei Ländern. Und auch diejenigen, die die Gorillas schützen, leben gefährlich.

1967 kam Dian Fossey nach Ruanda, um in einer Langzeitstudie das Verhalten der Berggorillas zu erforschen. Sie richtete im Volcanoes National Park ein Forschungszentrum ein und widmete sich dort fast zwanzig Jahre lang der Erforschung und dem Schutz der Gorillas. Mit ihren Filmen, Artikeln und ihrem Buch *Gorillas im Nebel* (1988 mit Sigourney Weaver verfilmt) sorgte sie für weltweite Aufmerksamkeit für die Situation der Gorillas, für die sie alles bereit war zu tun, auch mit eigenwilligen Methoden. Vor Ort führte sie nicht nur ihre Feldforschungen durch, sondern kämpfte gemeinsam mit Parkwächtern gegen die Wilderei. 1985 fand man sie ermordet in ihrer Forschungsstation. Waren es Wilderer? Stand sie der wirtschaftlichen Ausnutzung der Gorillas durch den Tourismus im Weg?

Ihr Mord ist bis heute nicht aufgeklärt. »*No one loved gorillas more*«, steht auf ihrem Grab, das man im Rahmen einer Tageswanderung besuchen kann. Es liegt neben ihrer alten und mittlerweile verfallenen Forschungsstation – und den Gräbern ihrer liebsten Gorillas.

Rebellengruppen versuchen auch heute noch immer wieder, sich in den Wäldern des Parks anzusiedeln. Im Kongo mit Erfolg: Dort gehen die Ranger gar mit paramilitärischen Methoden vor, unter Einsatz ihres Lebens, um die Gorillas zu schützen und die Parks gegen Rebellen zu verteidigen. Ende 2012 wurde ein ruandisches Camp des *Dian Fossey Funds* zur Wildereibekämpfung von der im Kongo operierenden Hutu-Rebellengruppe *Democratic Forces for the Liberation of Rwanda (FDLR)* angegriffen.

Die Instabilität in der Region wurzelt im schlimmsten aller Kapitel der jüngeren Geschichte: 1994 gipfelte der Bürgerkrieg zwischen Hutu und Tutsi in Ruanda in einem unbeschreiblichen Völkermord. Innerhalb von hundert Tagen wurde fast eine Million Menschen auf grausamste Art ermordet (in einem Land mit acht Millionen Einwohnern); allein zwei Millionen Flüchtlinge sammelten sich entlang der Grenzen des Nationalparks, den sie für Feuerholz und »*Bushmeat*« plünderten. Auch das Nationalparkzentrum wurde 1992 bei Kämpfen angegriffen und alle Aktivitäten im Park bis 1999 eingestellt; das Personal musste fliehen, der Gorilla-Tourismus kam zum Erliegen.

Die Geschichte des Genozids mit seinen Folgen ist die schrecklichste aller Geschichten, auf die jeder Ruanda-Reisende früher oder später unweigerlich treffen wird, erzählt von den Überlebenden – unserer Generation.

Das Geschäft mit dem Gorilla-Tourismus

Die Berggorillas sind in Ruanda zum Aushängeschild geworden, der Gorilla-Tourismus hat sich zu einem wichtigen wirtschaftlichen Standbein entwickelt. Man ist stolz auf die Erfolge: Die Wilderei sei eingedämmt, der Bestand der stark vom Aussterben bedrohten Tiere wächst. Derzeit gibt es in Ruanda zehn habituierte, an Menschen gewöhnte Gorillagruppen, die man im Rahmen geführter Gorilla-Trekking-Touren in ihrem natürlichen Umfeld im Wald des Volcanoes National Parks aufspüren kann. Einmal am Tag dürfen sich ihnen maximal acht Menschen für eine Stunde nähern, Mindestabstand sieben Meter.

Reguliert wird die touristische Vermarktung der Gorillas durch eine stark limitierte Anzahl an »*Gorilla Permits*« (achtzig pro Tag in Ruanda), die zudem mit 750 US-Dollar pro Person sehr teuer sind. Mit den Geldern werden zum Beispiel Park-Ranger ausgebildet und medizinische Versorgung für die Gorillas bezahlt. Die umliegenden Gemeinden erhalten zwanzig Prozent der Gelder. Ohne den Tourismus würde es die Gorillas vielleicht nicht mehr geben, sicherlich wäre ihre Zahl stark dezimiert. Und dennoch …

»Ob das nachhaltig ist?«, frage ich mich mehr als einmal auf dieser

Reise. Schadet den Gorillas die Vermarktung? Was ist mit den Krankheiten, die sich von uns auf die Tiere übertragen?

Sollten wir sie nicht lieber in Ruhe lassen? Ja und nein.

Die Antwort ist so widersprüchlich wie beinahe alles in diesem Teil der Welt.

Der Gorilla-Tourismus ist ein Dilemma. »*It has its place*«, sagt Emmanuel, unser Ranger, der uns auf das Gorilla-Trekking begleitet, und ich denke, er hat recht. Sein Vater war Jäger, erzählt er uns (also Wilderer nach unserer heutigen Definition). Seit Emmanuel ein kleiner Junge war, begleitete er seinen Vater in den Wald. Er war vier Jahre alt, als er dabei zum ersten Mal einem ausgewachsenen Gorilla gegenüberstand. Emmanuel konnte eine Ranger-Ausbildung absolvieren und führt heute Touristen in den Wald zu den Tieren, die er und die anderen Ranger alle namentlich kennen. Er ist stolz auf die Gorillas und darauf, dass er sich für sie einsetzen kann. Seine Geschichte zeigt, wie das Miteinander von Mensch und Gorilla funktionieren kann. Sie zeigt, dass das Überleben der Gorillas von der Zusammenarbeit mit der lokalen Bevölkerung abhängt, die mit dem Wald interagiert und vom Tourismus in der Region profitieren möchte.

Doch so einfach scheint das noch nicht zu funktionieren. Viele Einheimische sind frustriert, weil sie nichts oder nicht genug von den Geldern der Touristen abbekommen, gleichzeitig aber auch den Wald durch die Einrichtung des Nationalparks nicht mehr nutzen dürfen. Auch die Ureinwohner, die Pygmäen, wurden umgesiedelt. Einige Einheimische profitieren zwar direkt oder indirekt vom Gorilla-Tourismus, zum Beispiel durch den Verkauf von Souvenirs oder durch Jobs in *Guesthouses*, doch wie ich vor Ort erfahre, haben die meisten von ihnen noch nie in ihrem Leben einen Gorilla zu Gesicht bekommen. Es gibt zwar vergünstigte Eintrittspreise für die Lokalbevölkerung, doch diese sind immer noch verhältnismäßig hoch. Das Erlebnis bleibt also reichen Touristen vorbehalten, die – wie wir – bereit sind, für ein Permit 750 Dollar zu bezahlen, nur um den Gorillas eine Stunde nahe kommen zu dürfen. Sind wir eigentlich verrückt?

Die Begegnung im Nebelwald

Am nächsten Morgen stehe ich um sieben Uhr im Nationalparkzentrum, wo wir in kleine Gruppen eingeteilt und unserem Team vorgestellt werden: unsere Ranger Lois und Emmanuel, mehrere Tracker, die uns im Wald zur jeweiligen Gorillagruppe lotsen werden, zwei Eskorten und Porter, die wir anheuern können, damit sie unsere Rucksäcke tragen und wir uns leichter durch Matsch und dichte Vegetation schlagen können. Niemand kann zu diesem Zeitpunkt genau sagen, wie lange es dauern wird, bis wir die Gorillas finden. Die Gruppe, die wir heute suchen werden, heißt Sabyinyo. Dreizehn Mitglieder, zwei Silberrücken.

Als Erstes bekommen wir eine gründliche Einweisung. Lois und Emmanuel versuchen uns auf das vorzubereiten, was uns erwartet, stellen uns die einzelnen Mitglieder der Gorilla-Gruppe vor und geben Anweisungen, wie wir uns zu verhalten haben: sieben Meter Abstand einhalten, sie nicht anfassen, niemals wegrennen. »Mrrrrrrhm-Mrrrhm.« Ein tiefer brummender Laut heißt »Hallo« und »*Hakuna Matata*« – »*No problem*« auf Suaheli.

»Mrrrrmmmh-mrrrrrrhm«, üben wir im Chor.

Emmanuel unterscheidet insgesamt 28 verschiedene Laute, die er zur allgemeinen Erheiterung perfekt imitieren kann, etwa wenn der Gorilla »*jiggy-jiggy*« mit einer seiner Frauen machen will. Nur bei einem lauten »AH AH AH AH!« und Trommeln auf der Brust werde es gefährlich, dann sollten wir uns sofort auf den Boden kauern und unterwürfig verhalten, warnt er uns, auf gar keinen Fall weglaufen – in den meisten Fällen folge dann ein Scheinangriff. Mir wird trotzdem etwas mulmig zumute.

Doch wir sind schon unterwegs und stapfen erst einmal an Feldern und wogenden Blumenwiesen entlang. Angesichts dieser ländlichen Idylle an den Ausläufern des Vulkans fällt mir die Vorstellung schwer, dass wir uns gleich durch dichten Urwald kämpfen und dort auf Gorillas treffen werden. So schön sie auch aussehen mögen, die weißen Blumenwiesen hier unten an den Flanken der Vulkane sind eine weitere Ironie von Naturschutz und Entwicklungshilfe: Es ist Pyrethrum, eine Blume, die als natürliches Insektizid fungiert und heute vor allem für den Bedarf westlicher Länder angebaut wird. Vierzig Prozent des Volcanoes National Parks wurden in den Siebzigerjahren für ihren Anbau freigegeben.

Dann lassen wir die Zivilisation endlich hinter uns und tauchen ein in den Wald, in die Wildnis. In das Territorium der Gorillas. Von nun an wandern wir immer bergauf, querfeldein, durch Bambus-Haine, riesige Staudengewächse, durch Gebüsch und knöchelhohen Matsch. Mehrmals sinke ich fast bis zum Knie ein, hangele mich mit den Händen an Baumstämmen entlang und greife mehr als einmal in Dornen. Manchmal schlagen die Männer den Weg mit Macheten frei und sprechen in ihre Funkgeräte.

Nach fast zwei Stunden und mitten in einem lichtdurchfluteten Bambuswald – wir müssen inzwischen fast 3000 Meter Höhe erreicht haben – ist es so weit: Wir haben sie gefunden. Ungefähr hundert Meter seien wir von ihnen entfernt. Lois und Emmanuel geben uns letzte Instruktionen. Ein letzter Schluck Wasser, Kameras aus dem Rucksack, alles andere müssen wir in sicherer Entfernung bei den Trägern zurücklassen.

Jetzt wird es ernst. Ich spüre, wie mich die Aufregung packt, als ich mich immer wieder umsehe und in den Wald hineinstarre. Wo sind sie? Aus welcher Richtung werden sie kommen? Ist dort etwa einer, hinter mir im Gebüsch?

Dann geht alles ganz schnell. Freude, Faszination, Panik. Die Stunde vergeht wie im Rausch.

> Es heißt, man soll den Kopf gesenkt halten und ihnen nicht direkt in die Augen schauen. Doch ist es nicht genau das, was wir wollen?

Was unsere Faszination an diesen uns fremden und doch auf geheimnisvolle Weise vertrauten Wesen ausmacht, mit denen wir immerhin 98 Prozent unserer Gene teilen: In ihre Augen, bis in ihre Seelen hinabschauen. Eine Verbindung spüren. Einen Teil von uns selbst in ihnen erkennen.

So habe ich das jedenfalls immer gehört. Mit keiner anderen Kreatur auf dieser Welt sind wir schließlich enger verwandt als mit diesen urtümlichen »Waldmenschen«. Sie seien irgendwie wie wir.

Doch ich fand das gar nicht. Was ich an jenem Tag im Vulkanregenwald zwischen den dichten Zweigen sah, schmatzend und knurrend und trommelnd und auf uns zustürmend, das war etwas anderes. Eine fremdartige Kreatur, Furcht einflößend und groß und wild, und ich war in ihr Territorium eingedrungen.

Und doch ... haben sie *Gesichter*, wie ich nach einer Weile mit Erstaunen feststelle. Und auch ganz unterschiedliche Persönlichkeiten. Da ist Gishishamwotsi, der posende zweite Silberrücken, der Mr. Guhonda eines Tages herausfordern wird, Karema, die eine Hand durch Wilderer verloren hat, Isheja Big Ben mit seiner Glatze, das herzzerreißend tapsige Baby ...

Ein letztes Brüllen und Trommeln auf der Brust (das sich seltsam hohl und hoch anhört), ein letzter Angriff von Guhonda, ältester und größter aller Gorillas, der durch den Busch stürmt. Ein letztes Mal zucken wir zusammen, kauern auf dem Boden hinter dünnen Bambusstämmchen und starren wie verzaubert.

Dann scheinen sich alle noch mal zu versammeln.

»Guys, this is the last minute, please don't miss this«, sagt Emmanuel. *»Look, everybody comes. Here is the alpha, he is now relaxed and very comfortable.«*

Es stimmt. Mister Guhonda wirkt nun versöhnt. »Mrrrrrmh-mrrrrhm«, macht er.

»Mrrrrrmh-mrrrrrhm«, machen wir. *Goodbye.*

Dann verschwinden sie im Dickicht, angeführt vom Boss. Erstaunlich, wie schnell der Wald sie verschluckt. Sie scheinen mit ihm zu verschmelzen.

Kurze Zeit später stolpern wir schlammverkrustet und blinzelnd aus dem grünen Dickicht heraus ins Sonnenlicht der Blumenwiesen und Felder mit Bauern und lachenden Kindern, wie aus einer anderen Welt kommend. Als wäre alles nur ein Traum gewesen.

»Mrrrrrmh-mrrrrrhm.«

Südafrika

FEUER IN DER NACHT AM ORT DES LICHTS

Johannesburg galt lange als die gefährlichste Stadt der Welt. Eine Immobilienfirma hat ein ehemaliges Ghetto zum Szenebezirk umgewandelt. Er trägt den klangvollen Namen Maboneng – »Ort des Lichts«. Ein Streifzug durch Downtown Johannesburg.

Von Philipp Laage

John Wessels war draußen auf den Straßen, als die Polizei von Johannesburg mit Gummigeschossen auf die Männer feuerte, deren wütende Gesichter von den Flammen der brennenden Barrikaden erleuchtet wurden. Wessels war mittendrin. Der junge Südafrikaner ist Pressefotograf. Die Proteste der armen Leute gegen die Zwangsräumungen der besetzten Gebäude hier in Jeppestown, einem Viertel südöstlich der berüchtigten Downtown, die musste er natürlich ablichten. »*That was heavy shit*«, sagt Wessels über diesen Tag, der gerade einen Monat zurückliegt. Für einen Besucher, der erst ein paar Stunden in Maboneng verbracht hat, klingt es wie die Geschichte aus einer anderen Welt. Man ist erstaunt, schockiert. Wer eine Woche in Maboneng unterwegs war, wundert sich nicht mehr.

Maboneng, das bedeutet »Ort des Lichts«. Den Namen hat sich die Immobiliengesellschaft *Propertuity* ausgedacht, die das kleine Viertel in einen Szenebezirk umgewandelt hat. Es ist ein Kunstname, mehr eine Verheißung als eine geografische Bezeichnung. Die Nachbarschaft liegt genau zwischen Jeppestown und dem Stadtteil Doornfontein, bislang umfasst sie kaum mehr als die unmittelbaren Seitenstraßen entlang der Fox Street. Doch ihr Ruf geht weit über die Häuserblocks zwischen Berea Road und John Page Drive hinaus.

> Der Gast aus Deutschland wähnt sich in einer Miniaturausgabe von Berlin-Kreuzberg oder dem Hamburger Schanzenviertel.

Das ist natürlich eine eurozentrische Perspektive, aber es erklärt die Gemütslage des Reisenden: überaus entspannt.

In dem kleinen Café *Eat Your Heart Out* bringt der Kellner gut abgestimmte Smoothie-Kreationen: Rote Bete mit Apfel, Melone mit Minze, Karotte mit Ingwer. Die Speisekarte steht auf einer Schiefertafel, die mit einem Holzrahmen eingefasst ist. Der Kaffee ist mild und aromatisch. Im *Little Addis Café* nebenan gibt es äthiopische Küche, im *House of Baobab* um die Ecke Spezialitäten aus dem Senegal. Die *Fabulous Burger Boys* belegen das Rindfleisch auch mit Blauschimmelkäse; alles junge, gut aussehende, motivierte Männer. Allerbeste Organic-Food-Idylle. Ein Mittagessen kostet vielleicht zehn Euro – für einen Urlauber, der 600 Euro für den Flug nach Südafrika ausgeben kann, ist das … völlig okay.

Im Café sitzt auch James Rood, Mitte dreißig, er hat die Statur eines Footballspielers. »*This place is fucking beautiful*«, so fasst er die Atmosphäre zusammen. Rood war lange fort und kann sich an diesen Ort hier nicht erinnern. Der gebürtige Südafrikaner wuchs in Johannesburg auf, als Weißer in Hillbrow, einem der kriminellsten Viertel der Stadt. Er ging nach England, arbeitete für eine norwegische Ölfirma, machte gutes Geld. Jetzt ist er zurück in Südafrika, besucht Verwandte, die Arbeit hat er gekündigt. Rood ist in Johannesburg also Einheimischer und Tourist zugleich. Die Immobilien in Maboneng sind erschwinglich für ihn. Es ist womöglich dieser sonnige Tag im April, der seinem Leben eine neue Wendung geben wird.

Shoppen und schlemmen – beschützt von einer privaten Sicherheitsfirma

Samstagmorgen, das Wochenende hat begonnen. Stilsicher gekleidete Bohemiens führen ihre Garderobe aus: Skinny Jeans, Vintage-Shirts, Sakkos mit Einstecktuch, Sneaker in Bonbonfarben, schwere Goldketten, die mit scheinbar großem Ernst, aber wohl doch ein wenig halbironisch getragen werden. In dieser »*connected urban neighbourhood*«, so steht es auf einem Schild, sind die Leute gut drauf – was vermutlich auch damit zusammenhängt, dass sie für südafrikanische Verhältnisse ziemlich wohlhabend sind. Die Touristen aus Europa, die vom Stil her deutlich gegen die Einheimischen abfallen, laufen staunend die Fox Street entlang und fragen sich, ob sie hier wirklich in der Innenstadt von Johannesburg sind. Kurze Anmerkung: Sicherheitsleute stehen an jeder Straßenecke.

Johannesburg hatte lange den Ruf der gefährlichsten Stadt der Welt. Das war in den Neunzigerjahren, als die Apartheid abgeschafft worden war und die Geschäftsleute aus der Innenstadt fortzogen, um sich im Norden der Stadt niederzulassen. Die Mordrate soll damals die Zahl der Verkehrsunfälle überstiegen haben. Heute genießt Johannesburg einen kleinen, gesunden Hype. Die Downtown gilt für weiße Touristen allerdings immer noch als No-go-Zone. Nicht jedoch Maboneng.

»*It was a rough place*«, erzählt Dario Manjate, der die Gegend schon kannte, bevor *Propertuity* 2009 damit begann, Gebäude aufzukaufen und an junge Unternehmer zu vermieten. Der Künstler ist an diesem Abend nach Maboneng gekommen, weil in der Galerie *Imba Ya Sarai* eine Ausstellung eröffnet, die seine Werke zeigt. Es sind Collagen aus Magazinschnipseln, mit etwas Abstand erkennt man darin ein Frauengesicht. Es gehört Manjates Nichte.

Dreimal sei er in der Downtown mitten am Tag überfallen worden, berichtet der Südafrikaner.

Gäbe es Maboneng nicht, sagt er, dann müsste man in der Gegend große Angst haben.

Er habe nie geglaubt, dass es hier einmal so sicher sein würde. In den Häusern der Nachbarschaft könnten sich keine Kriminellen mehr verstecken, im Gegensatz zu den »*vandalized buildings*« ganz in der Nähe. »*I hope there will be more places like this*«, sagt Manjate. Für ihn als Künstler wäre das förderlich.

»*This place has become a hotspot*«, findet auch Ben Tuge, ebenfalls Künstler, der hier seine Werke ausstellt. Er trägt eine schwarze Lederjacke, eine schwarze Mütze, die Brille hängt ihm vor der Brust. Tuge kam vor fünfzehn Jahren aus Simbabwe nach Südafrika. Auch die Kunst sei für ihn eine Reise gewesen. »*You have to practise. You have to understand yourself.*« Seine aus weichem Holz geschnitzte, etwa einen Meter hohe und überaus anmutige Frauenfigur kostet 18 000 Rand. Der deutsche Besucher rechnet nach: mehr als 1000 Euro – doch etwas zu viel für ein Mitbringsel.

»We don't want Maboneng«

Die Menschen, die vor einem Monat nur ein paar Blöcke weiter auf die Straße gingen und irgendwann Geschäfte plünderten, müssten für Ben Tuges Figur statistisch gesehen ungefähr drei Monate arbeiten – wenn sie Arbeit hätten. Es sind solche Zahlenspiele, die vielleicht erklären, warum die Stimmung so aufgeheizt ist, dass sie sich in einem derartigen Gewaltausbruch entladen hat. »*It was just a matter of time until Jeppe locals stood up against the aggressive development of Maboneng*«, kommentierte eine Frau auf Twitter.

Fotoreporter John Wessels fährt den Ort des Geschehens noch einmal ab. Er steuert seinen Wagen über die Main Street, dann in die Betty, die Marshall und rüber zur Madison Street. Er fährt nicht zu schnell und nicht zu langsam. Und nicht zu weit nach Süden, denn er will nicht, dass sein Gesicht dort erkannt wird.

Keine zehn Minuten zu Fuß von Maboneng entfernt steht das sogenannte Hostel, wo früher die Mitarbeiter der staatlichen Minenfirma wohnten. Eine Wohnbaracke, in der heute mehrere Hundert Männer unter erbärmlichen Bedingungen leben. Das Haus wurde wie so viele Gebäude in der Innenstadt irgendwann einfach besetzt. Wessels fährt nicht direkt dort vorbei. Aber er zeigt die geplünderten Shops in der Nähe, die Einschusslöcher der Polizeigeschosse, Schmauchspuren an den Fassaden. Auf einer Wand steht in gesprayten Buchstaben »*We don't want Maboneng*«.

Viele Menschen hier seien in Gangs organisiert, erzählt Wessels, der auf seiner Fahrt die andere, die Kehrseite von Maboneng zeigen will.

Die Demonstration sei gut abgestimmt gewesen, alle hätten Bescheid gewusst. Wie auf Kommando seien Steine von den Dächern geflogen, als die Polizei anrückte. Er hat auf den Häusern schon Männer mit Feuerwaffen gesehen.

Wessels kennt die Gegend gut, er wohnt seit einiger Zeit in Maboneng, nimmt aber gewissermaßen die Rolle des neutralen Beobachters ein. Er grüßt die Verkäufer auf dem nahen Zulu-Markt, den Schrotthändler aus Indien, die Einwanderer aus Benin oder Mosambik mit ihren kleinen Shops, den ehemaligen Jäger und Extremsportler Swazi Werner in seiner abgedrehten *Zebra Bar*, wo fast hundert ausgestopfte Antilopen, Zebras und Affen an der Wand hängen. Wessels hält ihn fest, den Gegensatz aus Arm und Reich, der hier auf besonders engem Raum offensichtlich wird.

Alles sei ein Missverständnis gewesen, erklärt Bheki Dube, Betreiber des *Curiocity Backpackers* an der Fox Street. Auch ein Hostel, aber in diesem Fall erste Anlaufstelle für Traveller, die auf ihrer Südafrika-Rundreise keinen Bogen um Johannesburg machen. *Propertuity* habe den kritischen Räumungsbescheid nicht geschickt, sondern eine andere Immobilienfirma, sagt Dube. Das ist richtig. In den lokalen Medien und sozialen Netzwerken wurde spekuliert, welches Unternehmen es gewesen sein könnte, *Propertuity* jedenfalls nicht. Doch das Vorzeigeprojekt Maboneng war als Projektionsfläche für die Wut der Habenichtse einfach zu passend. Weil der Aufstand von der Polizei niedergeschossen wurde, kehrte allerdings schnell wieder Ruhe ein.

Bheki Dube spricht nicht gerne über die denkwürdige Nacht vor vier Wochen. Lieber erzählt er von der Zukunft. »*This is the most talked-about neighbourhood of Johannesburg*«, sagt er. Zwar gibt es auch andere Kreativstandorte wie 44 Stanley in Richmond, aber dort ist alles gehobener, es werden antike Möbel aus Europa verkauft. Auch Melville ist nicht fern, wo man über keine Mauer steigen kann, ohne dass der Strom einen umwirft.

Maboneng dagegen hat einen wilden Ruf.

Die überschaubare Nachbarschaft könne ein Vorbild für die Stadt sein, findet Dube. Tatsächlich will die Stadtregierung die Downtown wiederbeleben, Plakate an leer stehenden Hochhäusern kündigen eine »*radical transformation*« an. Dube sieht in Maboneng so etwas wie einen Funken, der die ganze Stadt anfeuern könnte. Er wählt eine andere Metapher: »*Let the bubble grow, let it explode and spread up.*«

Dube lässt keinen Zweifel daran, dass er es ernst meint. Der Selfmade-Unternehmer ist Fotograf, er reiste durch Südafrika und machte Bilder von Hostels, schaute sich Konzepte an. Dann kam *Propertuity* mit CEO Jonathan Liebman, der unter anderem in Brooklyn gelernt hat, wie man verrufene Stadtteile in Szeneviertel verwandelt. Das *Curiocity* war geboren, Ableger in Kapstadt und Durban sind schon geplant. »*In five years, this will be the leading hostel in South Africa*«, prognostiziert Dube. Er ist 23 Jahre alt.

Das *Curiocity* ist ein Ort, wie ihn sich der Reisende wünscht: Industriedesign, günstige und saubere Zimmer, freundliche Mitarbeiter, die Stadtführungen und Ausflüge organisieren. Man erzählt die spannende Geschichte, dass Nelson Mandela sich einst in dem Gebäude versteckt hielt, als er in der Zeitschrift *Fighting Talk* für den African National Congress (ANC) politische Streitschriften veröffentlichte. Abends wird zusammen Billard gespielt, und viele Touristen hier glauben schon nach kurzer Zeit kleine Freundschaften mit den »*locals*« zu schließen.

> Der in Deutschland etwas überstrapazierte Kampfbegriff Gentrifizierung ist auch in Johannesburg ein Schlagwort, das für Diskussionen sorgt.

Dube hält ihn mit Blick auf Maboneng für nicht passend. »*The rents go up. That's natural progression*«, sagt er. Im Übrigen brauche man das Geld der »*upper class*« – er hält kurz inne und ergänzt: und der »*middle class*« –, um ein Viertel zu entwickeln. Wenn die Regierung sich so ein Projekt vornehme, dann dauere das drei oder vielleicht auch fünf

Jahre, bis etwas passiere. Oder es tue sich überhaupt nichts. *Propertuity* ist da deutlich schneller und mit seiner Expansion noch lange nicht am Ende.

An der Ecke Beacon/Lower Ross steht James Rood vor einem gewaltigen Wohnblock mit dem Konterfei Nelson Mandelas. *Propertuity* renoviert das Gebäude; Arbeiter hocken auf dem Dach, im Erdgeschoss gibt es ein Geschäft, das durch ein Schild schon als zukünftige Cupcake-Bar ausgewiesen ist. Die Immobilienfirma informiert über die Apartments, die hier entstehen sollen. 45 bis 65 Quadratmeter, das sei für ihn zu wenig, sagt Rood. 100 Quadratmeter seien besser. Im *Curiocity* lässt er sich später die Baupläne des Wohnkomplexes zeigen.

Propertuity gehören nach eigenen Angaben bereits mehr als 35 Gebäude in der Gegend. Maboneng soll vor allem nach Norden hin wachsen, mit Prestigeobjekten wie dem *Hallmark House* an der Siemert Road, »*the most desirable lifestyle space on the African continent*«, wie es in der Werbebroschüre heißt. Die Penthouse-Suite hat 125 Quadratmeter plus eine 48 Quadratmeter große Außenterrasse. Aber auch südlich der Fox, mehr in Jeppestown, sind moderne Apartmentkomplexe geplant. Einer heißt *Craftsmen's Ship*, designt vom bekannten südafrikanischen Künstler Stephen Hobbs. Insgesamt 193 Wohneinheiten gibt es, außerdem einen Pool. 29 Quadratmeter sind für knapp eine halbe Million Rand zu haben, das sind 30 000 Euro, ein echtes Schnäppchen.

Noch sehen viele Straßenzüge trostlos aus. Ärmlich gekleidete Menschen schieben sich an Häuserwänden entlang, die Bürgersteige sind aufgerissen, Ratten wühlen im Müll. In welchen Gebäuden einmal die urbane Kreativ-Elite Johannesburgs residieren wird, davon zeugen an vielen Stellen bislang nur Graffiti. Es sind keine hingeschmierten Tags, sondern großflächige Kompositionen von angeheuerten Künstlern, so wie das Bild von Mandela, das Touristen begeistert von der tollen »Street Art« schwärmen lässt. *Propertuity* bedient sich einer Ausdrucksform der Straße, aber es bleibt offen, ob es ein Zeichen der Annäherung ist oder

der Verdrängung, die Vereinnahmung des Gegners mit den Mitteln der anderen Seite.

Organic-Food-Idylle

Auf dem Food Market im *Arts on Main*, einer alten Lagerhalle, in der Maboneng gewissermaßen seinen Anfang nahm, stellt man sich solche Fragen eher nicht. Dafür gibt es ausgezeichnete Küche. Thai-Gerichte, Currys, Burritos, Kuchen, *craft beer* aus Soweto. An vielen Ständen werden Probierhäppchen angeboten.

Alles wirkt erstaunlich bürgerlich.

Als Vorbild dient der *Neighbourgoods Market* in Braamfontein, der auch erst 2006 von zwei jungen Kreativen gegründet wurde und für das neue, trendbewusste Johannesburg steht. Viele Köche trifft man auf beiden Märkten. »Kulinarik ist ein großes Thema«, würden Tourismusvermarkter die Bedeutung des Arts on Main für Maboneng beschreiben.

Viele Touristen snacken sich hier durch den Mittag, aber auch wohlhabende Johannesburger aus den reichen Vororten im Norden, aus Sandton und Rosebank, wo es aussieht wie in Europa. Sie kommen mit ihren Limousinen und SUVs herunter, weil diese Nachbarschaft hier ein hippes und gleichzeitig sicheres Wochenendvergnügen verspricht. Und tatsächlich wirkt ja eine Gated Community wie zum Beispiel Melrose im Gegensatz zu Maboneng unendlich trostlos.

Abends verlagert sich das Treiben in Richtung *Patapata*. In dem Restaurant werden Weinflaschen entkorkt und zarte Filets serviert. Im Theater nebenan interpretiert eine junge Künstlergruppe Shakespeares *Sommernachtstraum*. Und in der *Rooftop-Bar* in der Kruger Street genießen junge Menschen ihren Sundowner. Ein DJ legt auf, über Johannesburg geht die Sonne unter. Maboneng, das ist ein Ort für die neue kreative Klasse im Sinne Richard Floridas, die Avantgarde der Globalisierung, junge Unternehmer, für die guter Geschmack und Stilempfinden immer schon fast genauso wichtig waren wie Produktivität und Geschäftssinn.

Eine junge Schmuckdesignerin auf dem *Arts On Main* hat eine andere Perspektive auf das Viertel: »*It's escapist land. It's a peep show.*« Die junge Frau will nicht, dass ihr Name irgendwo erscheint, sonst werde sie nicht mehr eingeladen. »*You can't have one street that is paralyzingly clean, and everything around is falling apart*«, sagt sie. Die lokale Gemeinschaft profitiere kaum. »*They call it community development, but it isn't.*« Man nutze die Menschen und ihre Kultur für das Image des Viertels. »*But how are they empowered?*« Inwieweit werden die armen Menschen rund um Maboneng ermächtigt, ihr Leben zu verbessern?

Make the world a better place …

Propertuity liefert ein paar Antworten: »*A great part of the Maboneng Precinct is about empowering young entrepreneurs and growing the local economy*«, teilt das Unternehmen mit. Günstige Mieten sollen den Menschen die Möglichkeit geben, ihr eigenes Geschäft zu starten. Es gibt das Konzept »*Made in Maboneng*«, das den Verkauf von lokal hergestellten Waren fördern soll. Mit dem *Lalela Project* hat sich eine Initiative in Maboneng eingemietet, die Kinder von der Straße künstlerisch ausbildet, um ihnen auf diese Weise ein Einkommen zu ermöglichen. In einer Galerie werden Shirts und Postkarten der Marke *iwasshot in joburg* verkauft. Das gefährliche Image der Stadt kommerziell vermarkten, um den armen Kids zu helfen – warum nicht?

Dass sich Maboneng und die Welt jenseits seiner Grenzen aber höchstens im Rahmen von Charity-Projekten näherkommen, dürfte allein am Preisniveau liegen. Kaum einer der ursprünglichen Bewohner kann es sich leisten, hier zu essen, zu feiern oder einzukaufen.

Das Kulturangebot wird von und für Menschen gestaltet, die nicht aus Jeppestown kommen. Der Pub *Fox Den*, wo zu hypnotischer Musik billiges Bier getrunken wird, liegt eine Minute vom *Patapata* entfernt. Es sind zwei Welten, die nichts miteinander zu tun haben.

James Rood fährt nachts mit einem Mietwagen durch die Stadt. Er war in Melville essen, abends ist dort nicht mehr viel los. Das Auto rollt jetzt durch Hillbrow, das Viertel seiner Kindheit, zurück in Richtung Maboneng. Der Strom ist ausgefallen, das passiert gerade häufig in Johannesburg, weil die Kraftwerke überlastet sind. Rood schnippt die Zigarette aus dem offenen Fenster in die Düsternis der Nacht und denkt nach. Soll er zuschlagen? »*Maybe that's the most stupid idea of my life*«, sagt er. Am Ende wird er zwei Apartments kaufen.

Letzter Abend in Maboneng, das *Patapata* hat heute geschlossen. Überhaupt ist es verdächtig leer im ganzen Viertel. In Südafrika kommt es gerade zu rassistischen Ausschreitungen gegen Einwanderer aus anderen afrikanischen Ländern. In Durban hat man einem Mann einen Autoreifen übergestülpt und diesen in Brand gesteckt. Die Shops der Einwanderer in Jeppestown sind verbarrikadiert. Wieder gibt es Plünderungen, brennende Reifen, Schüsse in der Nacht. Die Mitarbeiterin im *Curiocity Backpackers* öffnet die Vordertür und lauscht. Die Straße hinauf grölen Männer. »*It is not safe*«, sagt sie zu ihren Gästen.

Für *Propertuity* ist Maboneng ein gutes Geschäft. Aber auch eine Vision, die von dem Wunsch getragen ist, die Welt besser zu machen. Womöglich geht beides oft Hand in Hand. Es ist ein Ort, an dem der Reisende aus Mitteleuropa seine Lebenswelt wiederfindet und sich deshalb wohlfühlt. Gentrifizierung auf die harte Tour, in einem Land, wo die Reichen besonders viel haben, die Armen gar nichts und der Staat keinen Ausgleich schafft. »*Maboneng is a place of light*«, erklärt *Propertuity*, »*and home to the children of the world.*«

So einfach ist es nicht.

Südtirol

LIEBE DOLOMITEN, ICH BIN ZURÜCK

Die Berge und ich. Das war nie einfach. Einerseits ist da in meinem Kopf diese Heidi-Idylle, andererseits eine Begebenheit aus meiner Kindheit. Und die war gar nicht lustig.

Von Gitti Müller

Heidi, das ist die Story von dem kleinen Waisenmädchen, das vor Glück förmlich zu platzen schien, solange es auf der Alm bei seinem schrulligen Großvater sein durfte. Es sprang über Bäche, hütete Schafe und Ziegen und hüpfte freudig über satte Almwiesen, Blumen pflückend und lachend. Die Geschichte spielt zwar in der Schweiz, aber egal. Hauptsache, Berge. Und schön kitschig und romantisch.

Doch dann ist da noch meine eigene Geschichte. Nicht die eines Waisenkinds. Aber so ähnlich: Meine erste Zugfahrt ohne Eltern ging in die Berge, nach Südtirol. Ich war gerade so alt wie Heidi, nämlich fünf. Es ging nicht auf eine Alm, sondern in ein Erholungsheim für Kinder. Und ich verstand das alles nicht. Sah meine Eltern auf dem Bahnsteig in Köln winken, während der Zug zu meinem Entsetzen losfuhr. Er fuhr und fuhr, und ich weinte und weinte. Meine achtjährige Schwester versuchte mich zu trösten, hilflos und genauso traurig wie ich. Um uns herum andere viel zu kleine Kinder mit viel zu großen Koffern. Nie wieder habe ich später eine Bahnfahrt als so unendlich lang empfunden. Und nie wieder habe ich mich so abgrundtief verlassen gefühlt. Dann, als ich längst keine Tränen mehr hatte und mich nur noch ab und zu ein unterdrücktes Schluchzen schüttelte, hielt der Zug an.

Es war schon dunkle Nacht am Brennerpass. Plötzlich hörten wir Schüsse und Detonationen. Der Zug fuhr nicht weiter. Wir Kinder waren verstört und hatten Angst, klammerten uns an Puppen und Teddybären und harrten zitternd die ganze Nacht aus. Am nächsten Tag titelten die Zeitungen: »In Südtirol krachen die Bomben«. Aktivisten wollten mit Bombenanschlägen Autonomie und die Loslösung von Italien erzwingen. Es war die »Feuernacht« 1961, der letzte bewaffnete Kampf um Südtirol. Nach diesem Erlebnis konnten mir die Berge gestohlen bleiben.

Ich mochte sie nicht. Sie waren mir unheimlich und fremd.

Nur im Winter, wenn der Schnee schroffe Felsen und steile Hänge zuckerweiß gepudert hatte, schienen sie mir freundlicher. Aber jetzt, so viele Jahre später, will ich es wissen: Kann ich mich in den Bergen wohlfühlen, auch im Sommer? Wenn ich nur die Schatten der Vergangenheit loslasse? Ich liebe die trockene Bergluft, die Weite und die erdverbundenen Menschen in den Anden. Warum nicht die Dolomiten? Also auf denn. Umkehren kann ich ja immer noch.

Auf der Suche nach Ruhe

Bitte einmal komplett das System herunterfahren, dann aufladen und Neustart.

Bis Bozen geht es flott im ICE. Viel schneller als damals. Dann werden die Züge immer kleiner und langsamer. Nadelwälder ziehen vorbei, erste Felsmassive kommen in Sicht. Und wieder erinnere ich mich an die kindliche Angst. Wie schlimm muss es für meine Eltern gewesen sein, die als Kinder den Krieg erlebten und ständig weggeschickt wurden, Ziel unbekannt. Und wie muss es heute für all die Flüchtlingskinder sein, aus Syrien, Eritrea und Somalia? Wie viel Schmerz können Kinderseelen aushalten? Wie viel Unrecht können Menschen ertragen? Das Chaos in der Welt, die Krisen und das Elend, die nicht enden wollenden schlechten Nachrichten, die täglich über das Internet und die Medien auf mich herabprasseln, auch das treibt mich in die Berge. Auf der Suche nach Ruhe. Bitte einmal komplett das System herunterfahren, dann aufladen und Neustart. Man sagt, dass die Berge Energie haben. Bitte, liebe Berge, gebt mir davon ab und erdet mich.

Alles andere als geerdet laufe ich über eine wankende Hängebrücke im Val di Fiemme. Unter mir tobt ein Wasserfall. Ich widersetze mich dem Drang, schnell hinüberzulaufen um wieder festen Boden unter den Füßen zu haben, und bleibe mitten auf der Brücke stehen. Innehalten. Es duftet nach Fichten. Die Luft strömt weich und würzig in meine Lungen. Die Augen ertrinken in Grün. Ich bin im Val di Fiemme, im sogenannten Geigenwald. In dieser Gegend kommen auf einen Einwohner etwa 2000 Bäume. Nicht nur Fichten. Auch Rottannen, Zirbelkiefern, Föhren und Lärchen verströmen ihr Parfum. Wacholderdurft als Zugabe. Tief durchatmen. Schön ist es hier.

Berühmt wurde der *Foresta dei Violini*, weil seine Nadelbäume außergewöhnliche Holzqualität haben und das Geheimnis der alten Geigenbaumeister hüten:

Der große Stradivari soll persönlich gekommen sein, um das Holz für seine Violinen auszusuchen.

Mit diesem Holz erzielt man Höchstpreise. Berge, Weiden und Wälder werden hier als Gemeinschaftseigentum verwaltet und bewirtschaftet.

Der wichtigste Mann in einem so kostbaren Wald ist der Förster. Und den treffe ich jetzt. Giuliano ist um die sechzig; kurzes, fast weißes Haar lugt vorwitzig unter seiner mit Goldrand verzierten Försterkappe hervor. Rosige, gesunde Hautfarbe, grüne Augen unter buschigen Brauen. Der Förster lacht viel und gerne. Kein Wunder: Er tut, was er liebt, und liebt, was er tut. Den ganzen Tag. Die ganze Woche. Seit vielen Jahren. Begeisterung blitzt aus seinen Augen. Eigentlich sei seine Arbeit keine Arbeit, sondern pure Entspannung und Spaß, verkündet er. Wenn er nicht den Wald hütet, ist er als Bergführer unterwegs. Ich staune nicht schlecht, als er mir erzählt, wo er schon überall war: in den Anden Perus und Ecuadors, in Argentinien, Nepal, Tansania, in der Türkei und in Marokko. Und was immer auf der Welt passiert, Giuliano macht sich keine Sorgen. Nie. Er habe sich abgewöhnt, allzu viel auf die Nachrichten aus den Medien zu geben, sagt er. Deshalb reise er: um sich selbst ein Bild zu machen. Und so schlecht wie in den Nachrichten sei die Welt nun mal nicht. Trotzdem freue er sich, wenn er wieder zu Hause in den Dolomiten sei. Denn da sei es am schönsten.

Giuliano nimmt mich mit. »Nach oben«, sagt er grinsend, »dorthin, wo die Bäume nicht mehr wachsen, zu den Felsmassiven des Rollo.«

Wow, ja, das sind die Dolomiten. Wie Zacken, wie Fontänen aus Stein ragen sie jäh aus den sattgrünen Wiesen empor. In ganz Südtirol und dem Trentino tauchen Dolomitengruppen mit ihren Zinnen und Gipfeln auf wie Felsinseln. Sie haben klangvolle Namen wie Langkofel, Plattkofel, Latemar, Sella, Marmolada und Civetta. Wir stehen gerade vor der Palagruppe mit den Gipfeln Pala, Vezzana und Bureloni. Die Berge verändern ihre Farbe je nach Tageszeit, Wetter und Licht. »Sie können weiß sein wie der Schnee, gelb wie die Sonne, grau wie die Wolken, rosa wie eine Rose, schwarz wie verbranntes Holz, rot wie Blut. Was ist die Farbe der Dolomiten?«, fragte schon Dino Buzzati, ein italienischer Schriftsteller aus dem Dolomitenort San Pellegrino.

Die Dolomiten gelten seit 2009 als UNESCO-Weltnaturerbe und zählen zu den fünfzig schönsten Landschaften Europas. »Woher kommt eigentlich der Name?«, frage ich Giuliano. »Stammt er vom gleichnamigen Gestein?« – »Nein«, lacht Giuliano, »der Name kommt aus Frankreich, oder besser gesagt von einem Franzosen.« Gut, dass das Gebirge nicht seinen kompletten Namen trägt, denn der lautet: Déodat Guy Sylvain Tancrède Gratet de Dolomieu. Gelebt hat der kleine Mann mit dem langen Namen von 1750 bis 1801. Er war Geologe und entdeckte im Trentino eine »merkwürdige Gesteinsart, die wie Kalk aussieht, aber kein Kalk ist«. Und schon war das Dolomit geboren. Fortan erhielt auch die Alpenregion den Namen Dolomiten.

Je höher ich komme, desto weiter scheinen meine Gedanken zu schweifen. Ich befinde mich jetzt 3000 Meter über dem Meeresspiegel. Die Luft ist glasklar. Ich sitze, schaue und staune. Unglaublich, dass das hier alles mal ein Meer war und die Spitzen der Dolomiten Riffe im Wasser! Es dauerte 280 Millionen Jahre, bis dieses Gestein auf dem Meeresboden entstehen konnte. Korallen, Kalkalgen und Muscheln hatten ihren Anteil daran. Vor achtzig Millionen Jahren schob sich die Afrikanische Kontinentalplatte gegen die Eurasische und die Erde schlug Falten. Korallenriffe und Meeresboden tauchten aus dem Wasser auf: die Dolomiten. Irgendwie ist es sehr beruhigend zu wissen, wie viel Zeit und welche Naturgewalten diese Felsen geformt haben. Diese Beständigkeit, der Ausdruck von Sicherheit und Kraft, ist etwas, das mir fehlt in unserer schnelllebigen Zeit, wo alles anders ist, kaum hat man sich an etwas gewöhnt.

Das Konzert

Ein Konzert auf dem Gipfel zum Sonnenaufgang?
Klar bin ich dabei!

Ich war Feuer und Flamme, als ich von dem Konzert hörte. *Sounds of the Dolomites* ist eine Institution im Trentino. Das Festival findet während der Sommermonate statt, und immer an ganz besonderen Orten. Seit nunmehr zwanzig Jahren!

Als mein Wecker um 3.30 Uhr klingelt, ist meine Begeisterung auf dem Nullpunkt. Müde steige ich die knarzende Treppe meiner Herberge hinunter. Aber dann überrascht meine Wirtin mich mit Kaffee und Croissants (um diese Uhrzeit!) und meine Laune steigt steil an. Schnell gefrühstückt und ab zur Gondel.

Es ist noch dunkel und kühl. Trotzdem herrscht Hochbetrieb wie im Winter. All diese Menschen sind freiwillig mitten in der Nacht aufgestanden. Später erfahre ich: Es sind rund 3000, die an diesem Morgen auf den Gipfel Col Margherita hochfahren, um das Konzert bei Sonnenaufgang zu erleben. Mario Brunello und Dave Douglas tragen ihre schweren Kontrabässe auf dem Rücken. Ihre Frauen schleppen die schlafenden Kinder. Als die Gondel oben ankommt, stockt mir der Atem beim Anblick der Kulisse: Es dämmert, die Bergketten am Horizont erscheinen in unterschiedlichen Blau- und Grautönen.

Wie eine Karawane steigen Musiker und Publikum den Pfad etwa zwei Kilometer abwärts, dorthin, wo die Bühne aufgestellt ist. In den Felsen lagern bereits Hunderte, zum Teil in Schlafsäcken oder eingemummelt in Decken, und trinken Tee oder Kaffee aus Thermosflaschen. Die Luft ist kalt, der Fels auch. Meine Sitznachbarin reicht mir eine Decke. Ich bin ihr heute noch dankbar dafür. Denn auch wenn es tagsüber heiß werden kann in den Bergen – nachts kühlt es bis auf unter zehn Grad ab. Ich ziehe die Decke eng um mich und lasse den Blick in die Ferne wandern. Langsam färbt sich der Himmel rot. Die Musiker stimmen ihre Instrumente. Auch das, was da in der Luft schwingt, zwischen den erwartungsvollen Besuchern, der Stille des Morgens und der rötlichen Färbung des Himmels: Es ist eine ganz besondere Atmosphäre. Und dann beginnt die Musik, *Konzert e-Moll*, Antonio Vivaldi. Kraftvoll durchbrechen die ersten Töne die Stille; melancholisch und doch bisweilen leicht, fast fröhlich, steigen sie auf und scheinen alles mit ihrem Klang zu erfüllen. Gänsehaut pur. Bei einigen Zuhörern sehe ich Tränen.

Es liegt so viel Emotionalität in der Luft, dass ich mich wundere, wie die Musiker es schaffen, nicht zu weinen, während sie spielen.

Als das Konzert mit begeistertem Applaus zu Ende geht, ist es zehn Uhr. Die Sonne brennt und die Luft heizt langsam auf, trotz der Höhe. Im Tal liegen die Temperaturen in diesen Tagen über dreißig Grad, in Bozen sogar bei 38. Sehr ungewöhnlich. Ein idealer Zeitpunkt, um in die kühleren Berge zu flüchten. Vielleicht sind deshalb so viele Menschen unterwegs.

Den Abstieg mache ich zu Fuß. Ehrensache. Nach einer Weile verlasse ich den gut besuchten breiten Wanderweg und nehme den sogenannten Schäferweg. Auf schmalem Pfad geht es eine Weile bergab, dann wieder bergauf. Gelb leuchten Johanniskraut und Gauklerblume in würzig duftenden Wiesen, blau trumpfen Kornblume und Enzian zwischen den Felsen auf, Lilien und Fieberklee leuchten weiß am Wegesrand. Ziegen und Gämsen hier und dort. Es würde mich nicht wundern, wenn hinter der nächsten Biegung Heidi erschiene. Hüpfend und mit fliegenden Zöpfen.

Dann geht es konsequent nur noch bergab. Ich bin müde, meine ungeübten Beine schmerzen, die Schuhe drücken. »Mama, wann sind wir endlich da?«, sagt das Kind in mir. Meine 2-Liter-Flasche Wasser ist bald alle und richtig gefrühstückt habe ich auch noch nicht. Ich versuche tapfer, nicht an Hunger, Durst und Schmerzen zu denken, und denke an Hunger, Durst und Schmerzen. Dann erinnere ich mich an eine Übung aus dem Yoga, eine Atemmeditation. »So ham« (»Ich bin«). Ich denke »so« beim Einatmen und »ham« beim Ausatmen. Langsam komme ich in einen geradezu meditativen Schritt, setze einen Fuß vor den anderen, atme ein, atme aus, und die Schmerzen sind wie weggeblasen. Gegen eins bin ich im Tal, und von hier geht es schnurstracks mit einer Seilbahn auf meine Hütte. Keinen Schritt gehe ich heute mehr. Ich schwöre! Ein richtig zünftiges Essen mit jeder Menge Kalorien, das habe ich mir jetzt verdient.

Muskelkater – und ich steige trotzdem auf

Was ich von den Ladinern lerne und warum es auf der Alm so schön ist.

Der nächste Morgen: böses Erwachen. Die Treppe nach unten zum Frühstücksraum schaffe ich nur rückwärts. Ich habe so einen brutalen Muskelkater, dass ich bei jedem Schritt schreien könnte. Aber aufgeben? Kommt nicht in die Tüte. Ich habe mich nämlich inzwischen angefreundet mit den Bergen. Und heute will ich ganz oben übernachten.

In Campitello, dem Hauptort des Fassatals, treffe ich Alice. Abgefahrene weiße Sonnenbrille, braune Augen und Sommersprossen im ganzen Gesicht. Ich bin heilfroh, dass Alice mitkommt. Als Anfängerin in Sachen Wandern habe ich den Orientierungssinn einer durchgedrehten Kompassnadel. Also gar keinen. Alice hingegen ist hier geboren und aufgewachsen. Sie spricht Ladinisch, ist also so etwas wie eine »Eingeborene«.

Alice ist 29 Jahre alt. Sie sei stolz, eine Ladinerin zu sein, sagt sie, und wolle auf keinen Fall woanders leben. Rom, Mailand, Verona, coole Clubs und laute Partys? Ab und zu gerne, aber bloß nicht da leben! Früher sei die Provinz Trentino eine der ärmsten Italiens gewesen, und die Menschen mussten in die Städte abwandern, um zu überleben. Aber heute sei es eine der reichsten. Die jungen Leute gingen eine Weile weg zum Studieren, aber dann kämen sie wieder, sagt Alice.

Von Campitello aus geht es ebenerdig (juchhu!) nach Canazei, von dort aus ein Stückchen mit der Seilbahn (schummel, schummel) und dann zum *Rifugio Sasso Piatto*, der Plattkofelhütte. Ein Gewitter ist angesagt – hoffentlich schaffen wir es bis zur Hütte, bevor es donnert und blitzt. Unterwegs könnte ich doch ein bisschen Ladinisch lernen, denke ich. Aber Alice sorgt für Ernüchterung: »Welches Ladinisch willst du denn lernen?«, fragt sie. »Das aus dem oberen, dem mittleren oder dem unteren Fassatal?« 8621 Einwohner können sich nicht auf eine Sprache einigen? Krass. Und so traditionsbewusst, wie sie sind, haben die Ladiner zahlreiche Feste und Rituale, um böse Geister zu besänftigen und die guten bei Laune zu halten. Kein Wunder: In einer Umgebung, in der plötzlicher Hagel die Ernte zerstören kann, wo Erdrutsche ganze Dörfer unter sich begraben und wo Gewitter die Erde erzittern lassen, da ist der Glaube an Hexen und Geister naheliegend. Und so erzählen sich die Ladiner noch heute Märchen und Sagen aus dem Val di Fassa.

Wir machen eine kleine Einkehr bei dem Bildhauer Rinaldo Cigolla. Der ist über achtzig und arbeitet immer noch in seinem Atelier. »Der Blick aus dem Fenster auf die Berge«, sagt er, »gibt mir so viel Kraft. Was immer in der Welt geschieht, es macht mir keine Angst. Ich bin komplett sorglos.« Wow, das würde ich auch mal gerne von mir sagen. »Und wenn man dir eine große Villa und viel Geld verspräche, irgendwo anders auf der Welt, wo es auch schön ist? Würdest du das annehmen?«, frage ich. »Auf gar keinen Fall!«, ruft er fast empört. »Was für eine Frage! Wenn ich in meinem Atelier stehe und arbeite, schaue ich aus dem Fenster und weiß: Einen besseren Ort gibt es nicht auf der Erde. Wenn du die Natur liebst, bist du richtig hier. Es ist, wie wenn du den Tieren im Wald Heu gibst: Sie fressen alles mit Wonne. Das ist so emotional!«

Ich stelle mir vor: Diese Menschen haben Wurzeln, die tief in die Erde gehen.

Sie stehen wie eine Fichte, wiegen sich im Wind und bei Sturm, ertragen die schwere Schneelast im Winter und blicken stets auf diese Felsmassive. Unverwüstlich. Ich bin ein bisschen neidisch.

Wir setzen unsere Wanderung fort. Setzen Schritt an Schritt, steigen hoch und höher. Und ich merke: Je höher ich komme, desto leichter wird das Gewicht der Welt. Meine Schultern entspannen sich, ich bin oben leicht und unten schwer. Füße wie Blei. Aber der Kopf ist frei. Und der Himmel über mir wird immer dunkler. Wird uns das Gewitter erwischen? Doch dann klart es wieder auf. Ein bisschen erleichtert bin ich schon. Andererseits: Mit einem Dach über dem Kopf, auf der Hütte, hätte ich gegen das Naturspektakel nichts einzuwenden. Schaurig schön stelle ich mir das vor. Aber daraus wird wohl nichts.

Inzwischen sind wir auf der Alm Sasso Piatto angekommen. Sitzen, Schuhe aufmachen, Beine ausstrecken und die Aussicht genießen. Herrlich. Speck und Käse, Brot und frische Butter. Lecker. Alles selbst gemacht. Milch von glücklichen Kühen und Ziegen. Glöckchen läuten. Ein Murmeltier pfeift. Ansonsten Stille. Eine prickelnde Schorle. Das Leben kann so einfach sein.

Die Alm wird von Karl Kasseroler bewirtschaftet. Ein Baum von einem Mann. Er kommt seit zehn Jahren jedes Jahr im Sommer für drei Monate auf die Alm. Er hat 400 Schafe, zwanzig Rinder, siebzig Zie-

Guhonda, der gewaltigste Silberrücken auf dieser Erde.

Susanne Maier macht sich in Ruanda geduldig auf die Suche nach den Berggorillas. Und plötzlich geht alles ganz schnell. Es heißt, man solle diesen seltenen Tieren nicht in die Augen schauen. Doch ist es nicht genau das, was man will?

Christoph Karrasch erkundet die Corn Islands vor Nicaragua. Und wundert sich nicht, weshalb hier so viele Reisende hängen bleiben.

Hier passiert nichts Weltbewegendes. Wie wunderbar.

»Wir sind uns alle einig, dass der kleine 35-Quadratmeter-Schuppen in Tasmanien die coolste Wohnung ist, in der wir je gewohnt haben.«

Thor und Maria Braarvig gehen mit ihren vier Kindern auf eine Reise um die Welt – und finden die Antwort auf die Frage, wie sie ihr Leben leben wollen.

Eine Bandari, Bewohnerin der Golfregion des Iran, an ihrem Stand am Strand von Hengam.

Das Fischerdorf Laft auf der Insel Qeshm ist bezaubernd schön. Eingeklemmt zwischen Persischem Golf und schroffem Fels, bleibt es seit Jahrhunderten unverändert: Lehmhäuser, niedrige Türen, enge Gassen, Minarette und Windtürme, die kühle Luft in die Häuser leiten.

Josh Cahill in einem der verfallenen Säle des Darul-Aman-Palastes in Kabul.

Als Kind hatte Gitti Müller ein traumatisches Erlebnis am Brennerpass. Seither konnten ihr die Berge gestohlen bleiben. Eine Reise in die Dolomiten versöhnt sie mit der Vergangenheit.

Beeindruckende Panoramen, geheimnisvolle Wälder, Begegnungen mit Menschen, die tief in ihrer Heimat verwurzelt sind. Und ein Muskelkater wie noch nie.

Einmal über die Pyrenäen, die sich vom Atlantik bis ans Mittelmeer spannen. Die Transpirenaica ist ein Klassiker unter den Wandertouren, und Johanna Stöckl schließt sich für ein Stück einer Wandergruppe an.

»Das lange Gehen kostet Kraft, setzt aber auf einer anderen Ebene sehr viel Energie frei.«

Das moderate Tempo, mit dem man sich beim Wandern bewegt, schenkt einem die Möglichkeit, auf Details in der Natur zu achten.

Nach einem Volunteering-Einsatz in Uganda hat Steven Hille einen Plan: Er möchte helfen, einen neuen Brunnen zu bauen. Eine ungemein lehrreiche Zeit.

gen, fünf Schweine, zehn Pferde und zehn Milchkühe. Hilfe! Das hört sich nach ziemlich viel Arbeit an. Ist es wohl auch. Morgens um vier Uhr dreißig steht Karl auf. Nichts für Murmeltiere, denke ich. Nachdem er die Kühe zum Haus geholt und gemolken hat, muss er kontrollieren, wo die Schafe sind. Danach macht er Feuer im Ofen und knetet Brotteig. Um sieben Uhr gibt es Frühstück, danach wird das Brot gebacken. Tagsüber kommen Wandergäste zur Hütte, die verpflegt werden wollen. Um 21 Uhr geht Karl schlafen. Das Ganze sieben Tage die Woche, drei Monate lang.

Jetzt bin ich doch nicht mehr neidisch.

Trotzdem möchte Karl mit nichts und niemandem tauschen. Die Alm habe Suchtfaktor, sagt er. Und es gebe viele aus der Stadt, die immer wieder herkämen. Sie arbeiteten sogar mit, und das ohne Bezahlung. Karl legt seinen Schinken weg und klatscht vor Vergnügen in die Hände. »Der Psychiater kostet viel Geld und hier auf der Alm hast du die Gesundheit umsonst.« Lacht, geht zum Steinofen rüber und schiebt die vorbereiteten Brotlaibe hinein.

Schön ist es hier. Aber drei Monate Alm! Wäre das etwas für mich? Ich glaube nicht. Das sieht nach echter Knochenarbeit aus. Wenngleich ich mir vorstellen kann, dass die Seele und der immerzu rotierende Geist hier zur Ruhe kommen. Unbedingt.

Die Zeit in den Bergen hat mir gutgetan. Obwohl ich beim Abstieg beinahe schlappgemacht hätte: Das letzte Stück Weggefälle bin ich rückwärtsgegangen. Weil die Knie bei jedem Schritt geknirscht und geschrien haben. Jetzt sitze ich auf der Piazza von Trento bei einem Glas Wein und denke über meine Reise in die Dolomiten nach. Ja, es war schön, es war sogar sehr schön. Ich habe mich mit den Bergen versöhnt und die Schatten der Vergangenheit hinter mir gelassen. Wandern macht Muskelkater, aber eben auch den Kopf frei. Es ist, als weite es den inneren Horizont. Ich fühle mich leichter als bei der Ankunft und tatsächlich besser geerdet. Das Chaos in der Welt wird dadurch nicht weniger, das Leid der anderen nicht kleiner.

Aber was hilft es der Welt, wenn ich das ganze Chaos mit mir herumschleppe? Nichts. Und deshalb werde ich bei nächster Gelegenheit wiederkommen. Einmal erden und Batterien aufladen.

Iran

RASENDE SCHMUGGLER, EIN EINSAMER HIPPIE UND DIE FREUNDLICHSTEN DROGENDEALER DER WELT

Im Iran geraten wir an ungewöhnliche Mitfahrgelegenheiten.

Von Rochssare Neromand-Soma und Morten Hübbe

Fünf Augenpaare ruhen auf uns. Fünf bärtige Köpfe neigen sich zur Seite, um uns besser beobachten zu können. Neugierige Blicke treffen uns. Es dauert nicht lange und fünf schmutzige, von Motorenöl und Staub befleckte *Kanduras*, lange arabische Gewänder, schwingen gleichmäßig auf uns zu. Fünf Arme weisen in die Richtung eines Taxistands.

Die Sonne ist schon lange hinter dem Horizont verschwunden. Das künstliche Licht einer Straßenlaterne drängt die Dunkelheit der Nacht zurück, Abgase und Staub schwängern die noch immer heiße Luft. Wir sind müde. Die 350 Kilometer von Schiraz bis hierher nach Lar haben uns geschlaucht. Nicht weil die Strecke besonders schlecht ist, sondern weil man beim Trampen manchmal an Gesprächspartner gerät, die nicht leicht zu ertragen sind. Wenn es um die Deutung der deutschen Geschichte geht, treffen gelegentlich ganz gegensätzliche Ansichten aufeinander. Je weiter wir uns von unserem Heimatland entfernen, desto diffuser erscheint das Wissen über all die Tragik der Vergangenheit. Stattdessen wächst die unreflektierte Euphorie gegenüber obsessiven Persönlichkeiten. Es ist schwer, solche Gespräche auszuhalten, und so nutzen wir die erste Möglichkeit zum voreiligen Abschied. Als unser Gesprächspartner seinen Wagen an einer Moschee an der Schnellstraße parkt, um sich seinem Gebet zu widmen, halten wir kurzerhand eine weitere Mitfahrgelegenheit an, die uns bis nach Lar bringt.

Doch nun ist es Nacht. Noch immer liegen 250 Kilometer zwischen uns und Bandar Abbas am Persischen Golf. Natürlich hält niemand. Stattdessen versuchen die fünf Bärtigen uns noch immer an einen Taxistand zu verweisen. Neugierig umringen sie uns so nah, dass wir kaum noch von vorbeifahrenden Autos wahrgenommen werden können. Also versuchen wir uns in Erklärungen und drängen weiter auf die Straße, ins Blickfeld der Autofahrer, nur um von den fünf Männern belehrt zu werden, dass es auf der Straße gefährlich sei und wir weiter am Rand stehen sollten.

Doch irgendwann lassen sie uns in Ruhe. Wir warten, und tatsächlich hält ein Pkw. Drinnen sitzen zwei junge Männer, ausgestattet mit Jogginganzug und Anglerhut. Sie haben uns hier bereits länger stehen sehen, erzählen sie euphorisch, und möchten uns nun gerne nach Bandar Abbas fahren. Etwas zögerlich verfrachten wir unsere Rucksäcke in den Kofferraum. Beim Einsteigen stocken wir kurz. Dort, wo sich eigentlich die Rückbank befinden sollte, klafft eine Lücke. Lediglich die mit Auslegeware bestückte Karosserie dient uns als Sitzfläche. Anschnallgurte suchen wir vergebens. Wäre es helllichter Tag, würden wir niemals einsteigen. Doch in der Nacht sind Mitfahrgelegenheiten rar und so fügen wir uns unserem Schicksal.

Die beiden Jungs sind so aufgeschlossen und redselig, dass wir unser Gewissen schnell beruhigen. Es dauert auch nicht lange und wir erfahren, warum die beiden so spät noch auf dem Weg nach Bandar Abbas sind: Eine Schiffsladung Handys aus Dubai ist unterwegs und muss heute Nacht noch bis nach Schiraz gelangen.

Wir trampen mit Schmugglern!

Wir verlassen Lar, biegen auf den Highway, und plötzlich fühle ich mich wie auf dem Beifahrersitz von Tarantinos Stuntman Mike. Mit beinahe 200 km/h schießen wir über den Asphalt, drängen uns durch jede Lücke, überholen im Gegenverkehr, bis schließlich ein weißer Hyundai vor uns auftaucht. Schelmisches Grinsen schleicht sich auf das Gesicht unseres Fahrers, als er mit Tempo 140 nur noch wenige Zentimeter vom Heck des Hyundai entfernt ist. Unsere Gesichtszüge sind dagegen von einer aufkommenden Panik geprägt. Dann berühren sich die Stoßstangen beider Autos. Während unser Fahrer vor Freude lacht, möchten wir am liebsten schreien. Zwei weitere Male schubsen wir den Hyundai an, bevor dieser in den Gegenverkehr ausschert und beide Fahrer ein Rennen über die Fernstraße beginnen. Ich rechne jeden Moment mit dem Tod, als eine Stimme neben mir den Fahrer maßregelt.

»Weißt du, was ich mir von meiner Mama anhören muss, wenn ich wegen so einer Scheiße draufgehe?«

Zack, das hat gesessen. Augenblicklich verlangsamt der Fahrer das Tempo auf eine Geschwindigkeit, die noch immer weit über dem Limit liegt, uns aber nicht mehr den Angstschweiß auf die Stirn treibt. Dann klingelt das Telefon. Der Fahrer des weißen Hyundai will wissen, was passiert sei. Warum wir das Rennen abgebrochen hätten? Unser Fahrer gibt sich alle Mühe, aber es bleibt dem anderen unbegreiflich. Den Rest der Strecke versuchen wir unsere Nerven wieder zu beruhigen, was vor allem gelingt, weil unser Fahrer an einer Tankstelle ein Eis spendiert. Zu viert sitzen wir im Wagen und verputzen Schokoladeneis am Stiel. Danach ist alles vergessen.

Spät erreichen wir Bandar Abbas, wo sich unsere Wege trennen. Wir suchen unseren Gastgeber Omid, und die beiden Schmuggler fahren zum Strand und warten auf ihre Fracht.

Als wir Omids Wohnung betreten, ist diese bereits voll. Couchsurfer aus Deutschland und Portugal lümmeln überall herum. Wir gesellen uns dazu, erzählen von unseren Schmugglerfreunden, die uns soeben hierhergebracht haben, und erfahren mehr über Bandar Abbas und das Schmuggeln: Als größter Hafen des Iran und in unmittelbarer Nähe zu Dubai und den Arabischen Emiraten gelegen, ist die Stadt ein Mekka des Schiebergeschäfts. Jede Nacht kreuzen dunkelgraue Schnellboote den Persischen Golf, warten Pkws an den Stränden und geben Lichtzeichen hinauf aufs Meer. Vor allem Elektronik wird hier verschoben. Bandar Abbas ist wohl die einzige Stadt weltweit, in der ein LCD-Händler am Strand seine Waren verkauft. Heimlichtuerei scheint nicht vonnöten zu sein. Die Schaufenster des geräumigen Ladens sind voll bepackt und hell erleuchtet.

Doch der Strand ist mehr als nur Schmugglergebiet. Im Schutz der Dunkelheit werden hier Gesetze zu Richtlinien degradiert. Jugendliche rauchen Marihuana, Liebespaare treffen sich – alles, was bei Tageslicht unmöglich scheint, wird in der Nacht verwirklicht. Das nächtliche Sozialleben profitiert dabei von den Schmugglern, die mit etwas Schmiergeld die Polizei vom Strand fernhalten.

Doch darüber hinaus bietet Bandar Abbas, benannt nach dem persischen König Shah Abbas I., nicht mehr besonders viel. Allein der quirlige bunte Markt in Ufernähe ist einen Besuch wert. In den engen Gassen wird von Obst und Gemüse über traditionelle Kleidung bis hin zu Parfum und Duftwasser alles verkauft. Einige der Marktfrauen tragen die für die Region typische, farbenfrohe Tracht und verdecken ihr Gesicht mit der Burka, einer ebenso farbenfrohen Stoffmaske. Es sind Bandari, Bewohner der Golfregion – die einzigen Farbtupfer im sonst dunklen, trostlosen Hijab-Sumpf des Iran.

Ganz in der Nähe des Marktes befindet sich der Fischmarkt. Als wir am Abend hier eintreffen, ist die große gekachelte Halle bereits geschlossen. Doch rund um den offiziellen Fischmarkt reihen sich hölzerne Tische und Stände, an denen bis spät in die Nacht noch der letzte Fang verkauft wird. In der Auslage befinden sich Shrimps und Fische, die ein Körpergewicht von bis zu mehreren Kilogramm aufweisen. Selbst Kopffüßer mit glibberigen Körpern und großen Augen werden angeboten. Fischgeruch hängt schwer über Kunden und Verkäufern. Der Boden ist dreckig. Schuppen und abgetrennte Köpfe liegen überall herum. Müll und Unrat sammeln sich in Wasserlachen.

Insel-Hopping

Von Bandar Abbas aus besuchen wir Hormus, eine kleine vorgelagerte Insel. Es sind nur vierzig Minuten mit dem Boot, aber Bandar Abbas und Hormus trennen Welten. Dort die große Stadt mit all ihrer Geschäftigkeit, dem Hafen, den Schmugglern, und hier die Insel mit gerade mal 7000 Einwohnern in einem einzigen Dorf. Zusammen mit

Aaron, Till und Alfons, drei Couchsurfern aus Deutschland, betreten wir Hormus. Die Insel präsentiert sich ganz entspannt, außer ein paar Taxifahrern scheint niemand von uns fünf Neuankömmlingen Kenntnis zu nehmen. Wir spazieren entlang der Ufermauer. Ein paar Alte sitzen vor ihren Haustüren, folgen uns mit ihren Blicken, um sich dann wieder ganz sich selbst zu widmen. Kinder spielen Fußball am Strand.

Es dauert nicht lange und wir stehen vor einer alten Festung. Die Portugiesen, einst mächtige Kolonisatoren am Persischen Golf, bewachten von hier den Eingang zum Gewässer. Viel ist nicht mehr übrig, doch die massiven Mauern um den weiten Innenhof und ein paar rostende Kanonen zeugen noch von der früheren Bedeutung Portugals in dieser Region. Als sehenswert gelten aber vermutlich nur noch die unterirdische Kirche im Innenhof und eine riesige Zisterne mit integriertem Rundgang.

Wir haben schnell alles gesehen und machen es uns oben auf der Festungsmauer gemütlich. Die Sonne geht langsam unter und eine kühle Brise weht vom Meer zu uns herüber.

Als es dunkel wird, machen wir uns auf den Weg zum Strand. Wir haben von einer kleinen Künstlerkolonie gehört, die es sich zum Projekt gemacht hat, aus unterschiedlich farbigem Sand ein Bild zu erschaffen. Versteckt zwischen Dünen und Sträuchern finden wir die Kolonie. Mehrere Zelte und Holzkonstruktionen, Lagerfeuer, eine Schaukel am Baum, Wasserpfeifen, Marihuanageruch und das Rauschen des Meeres. Ein kleines Paradies, so scheint es. Etwa dreißig Personen, Männer, Frauen und Kinder, leben hier bereits seit einem Monat zusammen. Stolz erzählen sie von ihrer Vision, vom Projekt aus farbigem Sand. Das Areal sei bereits abgesteckt, berichten sie uns. Dann geht ein weiterer Joint durch die Runde. Eine Gitarre erklingt und jemand beginnt zu singen – mal melancholisch, mal fröhlich, mal albern. Alle sind sich einig: »Morgen fangen wir an. Vielleicht.«

Wir zelten etwas abseits der »Künstler«-Kolonie. Unter einem sternenklaren Himmel sitzen wir in schwarz glitzerndem Sand und schauen hinaus auf den Golf. Das Rauschen des Meeres wiegt uns, macht uns schläfrig. Ein, zwei Mal taucht Scheinwerferlicht weit draußen auf dem Golf auf, ohne dass wir den Umriss eines Schiffes erkennen können. Vielleicht Fischer, vielleicht Schmuggler. Auch Hormus ist als Umschlagsplatz für Hehlerware bekannt.

Der nächste Morgen beginnt mit einem Sprung in den Persischen Golf. Schon am frühen Vormittag brennt die Sonne ohne Gnade auf uns herab. Wir packen unsere Sachen zusammen und marschieren zurück ins Dorf. Sonne und Rucksack machen uns zu schaffen; Schweiß rinnt uns in dicken Tropfen über die Stirn. Wir haben kaum eine andere Wahl: Im Dorf gönnen wir uns das größte Eis, das wir auftreiben können. Dann geht es auf die Nachbarinsel Qeshm.

Jetzt im Winter ist Qeshm ein beliebtes Urlaubsziel für iranische Touristen. Das Wetter ist herausragend und die Insel eine Duty-free-Zone. Strand und Shoppen – das sind die zwei wichtigsten Gründe für einen Besuch in Qeshm Town, dem Hauptort der Insel. Hier treffen wir Ali, der sich selbst als Irans ersten und einzigen Hippie betitelt. Schnell merken wir jedoch, dass Ali vor allem Irans größter Kiffer ist. Es dauert keine sechzig Minuten und wir beobachten unseren Gastgeber, wie er in einer Häuserecke die erste von unzähligen Pfeifen mit Marihuana stopft.

Je besser wir Ali kennenlernen, desto deutlicher wird die Motivation für sein Hippietum. Eigentlich sucht er nur einen Grund zum Kiffen. Inspiriert von einigen Trash-Hippie-Komödien und entsprechenden Facebook-Gruppen, entwickelt Ali seine ganz eigene Theorie: Wer ein richtiger Hippie sein will, muss viel kiffen. Dann verbrennt wieder etwas Gras in seiner Pfeife. Auch Alis sonstige Vorbilder überraschen wenig. 2Pac gehört dazu, und seit Ali weiß, dass Snoop Dogg angeblich 75 Joints am Tag raucht, ist er sein größter Held.

Am Abend treffen wir Alis Freunde in ihrer Wohnung. Ein bunter Haufen Mittzwanziger, die auf den ersten Blick kaum etwas gemeinsam haben. Sie sitzen um einen niedrigen Tisch, gebastelt aus einem Lkw-

Reifen. Gras liegt in großen Mengen herum und wird beinahe im Minutentakt von einem der Anwesenden in Papier gewickelt und herumgereicht. Eine skurrile Situation, die wir so im Iran nicht erwartet hätten. Angst vor den Nachbarn und der Polizei zwingt die Menschen überall im Land zur Vorsicht, aber hier auf Qeshm, so erfahren wir, ist man wesentlich entspannter und toleranter, was das Gesetz angeht. Außerdem gibt es kaum genügend Polizisten, um Razzien durchzuführen. So sitzen wir also in einer dichten, süßlichen Rauchwolke und lernen Alis Freunde kennen.

Keiner von ihnen ist ein Hippie – natürlich nicht, denn Ali ist ja der erste und einzige im Iran.

Dafür haben sie ganz ähnliche Hobbys: Die Vierer-WG ist ein Drogenumschlagplatz. Amin, von drahtiger Statur und mit nachdenklichem Blick, dealt seit erfolgreichem Abschluss des Ingenieur-Studiums mit Marihuana und Koks. Ali, genannt Löwe Ali, ist immer fröhlich, muskelbepackt und bringt vor allem Opium unter das Volk. Ahmed, schmächtig und mit wachen Augen, macht sich demnächst mit einer Ladung LSD auf den Weg zum Festland. Es ist sein erster Auftrag als Zulieferer, und entsprechend nervös ist er. Mohsen, mit 34 Jahren der WG-Opa, baut irgendwo in der Nähe Marihuana an.

Die Dealer-WG nimmt uns voll in Anspruch. Jeden Abend verbringen wir hier. Jeden Abend verbringen wir mit anderen Menschen. Mal sind es Konsumenten, die an einer Großbestellung interessiert sind, mal sind es Dealer aus Schiraz, die auf Qeshm einen neuen Markt für sich eröffnen wollen, mal sind es einfach nur ein paar Jugendliche und Möchtegern-Hip-Hopper, die sich darüber ereifern, heute besonders bekifft zu sein. Ab und an kommen Kuriere vorbei. Dann wird die Qualität der Ware getestet, über den Preis verhandelt, werden auf dem Handy Fotos von Plantagen gezeigt.

Die WG wächst uns schnell ans Herz. Nicht wegen der Leute, die hier ständig herumlungern, sondern wegen der eigentlichen Bewohner. Amin, Löwe Ali, Ahmed, Mohsen – sie sind so ausgesprochen freundlich, dass sie unserem Stereotyp eines Dealers überhaupt nicht entsprechen. Ihre Wohnung ist sauber, wir bekommen ständig Chai serviert und Obst angeboten, es wird für uns gekocht – eine WG perfekter Gastgeber. Als wir einmal mit Ali unangemeldet reinschneien, wischt Löwe Ali, der sich ausnahmslos mit Opium und dem feinsten schwarzen Haschisch aus Afghanistan zufriedengibt, gerade beschwingt den Boden. Verglichen mit den versifften Drogen-WGs, die wir bisher in unserem Leben gesehen haben, sind wir hier in Qeshm Town im Paradies.

Während wir fröhliche Nächte mit unseren Dealer-Freunden verbringen, erkunden wir tagsüber die Insel.

Auf einem dieser Ausflüge bringen wir unserem Gastgeber Ali das Trampen bei.

Er ist fasziniert von der Idee, hat aber keine Vorstellungen davon, wie genau das Reisen per Anhalter funktioniert.

Also führen wir Ali in unsere Art des Reisens ein und lassen ihn direkt ein Auto anhalten. Es funktioniert. Zwei junge Männer halten mit ihrem Pick-up und nehmen uns mit. Schnell allerdings weicht Alis Freude über sein erstes angehaltenes Auto einem panischen Schock. Die beiden Männer geben sich als Schmuggler und Messerstecher zu erkennen, als Auftragsleute, die für sämtliche Tätigkeiten angeheuert werden.

Wir nehmen die Aussagen recht locker – es sind nicht die ersten Verrückten, zu denen wir ins Auto steigen –, doch Ali scheint ernsthaft besorgt. Er drückt sich an die Hintertür, jede Sekunde zum Sprung ins Freie bereit. Doch dazu gibt es keinen Anlass. Spätestens als die Messerstecher englischsprachige Musik für uns suchen und mit *My Heart Will Go On* von Céline Dion fündig werden, entspannt sich auch Ali wieder etwas. Gemeinsam erreichen wir das Fischerdorf Laft und machen zum Abschied ein Selfie mit den Schmugglern und Messerstechern. Ali hält sich im Hintergrund und ist sichtlich froh, sein erstes Tramper-Abenteuer überlebt zu haben.

Laft ist bezaubernd schön. Das Dorf, eingeklemmt zwischen Persischem Golf und schroffem Fels, ist seit Jahrhunderten unverändert. Lehmhäuser, niedrige Türen, enge Gassen, Minarette und Windtürme, die kühle Luft in die Häuser leiten. Selbst unter der gleißenden Mittagssonne finden wir an jeder Ecke ein Fotomotiv. Hier hören wir nach langer Zeit wieder die lauten Rufe des Muezzins, wie wir es aus der Türkei gewohnt waren. Im größtenteils schiitischen Iran sind die Rufe zum Gebet etwas Besonderes.

Es ist heiß und außer uns niemand auf der Straße. Auch wir bleiben nicht lange draußen, denn schon bald kommen wir ins Gespräch mit einem älteren Herrn in arabischer Kleidung, der uns während der größten Hitze kurzerhand zu einem Tee in sein Haus einlädt. Danach führt er uns etwas durch sein Dorf, zeigt uns den Wasserspeicher, die alte portugiesische Festung und antike Brunnen. Als wir uns wieder von unserem Guide verabschieden, machen wir uns auf den Weg zum Hafen, steigen in ein Boot und fahren hinaus zu den nahe gelegenen Mangrovenwäldern.

Mangroven faszinieren uns. Dichtes Gebüsch, Wasser und viele Tiere, die sich beobachten lassen. Den meisten Spaß haben wir jedoch daran, einfach nur auf den Wellen des Golfes zu dümpeln, die Beine auszustrecken und nichts zu tun.

Am späten Nachmittag trampen wir zurück nach Qeshm Town, und wie es der Zufall so will, landen wir wieder im Wagen eines Schmugglers. Diesmal ist Ali schon wesentlich entspannter. Schmuggeln scheint hier im Süden des Iran durchaus üblich zu sein.

Unser letzter Weg auf Qeshm führt uns in den Süden der Insel. Wir wollen nach Hengam, einer weiteren kleinen Insel, rund zehn Bootsminuten von Qeshm entfernt. Hengam ist vor allem für ihren Artenreichtum berühmt. Vor der Küste schwimmen Delfine, die wir während der Überfahrt immer wieder aus dem Wasser auftauchen sehen. Hengam selbst ist eine schläfrige Insel. Hier verläuft das Leben noch langsamer als auf Qeshm. Ein paar Strandrestaurants bieten den Delfintouristen eine Stärkung, und auf einem kleinen Souvenirmarkt werden Muschelketten und Muschelmännchen verkauft.

Von alldem bekommen wir nur wenig mit. Gleich hinter dem Souvenirmarkt am Strand herrscht Stille. Das Dorf scheint vor allem von Ziegen bevölkert, die durch die Gassen laufen, mal hier und mal dort nach etwas Fressbarem suchen. Am kleinen Hafen liegen ein paar Fischerboote. Wir ziehen aus dem Dorf hinaus und suchen einen Strand zum Übernachten. Immer weiter laufen wir durch die schattenlose Landschaft. Kein Baum und kein Strauch bietet Schutz. Stattdessen schleppen wir unsere Rucksäcke unter der brennenden Sonne durch den Staub. Auf dem Weg begegnen wir ein paar Gazellen.

Es dauert eine Weile, aber dann finden wir einen passenden Strand, schlagen unser Zelt auf und springen hinein in den Persischen Golf – nicht ohne uns vorher vergewissert zu haben, dass wir wirklich alleine sind.

Am nächsten Tag kehren wir nach Qeshm Town zurück. Es ist unser letzter Tag auf Qeshm, und bevor unsere Fähre zurück nach Bandar Abbas fährt, lädt uns die Drogen-WG noch einmal ein. Schon an der Tür werden uns unsere Rucksäcke fröhlich abgenommen. Schnell verstaut Amin sie mithilfe von Löwe Ali in einem Schrank, in dem sie eigens für uns Platz schaffen: Wir können so lange bleiben, wie wir möchten, wird uns erklärt, als uns Ahmed bereits einen heißen Tee serviert. Die Zeit vergeht. Wir trinken Çay, spielen Backgammon und übernachten am Ende bei den wohl freundlichsten Dealern der Welt. Der Persische Golf lässt uns erst am nächsten Tag ziehen.

Uganda

DER LANGE WEG ZUM WASSER

Ein Projekt, das den Menschen Hilfe verspricht und Kräfte zehrt.
Ein Dasein zwischen Lethargie und Leistungsdruck.
Eine Reise nach Afrika, um einen Brunnen zu bauen.

Von Steven Hille

Als ich das Flugzeug in Entebbe verlasse, ist es in Uganda angenehm warm. Es riecht nach Heu, genauso wie damals in den Ferien, wenn ich bei Tante Hilde im tiefen Brandenburg zu Gast war. Oft sind es Gerüche, die mich innerhalb von wenigen Sekunden an Jahre zurückliegende Ereignisse erinnern und in mir ein wahnsinniges Wohlbefinden auslösen.

Doch dieses Mal ist es anders. Ich war den ganzen Flug über wach und habe über das Leben nachgedacht. Ich bin unausgeglichen und beunruhigt, daran kann auch der altbekannte Geruch nichts ändern. Vor ein paar Monaten habe ich meinen Job an den Nagel gehängt. Ich wollte keine Werbung mehr für Unternehmen machen, hinter denen ich nicht stehe. Ich erkannte darin keinen Nutzen. Stattdessen wollte ich Projekte umsetzen, die mir am Herzen liegen, die mich interessieren und die etwas bewegen. Genau deshalb bin ich nun hier. Ich werde in der Natur Ugandas arbeiten und mich für die Menschen eines Dorfes einsetzen. Ich bin bereit für einen neuen Lebensabschnitt.

Welcome to Uganda

Ich werde von einer himmlischen Gesandtschaft empfangen, die mich im Höllentempo durch Kampala chauffiert.

Am Ausgang des Flughafengebäudes empfangen mich zwei Männer und eine verträumt wirkende Frau mit einem Schild. Lila auf weiß ist dort der Name meiner Volunteering-Organisation *Karmalaya* zu lesen. Ich bin glücklich über den Transportservice, denn ich bin todmüde und kaum in der Lage, klar zu denken.

Einer der beiden Herren muss der Priester Father Joseph der Kirchengemeinde sein, in der ich bald leben werde. Ich weiß nur noch nicht, welcher. Doch ich frage nicht nach, lasse mich wortlos zum Auto führen und nehme auf dem Beifahrersitz Platz. Auch meine Begleiter reden nicht. Komisch.

Im Highspeed fahren wir durch die Nacht.

Während unserer eineinhalbstündigen Fahrt finde ich heraus, dass Father Joseph neben mir sitzt und mit ungeheurer Geschwindigkeit und einer ungeduldigen Kombination aus Blinkersetzen und Hupen durch die afrikanische Nacht saust. Gott sei Dank ist der Mann ein Priester. Er wird für seine nächtliche Fahrt eine Armee an Schutzengeln angefordert haben. Father Joseph ist Ende dreißig, trägt ein rosafarbenes Poloshirt und hat eine kleine Plauze. Sein vollständiger Name ist Father Joseph-Mary Kavuma. Vor mir auf dem Armaturenbrett steht eine Figur der Muttergottes, an der Frontscheibe wedelt die Flagge Ugandas unruhig in den Innenraum des Fahrzeugs.

Nach einer Stunde Raserei durch Ugandas Finsternis erreichen wir einen Hinterhof in Kampala, der Hauptstadt Ugandas. Roannie, der zweite Begleiter, springt von der Rückbank, öffnet ein düster knarrendes Metalltor und wir fahren hinein. Nur drei Stunden verbleiben, bis der Wecker klingeln wird und wir zur Messe gehen werden. Ich bin aufgeregt, freue mich auf die Zeit, die vor mir liegt, und kann nicht einschlafen ... Nur ein paar Tage bleibe ich in der Hauptstadt, dann geht es auf staubigen Straßen Richtung Norden.

Zeit, Ugandas größter Reichtum

Ameisenverkostung, Ungeduld, unmögliche Aufgaben und der erste Regen.

Zwei Stunden brauchen wir für eine Strecke von nur vierzig Kilometern. Auf unserem Weg ins Dorf Nandere fahren wir auch am Dorf

Bwaise vorbei. Es liegt sehr ungünstig in einem kleinen Tal. Jedes Jahr, wenn die Regenzeit beginnt und das Wasser aus den Hochplateaus abfließt, kommt es in Bwaise zu starken Überflutungen und Schlammlawinen. Daher pflegen die Ugander den Spruch:

»Wasser ist Leben, aber nicht für die Menschen in Bwaise.«

Father Joseph zeigt mir, wie hoch das Wasser dann steht. Es ist wie ein Fluch: Da warten die Menschen monatelang auf den Regen und bekommen dann so viel, dass sie die Wassermassen nicht kontrollieren können und der Boden das viele Wasser kaum aufnehmen kann.

Im Dorf Nandere leben etwa 500 Menschen. Es gibt zwei Grundschulen, eine Priesterschule, ein Schwesternhaus, ein ganz kleines Krankenhaus und das Gemeindehaus, in dem ich mein Zimmer habe. Für die Verhältnisse vor Ort lebe ich sehr komfortabel. Ich habe mein eigenes Zimmer, samt Bett, Schreibtisch und einem kleinen Schrank. So viel Komfort haben in Uganda nur die wenigsten. Am ersten Tag nach meiner Ankunft schaue ich mir in Begleitung von Colline das Dorf an. Die Häuser, die zu einer der Grundschulen gehören, sind alt und heruntergekommen. Die Kinder leben hier zu acht in kleinen Zimmern. Sie schlafen auf dem Boden, ohne Decken. Einige von ihnen nächtigen sogar auf blanken Bettgestellen – ohne Matratze. Und dennoch geht es ihnen hier oftmals besser als zu Hause. Hier bekommen sie drei Mahlzeiten am Tag und die so notwendige Schulbildung.

Die Menschen in Nandere haben kein fließendes Wasser. Wasser gibt es in einem Brunnen in der Dorfmitte. Bis zu dreißig Minuten muss ich anstehen, um meine Flasche zu füllen. Der Brunnen ist Jahrzehnte alt und funktioniert nur noch mit Einschränkungen. Aus vierzig Meter Tiefe fördert eine quietschende Handpumpe das Grundwasser ans Tageslicht. Verschnaufe ich für wenige Sekunden, stürzt das Wasser wieder im Brunnenschacht hinab. Es ist mühselig.

Das Gemeindehaus besitzt einen großen Wassertank. Er wird vom Regenwasser der umliegenden Dächer gespeist. Doch in der Trockenzeit ist er fast immer leer.

Mein Zimmer ist zwei Steinwürfe von der Kirche entfernt. Kurz vor fünf Uhr werde ich jeden Morgen vom Läuten der Kirchenglocken geweckt. Die Kinder der Grundschulen hasten dann in schicken Kleidern mit Liederbüchern unter dem Arm in die Kirche. Um sieben Uhr beginnt der zweite Gottesdienst des Tages, den vor allem ältere Schüler und die erwachsenen Dorfbewohner besuchen.

Ich bin beeindruckt vom starken Glauben der Menschen. Fast 95 Prozent der Bevölkerung in Uganda sind gläubige Christen.

Im Vergleich zu meiner Zeit in Kampala ist hier vieles anders. Ich stehe zeitig auf, wasche mich in einem winzigen Duschraum mit etwas Wasser aus dem Eimer und gehe dann in einen Gemeinschaftsraum der Pfarrei zum Frühstück. Oft esse ich *katogo*, Kochbanane mit Soße, oder eine Scheibe Toast. Meistens treffe ich beim Frühstück Father Joseph Balikuddembe. Ja, es ist wie verhext. In dieser Pfarrei leben drei Pfarrer mit dem Namen Joseph. Hin und wieder erlaube ich mir einen kleinen Scherz und rede einfach alle Dorfbewohner mit dem Namen Joseph oder Josephine an. Man lacht darüber und nennt mich ebenfalls Joseph.

Gleich am ersten Tag treffen wir uns mit dem Förster der Region. Vor zwei Jahren hat Father Joseph damit begonnen, mit der NFA (*National Forestry Authority*) zusammenzuarbeiten, und bezieht fachliche Hilfe von ausgebildeten Förstern. William ist ein schlaksiger, groß gewachsener Mann Mitte fünfzig. Auf seinem Kopf kräuselt sich graues Haar. Er ist ruhig und geduldig. Für sieben Uhr morgens sind wir mit ihm verabredet. Er kommt fast pünktlich, mit nur sieben Stunden Verspätung. Eine Entschuldigung hat er am Nachmittag nicht auf den Lippen. »*That´s African time*«, versucht man mir zu erklären.

William zeigt mir den Kiefernwald am anderen Ende des Dorfes. Er ist sieben Jahre alt, seine Pflanzung gehörte zu den ersten Amtshandlungen Father Josephs, der schnell erkannte, dass mehr Bäume gepflanzt als gefällt werden sollten. Vor zwei Jahren wurde dieser Wald erstmalig ausgedünnt. Nun steht eine Höhenbeschneidung der Bäume an. Damit die Kiefern dickere Stämme entwickeln, müssen kraftraubende Äste abgeschnitten werden. *Easy*, denke ich und sehe mich nach einer Säge um. Nichts. Niemand der Anwesenden hat an Arbeitsmaterial gedacht? – Nein, denn heute sind wir nur zum Erkunden im Wald.

Ich werde unruhig. So viel Zeit habe ich nicht mitgebracht. Schon während der ersten Tage in der Hauptstadt langweilte ich mich und wollte endlich loslegen, etwas machen, etwas bewirken. Und jetzt? Wieder nichts.

Am nächsten Tag ist es dann aber so weit. Ich frage Emma, bis in welche Höhe wir die Äste abschneiden müssen.

»*Eight*.«

Eight? Also, *eight*, wie acht? Bis in acht Meter Höhe? Wie sollen wir das schaffen? Eine Antwort bekomme ich nicht. Stattdessen pfeift Emma in die Finger und ruft zwei Arbeiter herbei, die hinter kleinen Büschen in sichtbarer Entfernung Backsteine produzieren. Zusammen mit den beiden Arbeitern und zwei Macheten gehen wir in den Wald und schlagen ein paar junge Bäume. Die Stämme bauen die jungen Ugander schnell zu einer dreibeinigen Leiter zusammen. Mir ist nicht wohl bei dem Gedanken, mit meinen fast hundert Kilogramm auf dieser selbst gebauten Leiter zu stehen. Sie erweist sich jedoch als sehr stabil.

> Aber zwei Meter Steven und drei Meter Leiter ergeben immer noch nicht acht Meter.

Also suchen wir einen weiteren Stamm, den Emma mit einem kräftigen Machetenschlag durchtrennt. Auf diesen Stamm setzen wir unsere Säge – fertig ist der Teleskopstab.

Die Beschneidung eines einzigen Baumes dauert in dieser Höhe fast zehn Minuten. Macht sechs Bäume in der Stunde, 48 am Tag. Doch in diesem Waldabschnitt stehen etwa 500 Bäume. Also heißt es keine Zeit verlieren.

Mein Alltag wird in den nächsten Tagen vom Beschneiden der Kiefern geprägt sein. An den ersten Tagen schaffe ich nur fünfzehn bis zwanzig Bäume, bis mir die Arme schmerzen und ich vor Erschöpfung am liebsten am Waldboden zusammensinken möchte. Doch meine Kondition nimmt zu. Immer mehr Bäume schaffe ich in immer kürzerer Zeit zu beschneiden. Nach zwei Wochen habe ich die Arbeit vollendet. Ich habe tatsächlich den ganzen Wald beschnitten!

Ein paar Tage später befinde ich mich mit vier weiteren Männern aus der Region in einer nahe gelegenen Buschlandschaft, die wild mit bis zu zwei Meter hohen Büschen zugewachsen ist. Ich habe eine Machete in meiner rechten Hand, Father Josephs Strohhut auf dem Kopf und schwitze und keuche in der brennenden Vormittagssonne. Mit kraftvollen Machetenhieben schneiden wir alles ab, was uns in den Weg kommt. Gräser, Sträucher, junge Bäume, einfach alles trennen wir vom staubigen Boden. Die Männer, mit denen ich arbeite, sind nicht aus Nandere. Sie reisen durch die Region auf der Suche nach Arbeit.

Maximal 10 000 Uganda-Schilling verdienen sie pro Tag. Das sind 2,50 Euro.

Frühstück bekommen sie im Dorf. Die Köchin der Pfarrei bereitet schwarzen Tee und Porridge zu. Über den restlichen Tagesverlauf versorgen sie sich selbst. An fünf von sechs Arbeitstagen essen sie Jackfruits, die sie von den umliegenden Bäumen ernten.

Doch heute gibt es eine Delikatesse zu Mittag: weiße Ameisen! In der Nacht zuvor sind die Ameisen ausgeflogen. Was ich am Morgen nach dem Aufstehen erlebte, war ein wahres Naturschauspiel. Millionen von weißen Ameisen flogen durch die Luft, sodass die Umgebung ganz neblig erschien. Viele Ameisen, die wahrscheinlich schon Stunden unterwegs waren, lagen kraftlos am Boden und wurden von Schulkindern und Dorfbewohnern in schwarze Plastiktüten gesammelt. Einer der Männer zeigt mir seine Tüte. Uff, bestimmt ein halbes Kilogramm hat er gesammelt. Er hat die Tüte gut verschlossen und in die Sonne gelegt. Durch die schwarze Farbe der Plastiktüte garen die Ameisen nun vor sich hin. Und natürlich bietet er mir an, eine weiße Ameise zu probieren. Mit dem ersten Bissen töte ich das Tier, es schmeckt nach nichts. Davor, dass die Ameise auf meiner Zunge rumkrabbelt, hatte ich am meisten Angst.

Einen Tag darauf treffe ich William. Er ist gekommen, um uns bei der Pflanzung eines Eukalyptuswaldes zu helfen. Wir besprechen den Ablaufplan. Zunächst müssen wir warten, bis die Regenzeit beginnt, sagt er mir. Es ist inzwischen Ende März und der Regen wird in Uganda schon sehnsüchtig erwartet. Und dann? Dann wird gepflanzt. Das war's schon. Ende der Besprechung. Erst brauchen wir den Regen, dann kann gepflanzt werden. Leuchtet mir ein.

Die nächsten beiden Tage verbringe ich in der Pfarrei. Ich helfe im Garten, in der Küche, wische mein Zimmer durch und lese viel. Ich genieße die Abgeschiedenheit eines 500-Seelen-Dorfes in Uganda. Hier ist nichts, was mich ablenkt. Seit Jahren fühle ich mich zum ersten Mal wieder ausgeglichen. Und ich lerne mal wieder das Gefühl von Langeweile kennen.

Auf meinem Telefon entdecke ich zu meiner Überraschung einige Musiktitel. Das ist ungewöhnlich, da ich sonst überwiegend Musik aus dem Radio höre. Aus welchen Gründen auch immer befindet sich unter anderem der Song *Africa* von Toto auf meinem Handy. Ich höre den Song rauf und runter, liege mehrere Nachmittage hintereinander lethargisch in meinem Zimmer und starre die Decke an.

Und plötzlich, kurz bevor der Refrain des Songs mit »*... I bless the rains down in Africa ...*« wieder einsetzt, beginnt es zu regnen. Die Kinder rennen aus der nahe gelegenen Schule, ich öffne meine Tür zum Vorhof des Gemeindehauses. Die Temperaturen sinken auf einen Schlag um fünf Grad. In der Luft hängt der Duft von Sommerregen, den ich schon seit meiner Kindheit so unheimlich liebe.

Endlich, ja endlich beginnt die Regenzeit und wir können den Wald pflanzen. Ganz aufgeregt und in der Hoffnung, in den nächsten Augenblicken starten zu können, renne ich durch die Pfarrei und suche Father Joseph. Er sitzt mit den Feldarbeitern zusammen. Vermutlich besprechen sie die Einsatzplanung. Aufgeregt und hastig frage ich nach den nächsten Schritten.

»Leider hat der Regen jetzt eingesetzt, Steven. Wir können nicht weitermachen.«

»Leider? Wir haben doch eine halbe Woche darauf gewartet! Wieso geht es nicht weiter?«

»Wir müssen noch die alten Pflanzenreste verbrennen, bevor wir mit dem Pflanzen der Bäume anfangen können.«

Ich bin sprachlos. Eine halbe Woche warten wir auf den Regen. Nun, wo er endlich da ist, fällt den Herrschaften ein, dass wir die alten Pflanzenreste noch verbrennen müssen. Unfassbar, dieses Uganda. Ich ziehe mich in mein Zimmer zurück und höre den Song an der Stelle weiter, an der ich aufgehört hatte.

… I bless the rains down in Africa
Gonna take some time to do the things we never had …

Zu meinem Glück ist der Regen schnell vorbei und die Sonne am darauffolgenden Tag stark genug, um die letzte Feuchtigkeit zu vertreiben. Die kontrollierte Brandrodung erfolgt an nur einem Tag. Trotzdem werde ich nicht einen einzigen Baum pflanzen. Das wird erst zwei Monate später erledigt werden. Unser Förster hat es versäumt, die 10 000 Setzlinge für die Pflanzung des Waldes zu bestellen.

In den folgenden Tagen denke ich viel über den Ansatz des Volunteerings nach. Wird mein Einsatz langfristig etwas bewirken? Oder war mein Volunteering ein reines Abenteuer für mich selbst?

Ich bin mal eben die Welt retten. Habe aber nur vier Wochen Zeit.

Ich bin nach Nandere gekommen, um den Menschen zu helfen und mich für sie zu engagieren. Mein Einsatz in der Natur macht Spaß. Es ist ein Abenteuer und ich lerne vermutlich mehr über die Natur und Kultur Ugandas, als ich Wissen vermitteln kann. Lediglich der interkulturelle Austausch kann vielleicht als Bereicherung für die Menschen gesehen werden. Doch ich habe nicht wirklich den Eindruck, etwas Wertvolles bewirken zu können. Schlimmer noch. Ich habe das Gefühl, einem Menschen den Arbeitsplatz wegzunehmen. Also fasse ich einen folgenschweren Entschluss. Ich will über mein Volunteering hinaus etwas ausrichten und den Menschen langfristig helfen.

Ich habe das Gefühl, dass das Dorf Nandere sich ganz gut selbst versorgen kann. Die umliegenden Felder liefern ausreichend Obst und Gemüse, und die Holzwirtschaft bringt etwas Geld in die leeren Kassen des Dorfes und der Kirche. Leider mangelt es in der Trockenzeit an Wasser. Das Grundwasser kann gar nicht so schnell in den Brunnenschacht nachlaufen, wie es hinausbefördert wird.

Das Regenwasser vom Dach der Kirche und der umliegenden Häuser läuft in einen 25 000 Liter fassenden unterirdischen Wassertank. Doch wenn es nicht regnet, steht die Pfarrei ohne Wasser da. Colline geht jeden Morgen vor der Schule und jeden Abend nach der Schule mehrmals zur Handpumpe und trägt Hunderte Liter Wasser in die Pfarrei. Es gibt ein Rohrsystem in den Häusern. Doch das nützt natürlich nichts, wenn sich kein Wasser in den Rohren befindet.

Wenn Colline zum Wasserholen aufbricht und ich gerade in der Nähe bin, helfe ich ihm. Hier lerne ich die Härte dieses Knochenjobs erst richtig kennen.

Eines Tages komme ich verschwitzt und staubig vom Fußballtraining zurück. Ich nehme mir den letzten Eimer Wasser aus der großen Tonne und wasche mich unter der Dusche. An das Duschen mit kaltem Wasser habe ich Warmduscher mich endlich gewöhnt. Im Anschluss will ich das verbrauchte Wasser nicht nur auffüllen, sondern mehr besorgen, als ich verbraucht habe. Also schnappe ich mir zwei große Zwanzig-Liter-Kanister und gehe zum Brunnen. Da man mich hier ungern alleine lässt und Collines Gang zum Brunnen sowieso ansteht, begleitet er mich mit zwei weiteren Kanistern der gleichen Größe.

Am Brunnen angekommen, müssen wir eine Weile warten. Als wir an der Reihe sind, stelle ich einen der Kanister unter den Auslauf und beginne zu pumpen. Zehnmal, zwanzigmal, dreißigmal bewege ich den langen Metallhebel nach oben und unten. Kein Wasser. So schlimm war es noch nie. Ein kleiner Junge meint, dass ich mich gedulden soll. Ein Dutzend Pumphiebe später kommt das erste Wasser aus dem Erdreich. Ein schöner Moment, aber es ist viel zu wenig. Pro Pumpstoß plätschert nur eine Handvoll Wasser in den Kanister.

Um einen der vier Kanister zu füllen, brauchen wir fünfundzwanzig Minuten. Für nur zwanzig Liter!

Ich bin erschöpft und demotiviert. Da ich in den letzten Tagen immer fleißig beim Pumpen geholfen habe, kommen jetzt einige Kinder und Jugendliche und eilen mir zur Hilfe. Nach über einer Stunde gehe ich mit zwei gefüllten Kanistern zurück, um meine Wäsche zu waschen.

Als ich wiederkomme, erfahre ich, dass die Kinder bereits die anderen beiden Kanister gefüllt und zu uns in die Pfarrei gebracht haben. Ich bin sprachlos, denn ich weiß ganz genau, wie anstrengend sowohl das Pumpen als auch das Tragen von vierzig Liter Wasser sind. Ich bin gerührt und frage mich, ob mir das in Deutschland auch passiert wäre.

Fest entschlossen, etwas bewegen zu wollen, verlasse ich das Dorf

Nandere nach über drei Wochen intensiven Zusammenlebens. Ich komme wieder, keine Frage.

Versprochen ist versprochen

Der Wunsch nach Wasser und Milchmädchen. Rückschläge. Und: Darf ich überhaupt helfen?

Mir ist klar, dass ich den Menschen in Nandere bei der Lösung ihres Wasserproblems helfen möchte. Noch vor Ort habe ich drei Ingenieure aus der Region getroffen. Sie wollen für mich in Erfahrung bringen, ob man einen der drei Brunnen Nanderes reparieren kann. Daraus ergibt sich ein anderer Plan: Da Nandere auf einem kleinen Hügel liegt, soll ein neuer Brunnen am Fuße des Hügels gegraben werden. Über eine elektrische Pumpe und fast 500 Meter Rohrleitungen soll das Wasser in das Dorf hinaufbefördert werden. Ich fordere die Kostenvoranschläge der drei Ingenieure an, erhalte nach einigen Wochen jedoch nur zwei.

»Wenn du nur einen Wunsch hättest, was würdest du dir wünschen?«, habe ich die Menschen im Dorf vor meiner Abreise gefragt. Fast alle antworteten mit »Wasser« oder »Regen«. Dieser Wunsch der Menschen ist seitdem mein Ansporn. Um ihn zu erfüllen, will ich viel arbeiten und alles tun, was in meiner Macht steht. Im Juni 2015 nimmt das Projekt Gestalt an. Ich launche die Spendenseite auf *betterplace.org*.

Vorher rechne ich hoch, wie ich das Spendenziel erreichen kann. »Auf Facebook hat mein privates Profil 707 Freunde. Spendet nur jeder zehn Euro, so haben wir das Spendenziel überschritten«, schreibe ich auf meinem Blog.

»Und mal ehrlich: Wie viel sind zehn Euro? Drei Bier in der Kneipe? Ein Cocktail in der Bar? Ein kleines Abendessen im Restaurant? Zwei Schachteln Zigaretten? Worauf kannst du einen Tag verzichten?«, führe ich meine Worte fort. Ich bin davon überzeugt, dass wir bis zum nächsten Jahr den notwendigen Geldbetrag sammeln können.

Meine Rechnung geht nicht auf.

In den Monaten Juni (1466 Euro), Juli (185 Euro) und August (373, 50 Euro) sammeln wir insgesamt 2024, 50 Euro. Das Projekt ist im Juni sehr gut gestartet, besonders die Leser meines Blogs, Freunde und Familienmitglieder spenden großzügig. Doch irgendwann ist die Reichweite meines Blogs erschöpft und ich muss neue Wege gehen. Ich muss das Projekt größer machen. Also schließe ich mich mit Katrin, einer befreundeten Bloggerin, zusammen. Sie hat bereits einige Male geäußert, wie gut sie das Brunnenprojekt findet, und ihre Hilfe angeboten. Mit ihrem Freundeskreis, der Geschenkalternative »Spenden statt schenken« an Geburtstagen und der Reichweite ihres Blogs werden neue Spender gefunden.

Ich mache mich auf die Suche nach einem Verein. Damit will ich dem Projekt in der Außenwirkung die Relevanz geben, die es verdient. Außerdem brauche ich dringend fachliche und rechtliche Unterstützung. Ein gemeinnütziger Verein ist zudem in der Lage, Spendenbescheinigungen auszustellen, denn bisher gelten alle Spenden als Schenkung an mich als Privatperson. Mithilfe des Vereins will ich eine Nachhaltigkeitsstrategie entwickeln, um langfristige Unterstützung garantieren zu können, denn niemandem ist geholfen, wenn die Pumpe des Brunnens nach einem Monat reparaturbedürftig ist und keine finanziellen Mittel bereitstehen, um sie zu warten.

Die Suche verläuft schwierig. *Viva con Agua* ist das Projekt zu klein. *Ingenieure ohne Grenzen e. V.* hat keine freien Kapazitäten. Erst *Technik ohne Grenzen e. V.* äußert Interesse an dem Projekt, warnt mich vor langwierigen bürokratischen Herausforderungen und stellt mir mit Hannes einen tatkräftigen und erfahrenen Projektleiter zur Seite. In Leipzig lerne ich ihn und seine Regionalgruppe kennen. Ich gebe mich bei dem Treffen etwas enttäuscht, denn zu diesem Zeitpunkt habe ich erst 2328,50 Euro von 7015 Euro gesammelt. Die Mitglieder des Vereins verstehen meinen Frust nicht, klopfen mir auf die Schulter und meinen, dass das ein sehr großer Erfolg sei.

> Doch mir geht es nicht schnell genug, ich wollte das Geld längst zusammenhaben.

Vor einigen Jahren war Hannes bereits in Ghana aktiv und hat dort ein Recyclingprojekt aufgebaut. Gemeinsam stecken wir uns neue Ziele und suchen zunächst einen Ingenieur, den wir nach kurzer Zeit in Steffen finden. Hannes und Steffen kennen sich bereits von früher.

Unter die vielen positiven Reaktionen mischen sich auch kritische Stimmen, mit denen ich lernen muss umzugehen. Die Nachhaltigkeit des Projektes wird hinterfragt, die Umsetzung und sogar seine ganze Berechtigung. Außerdem wird meine Motivation infrage gestellt. Ich werde als Kolonialist abgestempelt, der sich durch Spendenhilfe in Afrika profilieren will.

Doch dann meldet sich Father Joseph über eine Nachricht auf Facebook:

Hello Friends from Berlin,

I salute you all and I thank you for all the work you are doing. I am Fr. Joseph-Mary Kavuma from Nandere Parish, in Uganda. And I take this chance to thank you very heartily for accepting to be part of us by sharing in our suffering. You have done us great through the generous contributions towards our water project.

I am most grateful to you all, most especially Steven, who took charge to mobilise and sensitise you on this great need for water. Nandere is the oldest Parish in Kasana-Luweero Diocese, having been founded by the Missionaries of Africa way back in 1899. We wish to provide water to the 5 communities at the Parish Head-

quarters; namely the Parish Community, the Sisters and the orphanage, 2 Primary schools and the Health Center. Members from all the 5 communities share one borehole which was built 15 years ago, it keeps breaking down due to old age and excessive pressure. The situation becomes unbearable during the school going days coupled with prolonged dry spells as a result of climate change.

We really need your support to go out of this mess!

Wishing you God's choicest blessings in all.

Fr. Joseph-Mary

Diese Nachricht macht mir wieder Mut und erinnert mich und alle Beteiligten daran, für wen das Spendenprojekt bestimmt ist. Die Monate November (2083 Euro) und Dezember (3087,09 Euro) werden damit die erfolgreichsten Spendenmonate.

Mittendrin das böse Erwachen.

Ich muss den Projektbedarf von 7015 Euro auf 9215 Euro erhöhen. Bei meiner ersten Kalkulation im Juni hatte ich einige Kostenpunkte, wie etwa die Anreise und medizinische Versorgung der Projektbeteiligten, nicht berücksichtigt.

Dank meinem Freund David, der zu seinem Geburtstag ebenfalls um Spenden statt Geschenken bittet, einem Radiointerview und meinem ehemaligen Kollegen Ecki gelingt es, das Funding am 10. Februar abzuschließen. Rettung in letzter Sekunde, denn in elf Tagen geht mein Flug nach Uganda.

Meine Freude mindert sich fünf Tage später. Ich erfahre vom plötzlichen Tod des Vertreters meiner damaligen Volunteeringorganisation. Am frühen Morgen des 15. Februars hatte Godfrey einen tödlichen Autounfall.

Ich werde nie vergessen, wie er mich zum Abschied zum Bus brachte, mir alles Gute für die Zukunft wünschte und verschwand. Zehn Minuten später tauchte er neben meinem Busfenster wieder auf und fragte, ob er mich nach Kampala begleiten solle. Er sorge sich um den 1,92 Meter großen und fast 100 Kilogramm schweren Mzungu.

In Österreich hatte Godfrey studiert und hätte die Chance gehabt, in Europa zu bleiben. Doch er entschied sich für Uganda. Weil er sein Land liebte und niemanden zurück lassen wollte. Godfrey war einer der liebenswürdigsten Menschen, die ich jemals getroffen habe.

Vom Geben und Geben

Ich treffe alte Bekannte, erhalte neue Dämpfer, verlasse Uganda, bevor unser Projekt beendet ist – und bin am Ende doch erfolgreich.

Uganda, 21. Februar 2016. Es ist vieles wie beim ersten Mal. Der gleiche Heugeruch steigt am Flughafen Entebbe in meine Nase. Es ist angenehm warm. Und ich bin mal wieder ziemlich aufgeregt.

Ich schnalle meinen etwa zehn Kilogramm schweren Rucksack auf den Rücken und nehme ein weiteres Gepäckstück vom Band, das randvoll mit Kleiderspenden gefüllt ist. Ich weiß nicht, wie es werden wird, ich weiß nicht, ob wir unser Ziel erreichen werden, aber nun stehe ich hier und es gibt kein Zurück mehr. »Los geht's!«, sage ich zu mir selbst und stürze mich in das vorerst letzte Kapitel dieses Abenteuers, das mich ein weiteres Mal an meine Grenzen bringen wird.

Zu meiner Überraschung kommen mich gleich drei alte Bekannte am Flughafen abholen: Father Joseph, Father Joseph Balikuddembe und Emma stehen am Ausgang des Flughafens bereit. Ich umarme alle drei herzlich. Es ist ein Wiedersehen, das mich zu Tränen rührt. Alle Erinnerungen des letzten Aufenthalts sind plötzlich wieder da. So präsent, als wäre ich gestern erst weggefahren.

Wir machen dort weiter, wo wir aufgehört haben. Während der wilden Fahrt durch Ugandas Nacht, bei der Father Joseph keine Spur langsamer fährt als damals, tauschen wir uns ausführlich aus. Vor ein paar Tagen fand die Präsidentenwahl statt. Yoweri Museveni ist erneut im Amt bestätigt worden. Bereits seit 1986 ist er Präsident von Uganda. Die Unterdrückung seiner politischen Gegner wird international kritisiert, auch im Land selbst gibt es viel Kritik. In den nächsten Tagen werden viele Menschen auf die Straßen gehen und wegen Wahlbetrugs demonstrieren. Museveni gilt als korrupt. Ich frage mich, wie sich ein Land voller Korruption weiterentwickeln soll.

Gegen sieben Uhr morgens erreichen wir den Hof der Pfarrei. Zu diesem Zeitpunkt bin ich seit 24 Stunden wach. Ich bin müde, die steigenden Temperaturen zehren an meinen Kräften und ich will nur noch ins Bett. Doch die halbe Pfarrei erwartet meine Ankunft. Ich sehe viele vertraute Gesichter wieder. Agnes und Colline stehen bereit, um mich zu begrüßen. Ich werde umarmt, bekomme Zeichnungen geschenkt und man wünscht mir Gottes Segen bei unserem Vorhaben. So herzlich wurde ich wohl noch nie empfangen. Dann kann ich endlich ins Bett. Leider nur für zwei Stunden.

Viel ist im letzten Jahr passiert. Der Eukalyptuswald, dessen Pflanzung ich vor einem Jahr mit vorbereitet habe, ist stellenweise schon zwei Meter hoch. Wahnsinn, wie schnell die Bäume gewachsen sind. Eine Schwester kommt mir bei einer ausführlichen Runde durch das Dorf entgegen. Ich erinnere mich sofort an sie. »*Oli otya, nyabo?*«, rufe ich ihr zu. Ein breites Lächeln strahlt aus ihrem Gesicht, während sie mit »*Gendi*« antwortet. Ich erwidere zunächst ein leichtes Stöhnen, wie ich es oft in Uganda gehört habe, und antworte mit »*Ni bulunge*«, dass es mir auch gut geht. Ich fühle mich wohl.

> Es ist, als wäre ich nach einer langen Reise endlich wieder nach Hause gekommen.

Neben den menschlichen Freuden stelle ich aber auch negative Veränderungen fest. Die Grundschule, die sich in unmittelbarer Nähe zum Brunnen befindet und deren Zustand ich schon vor einem Jahr als katastrophal empfunden hatte, wurde geschlossen. Die geringe Wasserversorgung hatte einen großen Einfluss auf die Entscheidung. Streitigkeiten unter den Lehrkräften spielten eine weitere Rolle. Das alte Schulgebäude ist verlassen und soll in den nächsten Monaten saniert werden. Es ist nun viel stiller im Dorf. Viel weniger Kinder treffe ich. Nachmittags habe ich manchmal das Gefühl, ganz alleine zu sein.

Natürlich interessiert es mich, wie es durch den »Bevölkerungsrückgang« nun um den Brunnen steht. Meine ersten Pumpstöße sorgen für eine Überraschung: Jede Menge Wasser strömt aus dem rostigen Metallrohr der Handpumpe, die sich im Vergleich zum letzten Jahr viel einfacher bedienen lässt. Würde das Wasser nun für das Dorf reichen? Colline, ein weiterer Junge und ich tragen ein paar Wasserkanister zum Brunnen. Ich möchte herausfinden, wie viel Wasser sich im Brunnenschacht befindet. Mehrere Stunden brauchen wir, um über 200 Liter Wasser zu pumpen. Dann folgt die Gewissheit: Jetzt ist der Brunnen nahezu leer. Nur noch ganz wenig Wasser plätschert in unsere gelben Kanister. Die Entscheidung, den Brunnen zu bauen, ist also nach wie vor richtig. Außerdem ist der Bau des neuen Brunnens Voraussetzung für die Neueröffnung der Grundschule.

Noch am gleichen Tag erwarte ich Moses zur Mittagszeit. Er ist der Projektleiter von *Busoga Trust*, jenem Unternehmen, das für den Brunnenbau verantwortlich sein wird. Er hat einen Ingenieur im Gepäck. Barfuß schlüpfe ich in meine Gummistiefel und wir machen uns auf den Weg zum Fuß des Hügels.

Nachdem wir die Bananenplantagen hangabwärts passiert haben, erreichen wir nach einem halben Kilometer die Stelle, an der unser Brunnen gegraben werden soll. Der Ingenieur nickt, ohne ein Wort zu sagen. Hier wollen wir graben. Unser Plan steht. Doch dann sprechen wir über den Vertrag und die Kosten.

Moses bietet mir an, fünf Prozent der Kosten einzusparen. Dafür will er das Projekt selbstständig umsetzen. Ohne *Busoga Trust*, ohne dreißig Jahre Brunnenbauerfahrung, ohne Vertrag, ohne Absicherung. Den mühsam gesammelten Betrag für den Brunnenbau soll ich einfach auf sein privates Konto überweisen. Ich muss nicht lange überlegen, um mich gegen diesen Plan zu entscheiden. Natürlich will ich das Projekt, wie kalkuliert, über das Unternehmen *Busoga Trust* durchführen lassen. Moses ist nicht zufrieden mit der Entscheidung. Natürlich nicht, denn so landet kein Geld in seiner eigenen Tasche. Er droht mir einen Projektverzug an.

Enttäuscht kehre ich an diesem Nachmittag des 22. Februar in mein Zimmer der Pfarrei zurück. Übermüdet und verunsichert lege ich mich auf mein Bett und denke nach. Nun heißt es stark bleiben. Genau für diesen Fall haben wir uns dazu entschieden, den Bau des Brunnens vor Ort zu betreuen. Nur so können wir uns bemühen, Korruption zu vermeiden und das Timing zu halten.

Unabhängig von den weiteren Absprachen mit Moses treffe ich am folgenden Tag eine wichtige Entscheidung: Das Dorf Nandere soll mit unserer Hilfe den Graben, der vom Brunnen bis zum Zentrum des Dorfes führen soll, selbst graben. Damit sparen wir Kosten und beziehen das Dorf in die Arbeit mit ein. Zudem sparen wir Zeit, da wir jederzeit beginnen können.

Ein Graben mit einer Länge von 470 Metern, sechzig Zentimeter Tiefe und dreißig Zentimeter Breite muss geschaufelt werden. Gleich am nächsten Morgen fangen wir an. Aus der Nachbarschaft haben wir ein paar Arbeitsgeräte geliehen. Wozu wir die Spitzhacke brauchen, wird mir ziemlich schnell klar. Der Boden ist knochenhart und besteht nur in der obersten Schicht aus Erde. Danach folgt eine massive Gesteinsschicht, die nur mit der Spitzhacke zu lockern ist. Ist die oberste Schicht abgetragen, schaufeln wir die losen Gesteine mit der Schippe aus dem Graben. Ich habe die Anstrengungen unter- und unsere Arbeitsleistung überschätzt, wird mir nach der ersten halben Stunde

Die ostfriesische Insel Juist ist auch bekannt als »Töwerland« – Zauberland. Johannes Klaus macht sich auf die Suche nach der Herkunft des Namens und trifft auf Pferdekutschen, singende Männer und jede Menge Wattwürmer.

Tokio im Morgengrauen und die Geschichte einer Nacht: Norah Steiner trifft Miguel, einen Mexikaner mit Liebeskummer – und wird sich erneut bewusst, dass Unterwegssein nie Normalität bedeutet.

Helsinki. Das *Götan Maailma* ist eine versteckte Sammlung wundersamer Dinge. Fritz Schumann trifft den Besitzer Thomas Hamberg, für den das Geschäft die Erfüllung seines Traums ist. »Menschen kommen und gehen«, sagt Thomas. »Aber Dinge … wenn du sie pflegst und liebst, können sie Jahrzehnte oder gar Jahrtausende alt werden.«

Khayelitsha, am Rand von Kapstadt, ist eines der größten Townships Südafrikas. Markus Steiner spürt eine Nacht lang dem Leben der Menschen dort nach.

Florian Blümm reist seit fünf Jahren durch die Welt – seine wichtigsten Erfahrungen hat er in 36 Tipps gesammelt.

In den Sechzigern kamen sie mit Blumenkränzen im Haar. Inzwischen ist die Hippie-Community auf Ibiza in die Jahre gekommen. Gitti Müller trifft einige der Dagebliebenen und will herausfinden, was das eigentlich heißt: ein Hippie sein.

*»Ich bin nicht mutig.
Nur selbstständig und unabhängig.«*

Susanne Helmer erzählt, wie sie ihre Angst davor ablegte, allein zu reisen. Und wie es ist, Gedanken an die Zukunft loszulassen und die Hier-und-Jetzt-Momente zu genießen.

Karin Lochner zog nichts nach Warschau. Dann lernte sie Steffen Möller kennen. Gemeinsam mit dem Fotografen Peter von Felbert begleitet sie den Schauspieler und Autor durch die Hauptstadt Polens.

klar. Mit klitschnassem T-Shirt und staubigen Händen stehe ich im Schatten eines Mangobaumes und keuche wie ein pensionierter Esel.

Nur dreißig der hundert geplanten Meter schaffen wir am ersten Tag. Am zweiten Tag sind es weniger und am dritten verlässt mich das positive Denken. Von Tag zu Tag helfen weniger Dorfbewohner mit. Es ist schwierig, die Menschen zu motivieren. Und habe ich es einmal geschafft, sind sie von der harten Arbeit so schnell überanstrengt, dass sie nie mehr wiederkommen. Viel Frust mischt sich mit Enttäuschung und Traurigkeit. Ich bin ratlos und kann die Menschen in Nandere nicht verstehen. Die Idee des Brunnens war nicht meine. Es waren die Dorfbewohner, die sich das Trinkwasser so sehr wünschten. Aber dafür arbeiten wollen sie offensichtlich nicht. Ich lerne in diesen Tagen eine andere Arbeitskultur kennen. Für die Menschen hier in Nandere scheint es komfortabler, täglich eine halbe Stunde zu einem Brunnen außerhalb des Dorfes zu laufen, dort eine halbe Stunde lang Wasser zu pumpen und dann eine weitere halbe Stunde zurückzumarschieren, als mit dem verrückten Deutschen in der afrikanischen Hitze einen 470 Meter langen Graben zu schaufeln.

Für die Schulkinder der bereits geschlossenen Grundschule war das Wasser allem Anschein nach elementar wichtig. Ihre Schule wurde geschlossen. Ihnen widme ich meine Arbeit in den nächsten Tagen. Für sie will ich mich engagieren. Sie sind mein Ansporn.

Emma und Raphael helfen jeden Tag und werden zu meinen besten Freunden in Nandere. Beide haben es im Dorf zu etwas gebracht. Sie bewirtschaften ihre eigenen Felder, produzieren landwirtschaftliche Produkte und verkaufen sie auf den Märkten der Region. Beide können sich ein kleines Häuschen leisten und haben täglich etwas zu essen. Ihnen geht es gut. Und obwohl sie auf ihren eigenen Feldern ordentlich zu tun haben, sind sie beim Ausheben jeden Tag mit von der Partie.

Eines Nachmittags stehen Raphael und ich hintereinander im Graben. Die Sonne brennt; Raphael lockert mit der Spitzhacke den steinigen Boden, ich schaufle die Steine aus dem Graben. Dabei fragen wir uns gegenseitig Vokabeln ab.

»Wie heißt du?« – »*Erinnya lyo gweani?*«

»Ich hätte gern ein Wasser.« – »*Njagala mazzi.*«

»Wie viel kostet das?« – »*Sente mekka?*«

Es macht mir Spaß, die Sprache Ugandas zu lernen. Irgendwann dreht Raphael sich um und meint, dass es bei all dem Interesse für die Kultur Ugandas und der Hilfe im Dorf endlich an der Zeit sei, dass ich einen ugandischen Namen bekomme.

»Ab heute sollst du Kasali heißen«, sagt er und beendet damit seinen kleinen unerwarteten Redeschwall. Ich bin verdutzt.

Kasali? Klingt gut. Ja, so soll ich heißen.

Meine Laune hebt sich in den folgenden Tagen spürbar. Meinen deutschen Namen lege ich übergangsweise ab. Die meisten nennen mich nun Mr. Kasali, auch Father Joseph. Von Tag zu Tag wird der Graben länger. Mal schaffen wir an einem Tag über vierzig Meter, mal weniger als zwanzig. Ich habe mich den afrikanischen Uhren angepasst, werde gelassener und habe Spaß an der Arbeit.

Auch die ewigen Abstimmungsrunden mit *Busoga Trust* kümmern mich nicht mehr. Ich bin zuversichtlich und glaube, dass wir den Brunnen fristgemäß fertigstellen werden. Hannes und Steffen haben inzwischen in der Heimat einen Vertrag ausgearbeitet, der alle für uns wichtigen Bauabläufe, Kosten und das Timing enthält. Den Vertrag können wir eine Woche nach meiner Ankunft endlich finalisieren. Als Tag für die Fertigstellung des Brunnens legen wir den 29. März fest. Gelingt es uns nicht bis zu diesem Datum, gibt es kein Geld für *Busoga Trust*. Das ist ein gutes Druckmittel.

Etwa die halbe Distanz des Grabens schaffen wir, bis Hannes und Steffen in Nandere ankommen. Ich freue mich sehr darüber, die beiden Berliner am Flughafen in Uganda zu empfangen. Endlich müssen wir nicht mehr in endlosen WhatsApp-Chats diskutieren und Pläne schmieden. Wir können uns unterhalten, Vor- und Nachteile abwägen und gemeinsame Entscheidungen treffen. Nach ihrer Ankunft machen wir eine außerordentlich große Runde durch das Dorf. Ich fühle mich wie jemand, der seinen Freunden stolz die erste eigene Wohnung präsentiert. Ein paar Dorfbewohner grüßen, als sie uns sehen. Spielende Kinder rufen aus der Ferne »*Mzungu*«, Kiswahili für »Weißer«.

Mit Hannes und Steffen erarbeiten wir eine Nachhaltigkeitsstrategie. Niemandem bringt es etwas, wenn ein Defekt am Brunnen in der Zukunft nicht repariert werden kann. Jemand muss sich um den Brunnen kümmern und dafür verantwortlich sein. Ein Professor der Universität Hohenheim gibt uns den Tipp, ein Wasserkomitee zu gründen und eine Gebühr für die Brunnennutzung zu erheben. Von der Gebühr halte ich im ersten Moment nichts. Doch nach und nach wird uns klar, dass sie absolut notwendig ist. Von den Dorfbewohnern sollen nur ganz kleine Centbeträge gefordert werden. Die Kirche, die Schulen und das Krankenhaus hingegen sollen eine größere monatliche Abgabe leisten.

Schon nach zwei Wochen verlasse ich Uganda. Es zerreißt mir das Herz, dass ich nun abreisen muss. In den Brunnenbau habe ich so viel Arbeit und Herzblut gesteckt, zu gerne hätte ich das Projekt bis zur Fertigstellung betreut. Den ganzen Rückflug mache ich kein Auge zu. Ich schreibe Gedanken und Erinnerungen in mein Notizbuch und denke über Lethargie, Fleiß, Burnout und Armut nach. Die fehlende Hilfe beim Schaufeln des Grabens hat mich schwer enttäuscht.

> Aber vielleicht geht es einem grundsätzlich besser, wenn man alles gelassener nimmt?

Hannes und Steffen übernehmen ab diesem Zeitpunkt in Nandere und kämpfen mit den gleichen Problemen. Aber sie sind zu zweit und können sich gegenseitig motivieren. Fast täglich stehe ich mit den beiden in Kontakt. Sie berichten mit Bildern von den Fortschritten. Ich bin zurück in Deutschland, zurück im Alltag. Mein Leben saust im Eiltempo an mir vorbei, und ich habe keine Chance, die Erlebnisse in Nandere richtig zu verarbeiten.

Dann, urplötzlich, ist es am Gründonnerstag so weit. Die elektrische Pumpe wird im Brunnenschacht angeschlossen. Als am späten Abend mein Telefon summt und ich ein Video von Hannes und Steffen abspiele, bin ich den Freudentränen nahe. Es läuft Wasser. Fließendes Trinkwasser in Nandere!

Sie haben es vollbracht. Sie haben das zu Ende geführt, was ich mit einer spontanen Entscheidung initiiert hatte. Es fließt Wasser. Wahnsinn! Von diesem Augenblick an fördert die elektrische Pumpe sauberes Trinkwasser 420 Meter hinauf in den Wassertank der Pfarrei. Von dort aus läuft das Wasser weitere fünfzig Meter direkt in die Mitte des Dorfes. Endlich haben die Menschen in Nandere fließendes Trinkwasser. Und endlich haben sie auch genug Wasser, um das ganze Dorf zu versorgen.

Um das Timing zu halten, arbeiten die Männer von *Busoga Trust* auch am Karfreitag. Sie schließen den Graben, den wir in mühevoller Arbeit geöffnet haben. Strom- und Wasserleitungen wurden zuvor unter Steffens kritischen Augen verlegt. Am Dienstag nach Ostern findet die offizielle Eröffnung des Brunnens statt. Der Bischof von Kasana-Luweero führt die Zeremonie durch. Ich konnte ihn bei einem Besuch dafür gewinnen. Hannes und Steffen senden mir Bilder der Eröffnungszeremonie. In ihren Händen halten sie erschöpft, aber glücklich ein Schild, in Erinnerung an Godfrey. Er ist ein Vorbild, auch nach seinem Tod.

Inzwischen habe ich von vielen Seiten gehört, wie dankbar die Menschen für unsere Hilfe sind und wie sehr sich ihre Lebensqualität seitdem verbessert hat. Obwohl es zwischen der Idee des Brunnenbaus und dem ersten Wassertropfen einige Herausforderungen gab, bereue ich keine Sekunde, mich derart für das Projekt eingesetzt zu haben.

Es war eine kräftezehrende, aber unglaublich lehrreiche Zeit.

Am frühen Nachmittag des 2. Mai empfange ich Father Joseph am Flughafen Berlin-Tegel. Er hat eine Einladung der katholischen Kirche nach Chicago bekommen. Zum ersten Mal verlässt er Afrika. Ein Flug über Berlin ist wesentlich günstiger, und so wird er einige Tage bei mir zu Hause verbringen. Ich bin aufgeregt und freue mich, dass ich ihm meine Familie und meine Freunde vorstellen kann. Direkt nach der Begrüßung ist alles beim Alten. Wir bringen unsere Running Gags und flachsen herum. Ich zeige ihm, wie unsere Wasserhähne funktionieren und dass es auch heißes Wasser aus der Leitung gibt.

Wie glücklich können wir uns schätzen.

Welt

SECHS PAAR SCHUHE

Thor und Maria sind beide zwanzig Jahre alt und frisch verheiratet, als sie in Norwegen alles hinter sich lassen, um nach Deutschland auszuwandern. Zwölf Jahre später und mit vier Kindern im Schlepptau lassen sie erneut alles stehen und liegen, um ein ganzes Jahr um die Welt zu reisen.

Von Thor Braarvig

»Ihr seid verrückt«, sagen uns einige. Andere halten uns für mutig. Und wir? Wir sehen das ein wenig anders. Wir tun ja eigentlich nur etwas, worauf wir richtig Lust haben. Ob wir verrückt sind? Vielleicht. Mutig? Keine Ahnung.

Bis zum Rand voll mit naivem Optimismus und Vertrauen ins Leben? Aber hallo!

Also verkaufen wir unser Haus und buchen ein One-Way-Ticket nach Bangkok. »Von dort aus können wir ja dann schauen, wie es weitergeht«, denken wir uns, und allein dieser Satz lässt unsere Herzen fast platzen vor Vorfreude. Wir fühlen uns so leicht und frei wie lange nicht mehr. Das Haus ist weg, die Schulden auch. Meine Arbeit als freiberuflicher Übersetzer nehme ich mit, denn das, was wir auf dem Konto haben, wird ganz sicher nicht für ein ganzes Jahr reichen.

Die Natur spielt eine wichtige Rolle bei diesem Abenteuer. Schon lange bevor die Reise beginnt, spüren wir eine tiefe Sehnsucht in uns nach einem einfachen und naturverbundenen Leben. Wir entscheiden uns, hauptsächlich Orte zu besuchen, an denen wir viel Natur um uns herum haben werden. Wir wollen uns unterwegs inspirieren lassen und die Augen offen halten. Und wer weiß? Vielleicht finden wir sogar einen Ort, an dem wir uns vorstellen können zu leben?

Unser erstes Ziel ist Norwegen, das Land, in dem Maria und ich aufgewachsen sind. Wir wohnen drei Wochen in einem Tipi mitten im Wald, baden bis spät in die Nacht in einem Becken aus Holz und machen tägliche Entdeckungsreisen in der großartigen Natur, die uns umgibt. Der nächste Nachbar wohnt vier Kilometer entfernt, und die Stille, die wir erleben, wenn die Kinder im Tipi vor dem Lagerfeuer schlafen und Maria und ich draußen auf einer Bank sitzen und in den Sternenhimmel schauen, ist sowohl wunderschön als auch ein bisschen unheimlich zugleich. Es gibt keine Geräusche außer denen des Waldes.

Doch trotz der wunderschönen Natur, die wir direkt vor unserem Zelteingang haben, fällt es mir schwer, so richtig zur Ruhe zu kommen. Die stressigen Monate vor unserer Reise sitzen immer noch tief in den Knochen. »Entspann dich, Thor«, sage ich mir, doch es gelingt mir einfach nicht. Mein Kopf ist zu voll. Es war alles viel anstrengender, als ich gedacht hatte, und die To-do-Liste mit der Überschrift »Vor der Reise erledigen« ist immer noch nicht abgearbeitet.

Kurz bevor unser Aufenthalt in Norwegen zu Ende ist, spüre ich dann aber plötzlich, wie ich meine Schultern senken und ausatmen kann. Ich bin angekommen. Ein bisschen spät vielleicht, aber immerhin. Ein paar Tage darauf sitzen wir im Flieger, der uns nach Bangkok bringen soll. Die Kinder schalten begeistert die Unterhaltungsgeräte ein, die an jedem Sitz befestigt sind, und ich lehne mich zurück.

»Jetzt geht es tatsächlich so richtig los«, denke ich.

Wir haben nur dieses eine Flugticket nach Bangkok, wo wir ein Hostel für zwei Nächte gebucht haben. Was danach kommt, ist völlig offen. Ein ganzes Jahr liegt vor uns wie ein unbemaltes Blatt Papier. Und wir dürfen es gestalten, wir dürfen uns treiben lassen. Wir werden das Jahr füllen, mit Leben, mit Abenteuer, und ich kann es kaum erwarten.

Eine Achterbahnfahrt der Gefühle

In Thailand erleben wir eine Menge Hochs und Tiefs und stellen fest, dass auch das Unschöne zur Schönheit des Lebens beiträgt.

Am frühen Morgen landen wir in der Millionenstadt Bangkok. Wir gehen zum ersten Mal zu einem thailändischen Markt, kaufen aber nichts außer frischen Kokosnüssen. Für die Kinder gibt es zu viele neue Eindrücke, zu viele gewöhnungsbedürftige Gerüche, daher kehren wir schon nach wenigen Minuten zu unserem Hostel zurück. Dort lernen wir zwei Backpacker kennen, die uns ermutigen, dem Markt eine zweite Chance zu geben. »Es stinkt zwar dort, aber das Essen schmeckt super«, versichern sie uns. Also geht Maria ein paar Stunden später noch mal hin und bringt uns eine leckere Mahlzeit mit zurück zum Hostel: gegrillte Hähnchenspieße mit Sticky Rice und Unmengen von frischem Obst zum Nachtisch.

Dann wird es Zeit, dass wir uns mit unserer Weiterreise beschäftigen. Wir überlegen mal wieder, welche Insel wir besuchen wollen, und sind dabei ziemlich hin und her gerissen. Schon vor der Reise haben wir uns viel über die unterschiedlichen Inseln informiert, doch erst jetzt stehen wir unter dem »Druck«, uns entscheiden zu müssen. Irgendwann fällt die Wahl auf Koh Samui, und bereits am nächsten Abend sitzen wir alle im Nachtzug Richtung Surat Thani, einer Stadt im Süden Thailands. Nach einer ganzen Nacht im Zug, einer Busfahrt von Surat Thani zur Küste und einer Bootsfahrt, die etwa zwei Stunden dauert, kommen wir am frühen Nachmittag am Pier von Koh Samui an.

Als wir von Bord gehen, fällt uns sofort auf, wie zielgerichtet die anderen Reisenden wirken. »Einfach nur weiterlaufen«, antworte ich, als Maria mich verunsichert anschaut und die Worte »Was machen wir jetzt?« mit den Lippen formt.

Alle um uns herum scheinen genau zu wissen,
was sie tun.

Einige werden von Vertretern einer Reisegesellschaft empfangen, andere laufen entschlossen auf irgendetwas oder irgendjemanden zu. Wodurch wir uns natürlich noch plan- und orientierungsloser fühlen, als wir es ohnehin schon sind. Es ist vierzehn Uhr nachmittags und wir haben noch keine Unterkunft für die Nacht. Ich kenne Leute, die in Panik geraten würden, wenn sie drei Monate vorher noch nicht wüssten, wo sie schlafen werden. Uns wird jetzt erst ein bisschen unwohl bei dem Gedanken, dass wir nun nach der langen Reise eine Unterkunft suchen müssen, mit vier Kindern im Schlepptau. Ein bisschen zu spät vielleicht? Wir wissen zwar, dass es zu dieser Jahreszeit viele freie Unterkünfte gibt, aber trotzdem fühlt es sich in diesem Augenblick ein bisschen seltsam an, das Ganze. Fast ein bisschen abenteuerlich. Unsere Spontaneität sorgt für ein wenig Spannung, sowohl im positiven als auch im negativen Sinne. Aber genau so wollten wir es doch, also können wir uns jetzt nicht beschweren.

»Einfach nur weiterlaufen«, sage ich also – dabei müssen wir beide über diesen Spruch und die ganze Situation schmunzeln –, »lass uns so tun, als ob wir alles im Griff hätten.« Ich will nicht, dass die Kinder mitbekommen, dass wir gerade ein bisschen planlos sind. Also gehen wir einfach weiter, genauso zielstrebig wie alle anderen.

Ein paar Minuten später treffen wir auf einen Taxifahrer, der uns, trotz des überteuerten Preises, mit seiner freundlichen Art und einem ansteckenden Lächeln sofort beruhigen kann. Er fragt, wohin die Reise geht, und ich antworte, dass wir das noch nicht wissen, er solle uns doch eine schöne, familienfreundliche Ecke empfehlen, möglichst mit Bungalows direkt am Strand. Maria wird ein bisschen spezifischer und fragt, wie es so im Norden der Insel am Mae Nam Beach sei, einem Strand, den wir zwei Tage vorher von einer anderen reisenden Familie über Facebook empfohlen bekommen haben.

»*Nice and calm, good for families*«, meint der Taxifahrer. Ob er da eine gute und günstige Bungalowanlage kenne?

»*Yes, my friend*«, versichert er uns, und schon fahren wir los. Sein Englisch ist verhältnismäßig gut, doch er spricht mit einem starken Akzent. In seinem Siebensitzer ist es schön kühl, und die unangenehmen Minuten am Pier sind längst vergessen, jetzt, wo wir entspannt im großräumigen Taxi sitzen und uns die vorüberziehenden Landschaften und Gebäude anschauen. Nach einer zwanzigminütigen Fahrt erreichen wir das vom Taxifahrer angesteuerte Ziel.

Wir verlieben uns sofort in den Strand mit den vielen Schatten spendenden Palmen und bleiben volle vier Wochen an diesem Ort. Wir genießen die Sonne, das Meer und jede Menge leckeres thailändisches Essen. Die extreme Hitze sorgt dafür, dass sich mein Tempo verlangsamt. Sogar meine Gedanken gehen langsamer, was mir guttut.

> Eines Tages bringt Maria frittierte Kakerlaken mit vom Markt. Alle probieren, außer mir.

Ich bringe es einfach nicht über mich. »Lecker, schmeckt nach Chips«, sagt Aaron. Aber auch er kann mich nicht überzeugen.

Nach fast einem Monat verabschieden wir uns von Koh Samui und nehmen eine Fähre Richtung Norden. Drei Stunden später erreichen wir eine kleine Insel, die aussieht wie ein grüner, verwachsener Hügel, der aus dem Meer ragt. Sie hört auf den Namen Koh Tao und soll unser Zuhause für die nächsten fünf Wochen sein.

Lydia und ich lernen tauchen. Nach zwei Tagen Theorie und Übungen im Swimmingpool fahren wir mit einem Boot aufs Meer, ziehen uns die Tauchausrüstung an und stürzen uns mit unserem Tauchlehrer ins Wasser. Es ist ein unbeschreibliches Gefühl, durch die Unterwasserwelt von Koh Tao zu gleiten. Es fühlt sich an, als würden wir in Zeitlupe schweben, umgeben von Korallen und Fischen in allen möglichen Farben und Größen. »Es ist eine völlig andere Welt hier unten«, denke ich vor mich hin, während ich etwa einen Meter über dem Meeresboden treibe und alles aufsauge, was ich um mich herum sehen kann. Oben tobt das Leben, geht alles weiter wie gewohnt, ist es voller Geräusche. Hier unten ist es ganz anders – so friedlich, so harmonisch, so still. Und es geht auch irgendwie alles langsamer, fast so, als würde die Zeit stillstehen.

Ich genieße es, mir die Fische anzuschauen, die so schön sind, sich so langsam und scheinbar unbekümmert bewegen. Sooft sich die Gelegenheit bietet, schwimme ich ganz nah an sie heran, um sie aus unmittelbarer Nähe beobachten zu können, woran sie sich in der Regel gar nicht stören. Lydia schwimmt neben mir her und zeigt aufgeregt in alle möglichen Richtungen. Es gibt unendlich viel zu sehen und alles möchte sie mit mir teilen. Die Angst, die sie anfangs vor dem großen, weiten Meer empfand, hat sie überwunden, und es freut mich sehr zu sehen, wie viel Spaß sie jetzt hat.

Nach vier Tauchgängen, verteilt auf zwei Tage, ist es dann so weit. Unser Tauchlehrer verkündet laut zu allen Anwesenden auf dem Tauchboot, dass wir beide unsere Tauchprüfungen bestanden haben. Lydia strahlt vor Freude und ich bin wahnsinnig stolz auf sie.

Wir essen fast jeden Tag unser Mittagessen im gleichen Restaurant, und mit der Zeit lernen wir die Belegschaft kennen. Die Einheimischen nehmen uns immer wieder mit und zeigen uns die schönsten Buchten und Sandstrände, die man sich nur vorstellen kann. Unsere zwei Ältesten dürfen sogar ein »Praktikum« bei ihnen im Restaurant machen, helfen zwei Tage lang in der Küche aus und nehmen die Bestellungen der Gäste auf. Vor allem die deutschen Backpacker staunen nicht schlecht, wenn eins der blonden Mädchen mit einem Notizblock in der Hand zu ihrem Tisch geht und sie auf Deutsch fragt, ob sie etwas bestellen möchten.

Unsere Zeit in Thailand ist extrem schön, aber auch sehr anstrengend. Wir erleben so viel Spannendes zusammen, sehen so viel Schönes. Doch uns wird auch klar, dass wir Zeit brauchen, um uns ans Reisen zu gewöhnen. Vor allem die Kinder. Für sie gibt es in Thailand sehr viele neue Eindrücke und es ist heiß. Also gibt es auch stressige Tage, an denen alles doof ist. Manchmal kommen mir sogar wieder die Zweifel: Tun wir wirklich das Richtige? So haben wir uns das doch nicht vorgestellt?

Doch irgendwann an einem solchen Tag gelingt es mir in einem ruhigen Moment, die ganze Situation von außen zu betrachten. Ich mache es nicht bewusst, es passiert einfach. Ich sehe Leichtes und Schweres, Schönes und Unschönes, Gutes und Schlechtes. Und irgendwie ergibt das Ganze ein stimmiges Gesamtbild. »Das Leben soll nicht immer leicht sein«, denke ich. »Das, was wertvoll ist, kostet auch etwas.« Manchmal sogar viel. Ich spüre, dass ich bereit bin, diesen Preis zu bezahlen. In der Gewissheit, dass alles gut wird. In diesem Moment wird mir klar, dass auch das Unschöne auf eine seltsame Weise zur Schönheit des Lebens beiträgt.

Am Ende unseres Aufenthalts in Thailand wohnen wir drei Tage im Dschungel von Khao Sok. Die Wände unseres Bungalows enden dreißig Zentimeter unter dem Dach, sodass es rundherum eine große Öffnung gibt, die ständig für frische Luft sorgt. Nachts, wenn die nachtaktiven Tiere zum Leben erwachen, klingt es, als würden wir draußen schlafen. Doch die Kinder stört das nicht. Sie sind mittlerweile einiges gewohnt und schlafen innerhalb von wenigen Minuten tief und fest. Unser Bungalow liegt direkt am Ufer eines Flusses, und am nächsten Morgen entdecken wir eine Affenfamilie, die in einem Baum genau gegenüber wohnt.

Die Kinder und ich gehen etwa 200 Meter flussaufwärts und lassen uns dann zurück zu unserem Bungalow treiben.

»Noch mal!«, ruft Filippa, als wir aus dem Fluss steigen.

Indonesien

Wir lehnen uns zurück und finden nach unserer Eingewöhnungsphase in Thailand wieder in unser Gleichgewicht zurück.

Auf Bali leben wir in einem offenen »*Eco-House*«, ähnlich dem Bungalow im Dschungel. Die Küche und das Badezimmer befinden sich draußen und durch das Haus weht immer ein leichter, angenehmer Luftzug. Wir befinden uns an einem großen Reisfeld am Rande der Stadt Ubud. Das Klima ist angenehmer als in Thailand, und sowohl die

Kinder als auch wir Erwachsenen kommen hier richtig zur Ruhe. Wir saugen die entspannte Atmosphäre auf, kühlen uns im Pool ab und genießen das Essen, das so anders schmeckt als in Thailand. Für 2,50 Euro am Tag mieten wir uns einen Roller, damit wir einkaufen fahren können.

Wir essen Obst ohne Ende, und die Kinder freuen sich grenzenlos darüber, dass wir eine eigene Küche haben, in der wir endlich auch mal selber kochen können. Gute Freunde aus Deutschland besuchen uns hier. Wir genießen es, so viel Zeit miteinander verbringen zu können, und sitzen an den ersten Abenden bis spät in die Nacht zusammen. Nach einer gemeinsamen Woche in Ubud nehmen wir ein Boot zu den Gili-Inseln, mieten uns ein Haus, schwimmen mit Schildkröten und essen gegrillte Maiskolben mit Knoblauchbutter am Straßenrand.

Down Under

Auf der australischen Insel Tasmanien leben wir unter einfachsten Bedingungen und naturverbundener als je zuvor in unserem Leben.

Wir landen in Perth, wo wir meine Schwester und ihren Ehemann besuchen. Barfuß gehen wir die kurze Strecke zum Strand und stürzen uns in das kühle Wasser. Die Kinder lassen sich auf ihren Bodyboards liegend von den Wellen an den Strand spülen, laut schreiend vor Freude. Sie spielen stundenlang miteinander und ihre Fantasie blüht wieder richtig auf.

»Vielleicht haben sie sich jetzt erst so richtig an das Reisen gewöhnt«, überlegt meine Frau, während wir sie in einem ruhigen Moment – von denen es an diesem Ort eine Menge gibt – beobachten.

»Vielleicht«, antworte ich und denke darüber nach, wie eng das

Glücklichsein eines Vaters oder einer Mutter mit dem ihrer Kinder verknüpft ist.

Nach zweieinhalb ruhigen Wochen machen wir einen Roadtrip Richtung Süden, essen das beste Eis der Welt und Fish and Chips am Strand.

Wir wohnen zwei Nächte beim Opa meines Schwagers, einem Achtzigjährigen, der drei Wochen zuvor die Frau seines Lebens verloren hat. Ich sage ihm, dass ich seine Wohnung schön finde. »Es gefällt uns ganz gut hier«, erwidert er aus alter Gewohnheit. Seine traurigen Augen verraten mir, dass ihm gleich darauf sein Versprecher bewusst wird, doch er sagt nichts mehr dazu, lächelt mich nur schweigend an und wechselt das Thema. Ich denke an den Tod und daran, wie er zum Leben gehört, genauso wie die Geburt und alles, was sich dazwischen abspielt.

»Ich will auch so lange leben wie er«, denke ich, »und auch so lange verheiratet sein.«

Die Reise geht dann weiter nach Tasmanien, der Insel südöstlich von Australien. Dort besuchen wir eine andere Schwester von mir, die mit ihrer Familie auf einer kleinen Ranch lebt. Wir wohnen in einem ausgebauten Schuppen, der nur 35 Quadratmeter groß ist. Er besteht aus einer Wohnküche, einem kleinen Schlafzimmer und einem Badezimmer mit Dusche und Waschbecken. Draußen gibt es eine Komposttoilette.

Wir führen alles andere als ein Luxusleben und fühlen uns trotzdem – oder vielleicht gerade deswegen – extrem wohl hier. Das große Grundstück, all die frei herumlaufenden Tiere, der Teich und die wunderschöne Landschaft. Es tut uns einfach richtig gut, mitten in der Natur zu leben. Zu spüren, dass wir ein Teil von ihr sind und dass wir nicht viel brauchen, um glücklich zu sein. Die Kinder sind den ganzen Tag beschäftigt. Sie spielen mit ihren beiden Cousins und lernen dabei Englisch. Sie gehen auf Entdeckungsreisen, bauen eine Hütte aus altem Holz, helfen Onkel Marcus beim Kompostmachen, schwimmen in dem Teich, der sich auf dem Grundstück befindet, fahren Kanu und füttern die Enten – die immer wieder bettelnd vor unserer Haustür stehen – mit unseren Bioabfällen. Sie lernen eine Menge über Landwirtschaft und Tiere und bekommen zum ersten Mal im Leben ein Verständnis dafür, dass die Natur ein Kreislauf ist und dass wir zu diesem Kreislauf dazugehören.

Auch die Badewanne befindet sich außerhalb unserer – im wahrsten Sinne des Wortes – bescheidenen Wohnung. Wenn man neben unserem Schuppen steht und Richtung Teich schaut, sieht man sie sofort. Eine einsame Konstruktion aus Stahl, darunter eine Feuerstelle. Eines Tages fülle ich sie mit Wasser, baue ein Lagerfeuer auf und zünde ein kleines Stück Grillanzünder an, das ich zuvor unter den Holzscheiten platziert habe. Zwei Stunden später, als das Wasser schön warm geworden ist, dürfen die ungeduldig wartenden Kinder hinein, alle sechs auf einmal. Eine ganze Stunde lang bleiben sie drin. Sie lachen, bespritzen sich gegenseitig mit Wasser und erzählen sich Witze auf Englisch, während meine Frau, meine Schwester, mein Schwager und ich Tee trinken, über belangloses Zeug plaudern und die Abendsonne auf der Holzterrasse vor der kleinen Hütte genießen.

Später am Abend, als die Kinder im Bett sind und es schon längst dunkel ist, schleichen sich zwei nackige Gestalten aus dem Schuppen. Ein paar kleine Kängurus, die sich nichts ahnend vor der Hütte aufhalten, schrecken vor den unheimlichen Kreaturen zurück und springen, so schnell sie können, in den Wald hinein. Wir, also die beiden Kleiderlosen, schauen ihnen kurz hinterher und bewegen uns dann schnell weiter durch die kühle Nachtluft und in die Badewanne. Dort liegen wir dann, genießen das warme, fast heiße Wasser und schauen uns, die Köpfe nach hinten gelehnt, den klaren Sternenhimmel an. Wir üben uns darin, im Jetzt zu leben, den Moment wahrzunehmen und die Vergangenheit und die Zukunft, das Erinnern und das Hoffen komplett auszublenden. Und es gelingt uns. Wenigstens für diesen einen Moment.

Die zwei Monate, die wir hier verbringen, gehen viel zu schnell um. Wir sind uns alle einig, dass der kleine Schuppen, der in dieser Zeit unser Zuhause war, die coolste Wohnung ist, in der wir je gewohnt haben.

Dadurch, dass sie so klein war, wurde die Welt draußen groß. Das einfache Leben, das wir hier geführt haben, hat uns richtig gut gefallen. Es hat uns nicht viel Geld gekostet, und auch das würde diesen Lebensstil auf Dauer ziemlich entspannt machen.

Also gestatten wir uns, weiterhin von einem solchen Leben zu träumen. Ein Leben mit wenig Besitz, wenig Luxus, aber dafür ganz viel Natur um uns herum. Ein Leben, in dem wir mehr Zeit haben für das, was uns wichtig ist.

Ein Zelt, ein Mietwagen und ein atemberaubendes Land

Wir bestellen spontan Flugtickets nach Neuseeland, kaufen uns dort ein günstiges Zelt und machen einen sechswöchigen Roadtrip, der uns unter anderem bis zur Südspitze der Südinsel bringt.

Es ist das erste Mal, dass wir innerhalb eines Landes so richtig herumreisen. Bisher sind wir meistens länger an einzelnen Orten geblieben, da wir gemerkt haben, dass das den Kindern guttut. Sie brauchen eine gewisse Zeit, um sich in einer neuen Umgebung einzuleben, und werden ungern direkt wieder herausgerissen. Doch da wir diesmal unser Zuhause - also das Zelt und den Mietwagen - mitnehmen, klappt es wunderbar, und auch die Kinder genießen diese Wochen in vollen Zügen.

Neuseeland ist einfach überwältigend schön. Die majestätischen Berge, die Seen, die glasklaren Flüsse und die unendliche Weite. Dieses Land gibt uns eine heftige Überdosis Natur und wir werden süchtig und wollen immer mehr davon. Wir fahren zu einem Strand, an dem wir mehr Delfine sehen, als wir zählen können. Von einer Klippe beobachten wir junge Seelöwen, die scheinbar um die Wette schwimmen, und Pinguine, die nach einem langen und anstrengenden Tag im Meer langsam zurück zu ihren Höhlen tapsen. Wir stehen an einem steinigen Strand, der voll von Robben ist, die sich die Sonne auf den Pelz scheinen lassen, während sie neugierig zu uns herüberschauen.

Wenn unser Leben in dem kleinen Schuppen auf Tasmanien einfach und minimalistisch war, dann ist es das jetzt erst recht. Wir schlafen so lange im Zelt, bis sich die dünnen Isomatten wie angenehme Matratzen anfühlen. Wir haben nur das Allernötigste dabei, waschen uns in kalten Flüssen, ernähren uns hauptsächlich von Gemüse und anderen Lebensmitteln, die nicht gekühlt werden müssen, und waschen unsere Klamotten in einem Kunststoffbehälter, den wir mit Wasser aus einem See oder Fluss füllen.

Im Gepäck haben wir nur Kleidung für warme Länder, und je näher wir uns der Südspitze der Südinsel nähern, desto kälter wird es. Also decken wir uns ein mit günstigen Klamotten aus einem Secondhand-Laden. Auch Wolldecken kaufen wir dort, um sie nachts um unsere Schlafsäcke zu wickeln.

In Curio Bay lernen wir den Schwaben Bernhard kennen, der 52 Jahre alt ist und seit über zwei Jahren um die Welt reist. Wir halten uns vier Tage lang auf dem gleichen Campingplatz auf, und die Fröhlichkeit und die Leichtigkeit, die er ausstrahlt, ermutigen uns.

»Ich habe Angst vor der Zeit nach der Reise«, gestehe ich ihm eines Tages.

»Wie meinst du das? Wovor hast du denn Angst?«

»Vor den Entscheidungen, die wir treffen müssen. Werden wir weiterreisen, oder werden wir einen Ort suchen, wo wir wohnen werden? Und wenn ja, wo wird das sein? Wenn wir keine Kinder hätten, wäre das alles kein Problem, aber die Verantwortung für die Kinder lastet schwer auf mir. Es gibt so viele Optionen und ich möchte einfach keine falschen Entscheidungen treffen.«

»Mach dir keine Sorgen, Thor«, antwortet er nach einer kurzen Pause. »Es gibt keine richtigen oder falschen Entscheidungen. Es gibt nur Entscheidungen. Wenn du mit einer Situation nicht zu hundert Prozent zufrieden bist, kannst du immer im Nachhinein den Kurs korrigieren. Denk nicht zu viel nach, Thor. Folge einfach deinem Herzen!«

Seine Worte treffen mich. Wir sind unseren Herzen gefolgt, als wir das Haus verkauft haben, um die Welt zu entdecken. »Ich muss zurückfinden zu dem Vertrauen und der Einstellung, die uns dazu befähigt haben, alles hinter uns zu lassen und diese Reise zu unternehmen«, sage ich mir innerlich. »Wenn wir weiterhin auf unser Herz hören, dann wird schon alles gut.«

Wir fliegen nach Brisbane, mieten ein günstiges Auto, fahren bis zur Sunshine Coast und verbringen weitere sechs Wochen in unserem Zelt in einem gemütlichen Ort namens Noosaville. Dort lernen wir Troy, einen freundlichen jungen Mann im Rollstuhl, kennen, der ein leidenschaftlicher Angler ist. Am nächsten Tag bringt er Angelruten für die Kinder mit und über die nächsten Wochen verabreden wir uns immer wieder zum Angeln. Eines Tages tauchen zwei Stachelrochen am Strand auf, und Troy gibt uns ein bisschen von seinem Köder ab, damit wir sie füttern können. Wir gehen raus zu den Rochen und stehen knöcheltief im Wasser, während sie aus unseren Händen fressen.

»Kann man sie anfassen?«, frage ich Troy. »Ja klar«, sagt er, also berühre ich den größeren der beiden Rochen vorsichtig am Rücken und bewege meine Hand langsam nach hinten. Der Schwanz mit dem Stachel bewegt sich dabei keinen Zentimeter, also versuche ich es noch einmal, während die Kinder ihm noch ein Stück Fisch zum Fressen geben. Es ärgert mich ein bisschen, dass ich das Ganze nicht mit einer Kamera festhalten kann, doch das kann eigentlich egal sein. Denn dieses Erlebnis wird ohne Zweifel für immer in meinem Kopf gespeichert bleiben.

Es ist der vielleicht schönste und entspannteste Ort, den wir auf unserer Reise gesehen haben, und wir genießen die Zeit dort sehr. Wir überlegen sogar, noch länger zu bleiben, doch tief in uns drin wächst eine Unruhe, die immer größer wird. Vermutlich, weil das Jahr langsam zu Ende geht und es Zeit wird, an den nächsten Schritt zu denken. Wir überlegen, ob wir über Hawaii und Kalifornien zurück nach Europa fliegen. Aber wollen wir das wirklich? Jetzt einen neuen Ort, wo wir niemanden kennen? Es fühlt sich einfach leer und sinnlos an. Plötzlich fühlen wir uns satt von der Welt und spüren eine starke Sehnsucht nach Freunden, Familie und etwas Vertrautem.

Der Neuanfang (oder: das Happy End)

Was passiert nach der Reise? Wo werden wir leben?
Diese Fragen haben wir uns immer wieder gestellt.
Es wird Zeit, Antworten zu finden.

Als wir relativ günstige Flugtickets nach Norwegen ergattern, fühlt sich die Vorstellung, dorthin zu fliegen, wahnsinnig erleichternd an. Wir vergleichen dieses Gefühl mit dem, was wir fühlen, wenn wir an Hawaii und Kalifornien denken, und es wird uns sofort klar, was wir zu tun haben. Folgt eurem Herzen, hat Bernhard gesagt. Also buchen wir ihn einfach, den Flug nach Norwegen. Neun Tage später sind wir in Bangkok, wo wir fünf ruhige Tage verbringen.

Wir wohnen im gleichen Hostel, gehen zum gleichen Markt und essen die gleichen Hähnchenspieße mit Sticky Rice wie damals. Für die Kinder ist es jetzt völlig normal, in Bangkok zu sein, sie fühlen sich wohl hier, ganz anders als vor zehn Monaten. Ich denke an unseren Flug nach Norwegen und fühle mich leicht. Es erscheint surreal, dass uns nur eine dreißigminütige Taxifahrt von dem Flughafen trennt, an dem wir in wenigen Tagen ein Flugzeug einer norwegischen Fluggesellschaft besteigen werden, das uns zurück nach Europa bringen wird.

Ein paar Tage später kommen wir in Norwegen an. Wir steigen in einen Zug, und als wir eine Stunde später wieder aussteigen, steht die ganze Familie meiner Frau am Bahnsteig.

Da sind Tanten, Onkel, Cousinen, Cousins, der Opa und die Oma. Menschen, die wir lieb haben und viel zu lange nicht gesehen haben.

Unsere Kinder, die nichts von diesem Empfang geahnt haben, flippen völlig aus. Sie lachen und weinen vor Freude und stürzen sich übermütig in die Arme ihrer Verwandten.

Wir genießen es, wieder in einer vertrauten Umgebung zu sein, umgeben von Leuten, die uns wichtig sind. Und da es an den nächsten Tagen richtig schönes Sommerwetter gibt, gehen wir immer wieder zum Strand, um uns im Oslofjord abzukühlen. Kindheitserinnerungen werden wach, und mir wird klar, wie sehr ich diesen Fjord liebe.

Doch nach ein paar Tagen wird es wieder ernst. Wir fangen an, im Internet nach einer Wohnung in Deutschland zu suchen. Am liebsten wollen wir in der Natur wohnen, ähnlich wie wir es auf Tasmanien gemacht haben. Es ist uns zwar klar, dass das in Deutschland schwierig werden kann, wir wollen es aber trotzdem versuchen. Die Suche bleibt erfolglos. Je mehr Wohnungen wir uns im Internet anschauen, desto verlorener fühlen wir uns. »Vielleicht sind wir ein wenig verwöhnt«, denken wir. Wir können es uns einfach nicht vorstellen, so ein bisschen im Grünen zu wohnen. Wir wollen mitten in der Natur sein. Umgeben von Flüssen und Seen und Wäldern. »Eine Wohnung auf einem Bauernhof wäre toll«, sagen wir uns und klammern uns immer noch an die Hoffnung, dass wir doch noch etwas finden werden. Dann ruft uns plötzlich Marias Bruder an.

»Hey, ich hab die perfekte Wohnung für euch gefunden!«

»Wie jetzt, in Norwegen?«

»Ja, schaut's euch an. Ich hab euch einen Link geschickt. Es ist auf einem Bauernhof. Im gleichen Haus wohnt 'ne andere Familie und die suchen genau so Naturfreaks wie euch!«

Wir schauen uns die Anzeige an, und sie scheint tatsächlich wie für uns geschrieben: »Wir suchen eine Familie, die naturverbunden leben möchte und sich vorstellen kann, mit uns biologisches Gemüse für den Eigenbedarf anzubauen. Außerdem wäre es schön, wenn wir zwischendurch etwas Gemeinsames in der Natur unternehmen und uns gegenseitig mit den Kindern aushelfen würden.«

Dazu gibt es wunderschöne Bilder von der Umgebung. Wald, Wiesen, Hügel, so weit das Auge reicht. Ein Fluss grenzt direkt an den Bauernhof und es gibt viele schöne Seen in der Nähe. Eine Wohnsiedlung mit anderen Familien und Kindern liegt nur 500 Meter entfernt. Es sieht fast perfekt aus. Das einzige Problem: Es ist im falschen Land. Ich wollte unbedingt wieder nach Deutschland zurück. Maria eigentlich auch, aber ihr fällt es leichter, sich mit dieser Idee anzufreunden.

Ein paar Tage später fahren wir hin. Es ist noch schöner dort, als wir es uns vorstellen konnten, und wir verstehen uns auf Anhieb mit der Familie, die dort bereits wohnt. Maria möchte sofort zusagen, doch ich bin innerlich hin und her gerissen. Eine ganze Woche brauche ich. Doch Tag für Tag spüre ich, wie etwas in mir wächst. Es fängt jedes Mal zu kribbeln an, wenn ich an diesen Bauernhof denke. Und plötzlich merke ich: Der Ort ist einfach perfekt für die Kinder, für uns alle. Verdammt, es ist doch genau das, was wir wollen!

Also sagen wir zu und sind überglücklich, als wir zwei Wochen später die Zusage bekommen. Die Kinder und auch wir Erwachsenen können es kaum erwarten, auf einem richtigen Bauernhof zu leben. Es mag vielleicht das Ende einer großen Reise sein, aber für uns ist es vielmehr der Anfang eines neuen Abenteuers.

Afghanistan

FERIEN IM KRIEGSGEBIET

Die Reisewarnung des Auswärtigen Amtes lässt keine Interpretationen zu. Seit der Saur-Revolution 1978 herrscht Krieg in Afghanistan. Ich will das Land trotzdem sehen und treffe auf Verwunderung, Gastfreundschaft und die Taliban.

Von Josh Cahill

Die Sonne scheint in mein Zimmer, es ist ein behaglicher Morgen. Amerikanische Black-Hawk-Helikopter fliegen über das Gebäude, und ja, ich bin etwas aufgeregt. Heute werde ich die Stadt erkunden.

Kabul. Seit Kindertagen träume ich davon, diesen Ort zu sehen. Irgendetwas hat mich schon immer an diesem Land in Zentralasien fasziniert. So fasziniert, dass ich all die furchterregenden Nachrichten ausblenden kann, die aus der Hauptstadt Afghanistans berichtet werden. Ich mag es, in einer Stadt einer von ganz wenigen Touristen zu sein, wie ich es beim Trampen im Iran, im Irak oder während des Arabischen Frühlings in Kairo erlebt habe. Solche Orte gibt es nur noch sehr wenige in Zeiten der Globalisierung – ich erkaufe es mir mit einem erhöhten Risiko. Aber das ist es mir wert.

Nun, ich bin also tatsächlich hier und möchte unbedingt raus in die Straßen von Kabul. Kamera und los. Habe ich Angst? Nein, ich fühle mich eher wie Neil Armstrong, bevor er als erster Mensch den Mond betritt. Wenn ich mich hier auch nicht auf einem fernen Planeten befinde, ist es doch eine ganz andere Welt: eine Nachkriegshauptstadt. Kabul gehört zu den am schnellsten wachsenden Orten der Erde, mit einer Generation von Menschen, die niemals echten Frieden kennengelernt haben. Ich möchte sie kennenlernen.

Überwältigende Szenen. Junge Schuhputzer sitzen an allen Ecken, heftiger Verkehr, chaotische Kreuzungen. Alles ist grau, wie mit einer dicken Staubschicht belegt. Ein paar Frauen in schwarzen Burkas wechseln die Straßenseite, als sie mich sehen.

Mancher erstarrt, hört auf mit seinem Tagesgeschäft; sie können nicht glauben, dass ein junger blonder Mann an ihnen vorbeispaziert.

Manche rufen mir zu: »*Welcome to Afghanistan!*« Eine Gruppe Jugendlicher bedenkt mich mit misstrauischen Blicken.

Sightseeing Kabul

Um dieses Land besser zu verstehen, möchte ich in die Geschichte eintauchen. Mein erster Stopp ist die Ruine des Darul-Aman-Palastes. Früher lebte hier der König, doch seit über dreißig Jahren verfällt das imposante Gebäude mehr und mehr. Manche erzählen, dass es verflucht sei. In jedem Fall haben hier viele Menschen ihr Leben verloren.

Schon die Fahrt zum Palast ist eindrucksvoll. Ein langer Boulevard führt direkt darauf zu, und erst wenn man näher kommt, lüftet der Smog langsam seinen Vorhang und gibt den Blick auf die mysteriös erscheinende Ruine frei. Ein großer Spannungsaufbau, Entertainment Afghanistan-Style. Für mich ein besonderer Moment, für die Einheimischen Alltag.

Der Palast ist mit Stacheldraht umzäunt, auf dem Dach stehen Soldaten. Ein uralter Mann hockt zwischen ein paar Pflanzen und Büschen. Er versucht mir zu erzählen, dass er der Gärtner von Amanullah Khan gewesen sei, doch es ist schwer zu glauben: Der König war nur von 1926 bis 1929 Herrscher Afghanistans. Das würde den Mann mindestens hundert Jahre alt machen, und das in einem Land mit der durchschnittlichen Lebenserwartung von unter sechzig. Doch wer weiß? Ich tue so, als würde ich seine Geschichte glauben.

Ein wenig Schmiergeld bringt mich in das Gebäude. Überall Einschusslöcher. Der nach deutschen Vorbildern erbaute Palast besteht fast nur noch aus Schutt, Trümmern und Graffiti. Wahrlich nicht das typische Sightseeing, und fern einer Museumstour. Die Eindrücke sind mächtiger, dieser Ort ist immer noch Teil der Vergangenheit, aber vielmehr ein Symbol der Gegenwart.

Gegenüber wird an der Zukunft gebaut: Das neue, glitzernde Parlament soll bald die Regierung beherbergen. Das nennt man Fortschritt, und man merkt, wie sehr den Menschen hier daran gelegen ist, nicht zu stagnieren.

Am nächsten Morgen schlendere ich über den Großmarkt. Eine Zeitreise in die Vergangenheit: Kühe, Ziegen, Hühner, Berge an buntem Gewürz, westliche und traditionelle Kleidung, Unmengen von Gemüse. Das Leben pulsiert; es wird gehandelt, gezetert und geschrien, gelacht und geschimpft. Kein Vergleich zum beschaulichen Sonntagsmarkt daheim in Deutschland. Nein, hier geht es ums Überleben: Jeden Tag kämpfen die Menschen darum, genug zu bekommen, für sich und ihre Familien.

Nahe dem Kabul River bietet sich ein anderes Bild. Ein ausgetrocknetes Flussbett, voll mit Müll. Hierher kommen die Männer, um Heroin zu rauchen: junge und alte, die sich schon lange aufgegeben haben. Nicht alle kommen mit den harschen Lebensbedingungen klar, die Kriegsjahre haben überall tiefe Wunden gerissen, der immer wieder aufflammende Terror verzögert die Heilung.

Etwas Essen am Straßenrand, ein grüner Tee. Ich versuche die Seele der Stadt zu verstehen, aufzunehmen. So viel Ambivalenz: Die Menschen sind oft sehr liebenswürdig und dankbar, der Kampf ist tägliche Realität, die Zukunft unsicher. Manchmal sind Kabul und der umgebende Hindukusch voller Schönheit, dann wieder Zerstörung und unendliches Leid.

Ich trinke den Tee aus und laufe zurück, wo mein Gastgeber bereits die Wasserpfeife und ein Abendessen vorbereitet hat. Seine Freunde kommen auch, nur Männer natürlich. Die warmherzige, wunderbare afghanische Gastfreundschaft!

Über alle Berge

Heute werde ich mich auf eine Reise in den Norden des Landes begeben. Mazar-i-Sharif. Der Roadtrip zur Hauptstadt der Balkh-Provinz startet im Sonnenschein des neuen Morgens. Eine Woche war ich nun in Kabul, und ich bin sehr gespannt, was sich hinter den Bergen verbirgt, die die Stadt umgeben. Vielleicht versuchst du dir vorzustellen, wie so eine Reise aussieht: schusssichere Weste, Helm, Kalaschnikow, als Teil eines NATO-Konvois. Nein, nicht ganz! Eher so: ein weißer 90er Toyota Corolla, zehn CDs mit bester indischer Popmusik, grüner Tee und etwas Brot. Meine größte Angst? Dass ich nach dem Genuss der CD-Kollektion fließend Hindi sprechen könnte …

Tanim ist unser Fahrer. Während der Herrschaft der Taliban war er nach Pakistan geflüchtet, aber nach vielen Jahren des Asyls dort entschied er, zurückzukehren und sein eigenes Geschäft zu starten: Er verkauft Überwachungskameras in einem kleinen Laden in Kabul. Tanim hat ein großes Herz – und viele Ideen für das neue Afghanistan. Er möchte mir etwas von seinem Land zeigen und schlug deshalb vor, nach Mazar zu fahren.

Während ich an der Straße darauf warte, dass er mich abholt, starrt mich ein sehr böse dreinblickender Sicherheitsmann an, seine AK47 schussbereit. Solche Typen sehen immer aus, als würden sie einen jeden Moment erschießen. Und da das hier tatsächlich schon ein paarmal geschehen ist, beschleicht mich ein ungutes Gefühl. Normalerweise reagieren die Menschen, wenn ich ihnen freundlich begegne, winke, lächle.

Doch dieser hier, er will einfach nicht mein Freund sein.

Nun gut, denke ich, das ist wohl der Nachteil einer Reise nach Afghanistan, sicher kann man sich nie fühlen. Keine überraschende Erkenntnis, ich gebe es zu.

Endlich kommt unser Freund und es geht los. Sobald wir die Stadt hinter uns lassen, wird die Szenerie monoton. Kabul wirkte schon grau, aber das hier – hier fehlt wirklich jede andere Farbe. Wir passieren ohne größere Probleme ein paar Checkpoints. An der Straße, die sich gemächlich in eine Piste verwandelt, steht immer wieder ein russisches Panzerwrack, dann wieder lange nichts. Afghanistan wirkt leer.

Der Salang-Pass verbindet Nordafghanistan mit Kabul, erklärt Tanim, »und es ist einer der berühmtesten Pässe der Welt!« Tatsächlich ist es ein Abenteuer: Auf fast 4000 Metern wird der Hindukusch gequert, und ich habe noch nie eine so beeindruckende Fahrt erlebt. Immer höher geht es hinauf, der Anstieg scheint kein Ende zu nehmen. Mal ragen zu beiden Seiten schroffe Felsen in den Himmel, mal fällt der Hang gleich neben der Straße steil ab. Auf 3400 Metern schließt sich der Salang-Tunnel an, bis 1973 der höchste Tunnel der Welt. Übrigens mit perfektem Mobilempfang – das zum Thema entwickelte Länder!

Jetzt, wo wir uns langsam ins Tal bewegen, weicht das Grau, und endlich zeigt das Land, was es zu bieten hat: rote Felsen, tiefblaue Flüsse. Ich versuche mir vorzustellen, wie es im Frühling ist, wenn die Büsche und Bäume die Landschaft grün erstrahlen lassen …

Wir haben Afghanistan zur Hälfte durchquert, als wir nach acht Stunden Fahrt nach Mazar-i-Sharif einfahren. Mazar, wie die viertgrößte Stadt des Landes genannt wird, war die erste, die 2001 durch internationale Truppen von der Herrschaft der Taliban befreit wurde. Und seit diesem Tag blieb sie auch einer der friedlichsten Orte Afghanistans. Tanim hat eine Unterkunft ausfindig gemacht, eine Art Hotel, wo wir das Auto abstellen. Ich genieße es, durch die Straßen zu spazieren, viele junge Leute sprechen mich an – in erstaunlich gutem Englisch! –, fragen mich, wo ich herkomme, was mich nach Afghanistan führt, wie es mir ergangen ist. Ich fühle mich sehr willkommen.

Aber das ist nicht der einzige Grund, weshalb sich eine Reise nach Mazar lohnt: Die Stadt ist bekannt für ihre Blaue Moschee – eine der schönsten im Land. Prächtig strahlt die blaue Mamorkuppel, besonders am Morgen. Und so stehe ich an diesem Freitag vor der Moschee, die Gläubigen sammeln sich zum Gebet, und das Licht des Sonnenaufgangs lässt die Kuppel sanft leuchten. Wunderschön. Das Grab von Mohammeds Cousin soll sich hier befinden – egal ob es stimmt oder nicht, der Ort ist großartig.

Zurück in der Unterkunft, wird uns eröffnet, dass wir nicht bleiben können.

Ausländer dürfen hier nicht sein, erklärt uns der Besitzer. Es ist ein Schock, aber nach einer Tasse Tee entschließen wir uns schweren Herzens, nach Kabul zurückzukehren. Und das, obwohl der Highway nachts immer wieder von Taliban kontrolliert werden soll. Aber was bleibt uns übrig? Die untergehende Sonne taucht die Stadt in ein goldenes Licht, als wir uns aufmachen, den Pass zu erklimmen. Das Risiko, von falschen Polizisten oder Taliban gestoppt zu werden, ist jetzt ungleich höher als bei Tag, und ich sende immer wieder meine Position an meine Schwester, nur für den Fall der Fälle.

Tatsächlich sehe ich einen Taliban auf dem Weg zu seiner »Arbeit«, zumindest ist es das, was Tanim denkt. Mit Turban und halb vermummtem Gesicht, das Gewehr über der Schulter, kommt er durch die Berge auf die Straße zu. Mir stockt der Atem. Dies sind nicht die Bilder im Fernsehen, dies ist die Realität! Was passiert, wenn sie uns anhalten? Aber es ist wohl noch zu viel los, er scheint auf seine Freunde zu warten und beachtet uns nicht weiter. Glücklicherweise bleibt der Verkehr konstant, das erleichtert mich.

Nach dem Salang-Pass (auch nachts ein atemberaubendes Unterfangen) fahren wir wieder in die Hauptstadt zurück. Ein zu kurzer Roadtrip, aber nichtsdestotrotz war es die Reise wert!

Die letzten Tage in Kabul sind lang und intensiv. Das, was ich erlebe, führt mir wieder einmal vor Augen, wie gut ich es zu Hause habe. Aber auch, dass es sich lohnt, dorthin zu reisen, wo ich erleben kann, wie Geschichte geschrieben wird. Und wieder abreisen kann. Ein unendliches Privileg.

Spanien

ZU FUSS INS HERZ DER PYRENÄEN

Die Pyrenäen spannen sich vom Atlantik bis ans Mittelmeer und gehören zu den schönsten Hochgebirgslandschaften Europas. Eine Wanderung quer durch – die Transpirenaica.

Von Johanna Stöckl

Die Hitze ist gerade noch erträglich. Ein Grad mehr – das ist eine Drohung an das Universum –, und ich verweigere, gehe keinen Schritt weiter, sondern lege mich in den Schatten eines Baumes und warte. Wenn es sein muss, bis zum Untergang! Die Sonne sticht seit Stunden gnadenlos auf meinen Kopf. Mein Körper glüht von innen. Jede Pore schwitzt. Die dünnen Socken in den schweren Schuhen qualmen. Anmerken lasse ich mir freilich nichts. Ich gehe weiter. Schritt für Schritt. Aufwärts durch die imposante Schlucht, in deren Steilwänden sich sechs Gänsegeier gerade einen riesen Spaß aus der Hitze machen. Sie nutzen die tolle Thermik und schweben lautlos durch die aufgeheizte Luft. Des einen Freud', des anderen Leid. Das Gute am Wandern in der Gruppe ist der Druck, der unausgesprochen von ihr ausgeht.

Zu heiß? Keine Lust mehr? Ich doch nicht! Warum?

Noch prekärer und zugleich effektiver wird es, wie in meinem Fall gerade, wenn man seine Mitwanderer noch gar nicht richtig kennt. Keiner meiner acht Mitstreiter will sich am ersten Tag schon eine Blöße geben. Niemand eine Schwäche zeigen. Und so steigen wir im Gänsemarsch weiter auf. Diszipliniert und der Wärme wegen wortlos. Wäre ich jetzt mit meinem Freund unterwegs, reichte eine klitzekleine Bemerkung und die hitzige Atmosphäre könnte sich entladen. In einem Streit. Mit einem »Was ist los, nicht fit heute?« würde er mich – da bin ich mir ganz sicher – provozieren und endgültig zur Weißglut bringen. Jammern, fluchen würde ich, stehen bleiben, ihn ganz nebenbei für alles, auch die spanische Hitze, verantwortlich machen: Zu spät aufgestanden, zu lange beim Frühstück gebummelt etc. pp. Ich muss schmunzeln. Im Zustand meines körperlichen Unbehagens vermisse ich ihn plötzlich richtig stark.

Ich gehe jetzt weiter, zum Trotz. Wild entschlossen, den höchsten Punkt der Tagesetappe möglichst rasch zu erreichen. Der bloße

Gedanke an meinen Freund zu Hause wirkt beflügelnd. Wie absurd: Obwohl er gar nicht hier ist, will ich es gerade ihm beweisen. Meine eben erfundene Mentaltechnik gegen Hitzekoller in den Pyrenäen erheitert, lenkt mich mindestens dreißig Minuten ab und wirkt Wunder. Denn irgendwann bleibt Harry endlich stehen. Trinkpause, verordnet vom Bergführer höchstpersönlich.

Rucksack von den Schultern nehmen, Aluflasche raus und trinken. Ganz viel trinken. Apfel essen. Verschnaufen und den Blick auf die hinter uns liegende Schlucht Barranc del Bosc genießen, die wir eben in einem circa dreistündigen Marsch ab Terradets durchquert haben. Da es laut Harry auf dem Rundkurs von nun an nur noch abwärtsgeht, bin ich selig.

Schöner kann ein Auftakt zu einer Wanderreise eigentlich nicht sein. Wetter bestens, Gruppe nett, Landschaft prächtig. Die Vorstellung, bald in den nahe gelegenen See Pantà de Terradets oder in den Hotelpool springen zu können, beflügelt uns alle. Dass wir in etwa zwei Stunden an einem üppigen Buffet stehen werden, ahnen wir noch nicht. Paradiesisch: Es wird Artischocken mit Knoblauchöl, Muscheln satt, gegrillte Salatherzen, Käse, Oliven, frische Tomaten und köstlichen Weißwein geben.

PS.: Meine Gruppe besteht aus insgesamt neun Personen. Wir kommen, Bergführer Harry Ebinger ausgenommen (er lebt seit dreißig Jahren nicht mehr in Karlsruhe, sondern in Spanien), aus ganz Deutschland und haben über den *Summit Club*, das Reisebüro des Deutschen Alpenvereins, eine geführte Wanderreise in den spanischen Pyrenäen gebucht. Auf Hütten schlafen wir nicht, sondern in ausgesuchten Unterkünften ohne Luxus, aber – was sich noch herausstellen wird – mit sehr viel Charme. Wir wandern täglich zwischen vier und neun Stunden. Und sind uns am ersten Tag schon ziemlich sympathisch. Von unseren Wanderschuhen einmal abgesehen, scheint kein Stinkstiefel dabei zu sein.

Askese

Das Schöne an einer geführten Wanderreise ist: Du kannst dich voll dem Trekkingmodus hingeben. Der Rhythmus, der mich bestimmt, beschränkt sich im Wesentlichen auf Gehen, Essen, Schlafen.

Klingt monoton? Ist es aber nicht.

Kurze Tagesetappen etwa schenken einem wertvolle Zeit am Ankunftsort, den man nach Lust und Laune selbstständig erkunden kann. Sie erlauben einem auch – was vor allem mit fortschreitender Dauer der Tour wirklich wichtig wird –, sich dem Thema Regeneration und Pflege entsprechend ausgiebig zu widmen. Außerdem braucht der Mensch Auszeiten von der Gruppe, mit der er wandert, also Zeitinseln für sich alleine.

Für mich als Kaffee-Junkie zusätzlich sehr wichtig: Ich liebe es, Bars oder kleine Cafés zu besuchen, um dort mindestens einen Espresso oder zwei zu konsumieren. Ein kurzes Gespräch am Tresen, für ein paar Minuten wenigstens in den Alltag Einheimischer eintauchen, das ist es wohl, worum es mir dabei wirklich geht.

In València d'Àneu etwa nehme ich mir gemeinsam mit Achim Zeit für einen Bummel durch den zauberhaften Ort, in dem nur ein paar Hundert Einwohner leben. In dem Bergdorf herrscht gespenstische Stille. Außer ein paar Katzen, die es sich in der Nachmittagssonne gemütlich machen, sehen wir vorerst keine Spur von Leben. An den Steinhäusern, deren Dächer mit Schieferplatten gedeckt sind, zeugen bunt bepflanzte Blumenkästen vor den Fenstern aber davon, dass sie sehr wohl bewohnt sind. Ein schmuckes Dorf. Ein Traumziel, um vorübergehend auszusteigen, um sich in einem der zwei Hotels einzumieten und einen Kriminalroman zu schreiben, denke ich mir.

Wir folgen den Stimmen, die wir leise hören. Da! Eine kleine Bar. Vor dem Eingang stehen ein paar unbesetzte Tische und Plastikstühle.

Durch einen kitschigen Fransenvorhang treten wir ein. Der winzige Laden ist ausschließlich von älteren Männern in Arbeitskleidung besucht. Hinter der Theke steht eine Frau. Ein Jammer, dass unsere Spanischkenntnisse so dürftig sind. Hier könnten wir interessante Gespräche führen, da bin ich mir sicher.

In einer dunklen Ecke hängt ein Fernseher an der Wand. Wir sehen Bilder aus der Heimat. Angela Merkel und Präsident Obama beim G7-Gipfel auf Schloss Ellmau, was hier niemanden zu interessieren scheint. Und ehrlich: Uns gerade auch nicht. Achims kleinen Weißwein und meinen kräftigen *cortado* genießen wir daher im Freien. Dreißig Minuten lang passiert nichts, rein gar nichts auf der Straße.

Dann kommt im Vakuum der Zeit ein Traktor lautstark um die Ecke getuckert. Der knorrige Mann, der ihn steuert - Zigarette im Mund, speckige Schirmmütze auf dem Kopf -, winkt uns ausgesprochen freundlich zu und wir natürlich gleich zurück. Der bloße Gruß, nichts weiter als eine flüchtige Geste, wird zu meinem Höhepunkt am späten Nachmittag. Dieser Wink, er macht mich plötzlich richtig glücklich.

Lange Wanderetappen hingegen schlauchen. Wenn man acht Stunden aktiv auf den Beinen unterwegs ist, dabei bis zu tausend Höhenmeter absolviert, muss man andere Prioritäten setzen. Nach der Ankunft im Hotel sehnt man sich dann in erster Linie nach einer Dusche oder einem Vollbad. Kleiner Luxus, der einen richtig selig machen kann. Warum ich liebend gerne lange gehe und nicht fahre, ist leicht erklärt. Beim Wandern komme ich total zur Ruhe, während mich Autofahren beispielsweise stresst. Da sich beim Gehen mein Fokus auf das Steigen an sich beschränkt, rückt das Körperliche in den Vordergrund. Schritt für Schritt. Rauf wie runter.

Weil ich im Job hauptsächlich vor dem Computer sitze, ist das Aktivsein draußen eine Sehnsucht, nein, regelrecht ein Drang, in jedem Fall aber ein wunderbarer Ausgleich in der Freizeit. Und dann passiert beim monotonen, stundenlangen Gehen ja auch einiges im Kopf. Man hat Zeit für mitunter kuriose Gedankenspiele und erreicht im Idealfall einen beinahe meditativen Zustand. Nicht selten kreiere ich beim Wandern wunderbare Ideen oder Lösungsansätze für Probleme, die es daheim im Alltag zu stemmen gilt.

> Das lange Gehen kostet Kraft, setzt aber auf einer anderen Ebene sehr viel Energie frei.

Die Kulisse, die einen umgibt, wirkt zudem Wunder. Das moderate Tempo, mit dem man sich bewegt, schenkt einem die Möglichkeit, auf Details in der Natur zu achten. In den spanischen Pyrenäen durchwandere ich Abschnitte, die landschaftlich so reizvoll sind, dass ich ernsthaft in Erwägung ziehe, noch einmal an einen bestimmten Ort zurückzukehren, um mehr Zeit zu haben oder um die Region in einer anderen Jahreszeit, im Winter etwa, zu erleben.

Nicht zu vergessen das große Thema »Essen«, welches man auf einer Wanderreise reuelos genießen darf. Kalorien verbraucht man schließlich garantiert mehr, als man zu sich nehmen kann. Kulinarisch haben die Pyrenäen einiges zu bieten. Anders als in den schicken Städten Spaniens oder an den Küsten dominiert in den Bergen eine eher deftige Küche. Abseits von Tapas und Paella genießen wir köstliche Linsen- und Kichererbseneintöpfe, täglich frischen Salat, Würste in allen Variationen, vielfach Kartoffeln, reichlich Wirsing, gegrillte Blutwurst und – da wir uns nahe an der Grenze zu Frankreich bewegen – immer wieder selbst gemachte Fleischpasteten, die man vor der eigentlichen Mahlzeit zu Baguette reicht.

Dass nach einer langen Wandereinheit das Abendessen regelrecht herbeigesehnt wird, tut der Stimmung in der Gruppe gut. Mit jedem Tag werden die Gespräche am Tisch lustiger, ausgelassener und zugleich intensiver. Das gemeinsam Erlebte schweißt uns Stück für Stück zusammen. Über die Tage formieren wir uns zu einer eingespielten Truppe.

Wir schlafen täglich an einem anderen Ort, was nach ein paar Tagen die lustige Folge hat, dass ich unmittelbar nach dem Wachwerden nie genau weiß, wo ich eigentlich gerade bin. Manchmal muss ich kurz ans Fenster gehen, um mich wieder einzuordnen. Das Wochenprogramm mit den einzelnen Etappen- und Unterkunftsbeschreibungen habe ich mir ausgedruckt. Es liegt jede Nacht neben mir im Bett. Wo war ich heute? Wo geht's morgen hin?

Piepshow

Pyrenäen und Vögel – das gehört irgendwie zusammen. Vorhang auf! Bühne frei! Für spektakuläre Flugshows vor gigantischen Kulissen und eine bezaubernde frühmorgendliche Vogelhochzeit.

Auf einer Trekkingreise trägt man seine Habseligkeiten ja bekanntlich in einem Rucksack auf dem Rücken und beschränkt sich bei der Wahl der Garderobe daher auf ein notwendiges und vor allem möglichst leichtes Minimum. Die Reduktion spart nicht nur Gewicht, sondern auch Zeit. Mangels Auswahl muss man nie überlegen, was man denn nun anzieht. Außerdem fällt lästiges Kofferpacken weg. Trifft man sich etwa um sieben Uhr zum Frühstück, kann man getrost bis 6.40 Uhr schlafen. Zwanzig Minuten für Waschen, Zähneputzen, Anziehen und Rucksackpacken reichen locker. Geduscht wird ja am Vorabend. Mit jedem Tag werden wir in der Disziplin »Zeitschinden« effektiver und sind trotzdem pünktlich. Möglichst lange zu schlafen wird das oberste Gebot für alle. Nur so gelingt es, unsere müden Körper Tag für Tag zu regenerieren.

Um 4.40 Uhr – also volle zwei Stunden vor dem erwarteten Piepton meines Handys – öffne ich schlaftrunken die Augen, weil … tja, eben weil der Wecker klingelt. Schnell ausmachen! Noch fünf Minuten weiterdösen …

Das Fiepen hört nicht auf.

Okay. Langsam. Licht anmachen.

Orientierungsphase: Wo bin ich eigentlich? Ach ja, Spanien.

Panik: Habe ich verschlafen?

Wie spät ist es überhaupt?

Vielleicht sollte ich dazusagen, dass ich immer, auch im Winter, bei offenem Fenster schlafe. Langsam realisiere ich: Hier fiept nicht mein Handy! Ein ganzes Vogelorchester tiriliert nur für mich! Ich schließe die Augen noch einmal ganz bewusst und lausche mit Vergnügen dem kostenlosen Naturkonzert, während ich meinen Kopf erneut in das weiche Kissen sinken lasse. Dominante Stimmen im Vordergrund, andere, die eher krächzen, ergeben so etwas wie einen Bass. Und horch! Da! Ganz lieblich, ein zauberhaftes Trällern. Nichts hält mich mehr im Bett.

Vorhang auf! Bühne frei! The Birds live in concert!

Ich muss aufstehen, im Schlafshirt auf den Balkon treten und die Pyrenäen-Sinfonie genießen. Im Konzertsaal zu dösen ist schließlich ein Fauxpas.

Im Blau der Dämmerung stehend, falle ich förmlich aus der Zeit, kippe in eine – tja, wie nenne ich das jetzt am besten? – Beinahe-Trance. Während mich die vielen unterschiedlichen Vogelstimmen in der Totenstille des frühen Morgens regelrecht bezirzen und gleichermaßen einlullen, richtet sich mein Blick im Schein der einzigen Straßenlampe auf das gegenüberliegende Gebäude. Der Schriftzug »Hostal Cortina« lässt sich auf dem desolaten Leuchtreklameschild im frühen Morgenlicht gerade noch ausmachen. Was das leer stehende Haus mitten in den Pyrenäen wohl für eine Geschichte hat, frage ich mich, während eine Fledermaus unmittelbar an meinem Kopf vorbeischwirrt. Warum gehen hier, anders als im *Hotel La Morera*, in dem wir wohnen, keine Gäste mehr ein und aus? Was für eine grandiose Kulisse dieses alte Hotel für einen spannenden Thriller geben würde! Ein kleiner Mord vielleicht?

Zurück zum Gefieder. Vögel und Pyrenäen – lerne ich in den kommenden Tagen –, irgendwie gehört das zusammen. Nun bin ich aber, was ich im Übrigen seit dem konzertanten Balkonerlebnis in Valènica d'Àneu ernsthaft bedauere, alles andere als ornithologisch bewandert. Ich weiß nicht, welcher Vogel sich mir mit welcher Stimme präsentiert. Rein optisch kann ich eine Amsel, eine Schwalbe und einen Finken erkennen, das schon. Aber majestätisch in der Luft schwebend kann ich einen Steinadler nicht wirklich von einem Falken unterscheiden. Schade eigentlich. Ich will das lernen!

In den Pyrenäen jedenfalls sind Vögel ein großes Thema. Sie finden in der Abgeschiedenheit der Berge ideale Brut- und Lebensräume vor. Und so sehen auch wir während unserer Wanderungen spektakuläre Flugshows: Imposante Greifvögel wie Falken, Gänsegeier und Habichte kreisen gelegentlich am Himmel. Genauso sind Steinadler, Auerhuhn und Bussard in den Pyrenäen heimisch. Aber auch deutlich kleinere Vögel segeln plötzlich an einem vorbei: Ringdrossel, Zitronenzeisig, Mauerläufer und Bergpieper. Manch einen, wie den Weißrückenspecht, hört man zwar, sieht ihn aber nie.

Zahlreiche Agenturen haben sich auf den Markt der »Birdwatcher« spezialisiert und organisieren für Vogelkundler aus der ganzen Welt besondere, auch mehrtägige Touren. Claudia aus München, Hobby-Ornithologin und mit uns auf Wanderschaft, flippt in Torla plötzlich völlig aus. Beim Abendessen im *Hotel Bujaruelo* sieht sie einen Mann am Salatbuffet stehen, den sie aus diversen Fachmagazinen und Publikationen kennt. Eindeutig: Er ist es! Roberto Cabo! Man muss sich die Situation in etwa so vorstellen, als würde ich im Speisesaal gerade auf Lionel Messi treffen.

Roberto wer? Für uns, die Ahnungslosen, ornithologisch Unbefleckten, ist Herr Cabo, der mich rein optisch ein bisschen an Richard Gere erinnert, ein Hotelgast wie wir. Dabei ist der deutsche Naturkundler eine ziemlich große Nummer innerhalb der Szene, sein Buch *Naturreiseführer Spanien* eine Art Bibel für Menschen, die sich für Spaniens Flora und Fauna interessieren. Roberto ist als Reiseleiter mit einer

Gruppe aus Deutschland unterwegs. Sie erkunden die Pyrenäen ebenfalls zu Fuß. Schwerpunkt: Botanik, Ornithologie und Naturkunde. Natursightseeing für Experten also.

Sofern das Gelände es erlaubt, schaue ich ab nun beim Wandern auch gelegentlich in die Luft.

Für die Ewigkeit

Landschaften, die so atemberaubend schön sind, dass wir uns daran nicht sattsehen wollen. Kulissen, die so intensiv wirken, dass wir ewig darin verweilen möchten.

Manche Etappen haben es in sich, obwohl sie gar nicht lang sind. Sie ziehen sich trotzdem. Weil wir alle Nase lang stehen bleiben, um tolle Fotos zu schießen, verrückte Selfies zu produzieren oder um amateurhafte Videos zu drehen. Mitwanderer Olaf zückt sogar – ganz analog – regelmäßig seinen Schreibblock, um sich Notizen zu machen und Szenen schriftlich festzuhalten, weshalb wir ihn innerhalb der Gruppe nur noch den »Wanderpoeten« nennen. Jeder in der Gruppe versucht auf seine Art beinahe zwanghaft, das Erlebte für die Ewigkeit zu konservieren.

Gelegentlich aber werden wir alle still, vergessen die Kameras und Facebook, verharren, halten inne und genießen das, was sich vor unseren Augen auftut. Man sehnt sich einen Picknickkorb herbei, eine flauschige Decke, ein Kissen vielleicht dazu und möchte sich selbst in die Szene einbinden, sich ihr hingeben, mit ihr verschmelzen.

Das erste Wow-Erlebnis dieser Art habe ich im Nationalpark Aigüestortes, dem einzigen Nationalpark Kataloniens. Mehr als 250 Seen bündeln sich in einer Höhe zwischen 1700 und 2700 Metern auf engstem Raum und bilden die größte hochalpine Seenplatte Europas. Wer hätte das gedacht: Ein *Lake District* mitten in den Bergen! Während unserer Tour auf die 2380 Meter hoch gelegene Hütte *Refugi d'Amitges* gluckst und gurgelt es unentwegt. Wir erleben die reinsten Wasserspiele in den Pyrenäen: Sanft mäandernde Bäche, ruhige Bergseen, in denen sich die umliegenden Gipfel spiegeln, morastige Tümpel, blühende Hochmoore, tosende Wasserfälle, ungestüme Bäche, die, vom Schnee gespeist, mit voller Wucht ins Tal rauschen.

Zu guter Letzt ergießt sich am Ende des Tages der Himmel über uns. Als wir in Espot, einem kleinen Dorf in der Provinz Lleida, das entzückende und über hundert Jahre alte Hotel-Restaurant *Roya* verlassen, schüttet es aus Eimern, was zur Folge hat, dass wir doch noch einen *cortado* nehmen … und einen guten Zirbenschnaps dazu.

Im nordöstlichsten Zipfel Kataloniens, im Herzen der spanischen Pyrenäen, liegt das Val d'Aran. Im Norden grenzt das Hochgebirgstal an Frankreich. Aus diversen Wander- und Skimagazinen wusste ich um die Schönheit der Region, welche touristisch im Vergleich zu anderen Gegenden, die wir auf unserer Wanderung erkunden, mittlerweile sehr gut erschlossen ist. Das ist insofern verblüffend, weil das Bergtal während der Wintermonate über viele Jahre regelrecht isoliert war. Von Spanien aus konnte man das Tal schlicht nicht erreichen, da man bis zu 2450 Meter hoch gelegene Pässe hätte überwinden müssen. Lediglich ein Übergang nach Frankreich war auch im Winter offen. Erst seit dem Bau eines Tunnels ist das Arantal nach beiden Seiten ganzjährig passierbar. Vielleicht ist es gerade diese lange Abgeschiedenheit, die das Tal so manchen Schatz bewahren ließ?

In der Region hütet man nicht nur ein weltweit bedeutendes Ensemble romanischer Kirchen, die im elften und zwölften Jahrhundert von lombardischen Architekten, Künstlern und Steinmetzen geschaffen wurden. Bei einer Führung lernen wir Elisa Ros, die Hüterin des Kulturerbes im Val d'Aran, kennen und erfahren ganz nebenbei, dass man im Tal zwar Spanisch, selbstverständlich auch Katalanisch, aber hauptsächlich Aranesisch spricht. Die Sprache, die kein Dialekt ist und zum

Okzitanischen gehört, wird seit vielen Jahren kultiviert. Von den 6000 Einwohnern des Arantals sprechen immerhin 65 Prozent Aranesisch, eine Sprache, auf die man sonst nur im Süden Frankreichs trifft.

Wirklich sprachlos bin ich in der Schlucht von Mont-Rebei. Geformt wurde dieses spektakuläre Naturjuwel in den Vorpyrenäen vom Fluss Noguera Ribagorzana, der sich in vielen Millionen Jahren regelrecht durch das Montsec-Gebirge gefräst und das Kalksteingebirge so geteilt hat. Wer wie wir durch die acht Kilometer lange Schlucht wandert und dabei einmal über eine Hängebrücke läuft, marschiert im Übrigen von Katalonien nach Aragón. An manchen Stellen wird die Schlucht so eng, dass sich die 500 Meter hohen Felswände beinahe touchieren. An anderen öffnet sich der rötlich gefärbte Canyon und gibt Raum frei für den türkis schimmernden Stausee Canelles. Nicht nur die Natur hat hier ein Meisterwerk hinterlassen.

Von Menschenhand geschaffen wurden auch zwei Himmelsleitern. Schwindelfreiheit vorausgesetzt, kann man als Besucher vertikale Wände durchsteigen. Man muss dafür kein Kletterspezialist sein. Über Holztreppen, die mit Handläufen aus dicken Drahtseilen gesichert sind, windet sich der konstruierte Wanderweg wie ein Wurm durch die senkrecht abfallende Felswand. Was für ein Erlebnis!

Manchmal überwältigt einen die Natur recht unsanft.

Wer glaubt, Regen könnte unsere Stimmung oder gar Leistung drücken, irrt gewaltig. Will man trockenen Fußes das Etappenziel erreichen, sorgt angekündigter Niederschlag während einer Trekkingreise sogar gelegentlich für richtig schnelle Beine. Auf dem Sendero de los Cazadores, einem Jägerpfad im Nationalpark Ordesa y Monte Perdido, geben wir zwar Gas, verlieren aber schlussendlich das Rennen gegen die Natur. Im Talschluss, einer von schroffen Bergspitzen eingerahmten Hochebene, begrüßt uns ein Wolkenbruch, der uns ins Tal begleitet.

Triefnass erreichen wir unsere Herberge für die folgende Nacht, das

Hospital de Benasque. Während unsere Schuhe vor dem Kamin trocknen, genießen wir gebratene Ente auf Orangenjus. Verlieren sähe aber anders aus, oder?

Obwohl wir auf dem Heimweg bereits im Kleinbus sitzen, der uns wieder nach Barcelona bringt, eröffnen uns die Pyrenäen, als wir im Hundert-Seelen-Dorf Riglos für eine Pinkelpause einen Stopp einlegen, einen finalen Höhepunkt zum Abschied: An den senkrechten Konglomerat-Felstürmen Mallos de Riglos, die sich in einer Ebene aus dem Nichts erheben, wurde bereits Klettergeschichte geschrieben.

In der Bar *El Puro* genehmigen wir uns wehmütig einen letzten Drink. An der Wand hängt ein signiertes Bild meines Idols. Alexander Huber ist hier auf den Mallo Pisón bereits free solo geklettert, was mir jetzt, wo ich die überhängenden Wände in echt gesehen habe, noch mehr Respekt abringt. Zu gerne würde ich die imposanten Felstürme wenigstens einmal auf dem leichten Wanderweg umrunden.

Es ist wohl die Vielfalt, die mich an den Pyrenäen nachhaltig betört.

Landschaftlich, kulinarisch, kulturell, ja sogar sprachlich wird einem auf relativ kleinem Raum so viel Kontrast geboten, dass es wirklich etwas Zeit braucht, die Überdosis an Eindrücken überhaupt zu ordnen, geschweige denn zu verarbeiten. Oder aber man setzt noch einen drauf, fährt wieder hin und wandert weiter. Wer die Berge mag, wird die Pyrenäen lieben. Auf dem GR 11, dem Fernwanderweg durch die spanischen Pyrenäen, könnte ich rein theoretisch vom Mittelmeer über die Berge an den Atlantik laufen. 800 Kilometer und 40 000 Höhenmeter müsste ich dann meistern. Vielleicht sollte ich es versuchen?

TEIL III

GESCHICHTEN FÜR TAGTRÄUMER

Welt

ÜBER DAS ALLEINREISEN

Was mir früher eine Heidenangst einjagte, erfüllt mich heute mit kribbeliger Vorfreude: Wie ich zur Solo-Reisenden aus Überzeugung wurde – und warum Mut nichts damit zu tun hat.

Von Susanne Helmer

Im ICE, zwei Stunden vor der Ankunft, sprang mir das Bild noch einmal schmerzhaft deutlich vor Augen: Ein volles Restaurant, überall Pärchen. Nur der Katzentisch vorm Klo ist frei geblieben. Da sitze ich und stochere im Essen herum und fühle mich wie der einsamste Mensch auf der Welt.

Ich versuchte mich abzulenken. Draußen zogen Postkartenmotive vorüber. Ein paar Rapsfelder, Kuhweiden und Windmühlen später war das flaue Gefühl im Magen immer noch nicht weg. Vier Tage wollte ich in Amsterdam verbringen, keine große Sache eigentlich. Aber zum ersten Mal reiste ich nur um des Reisens willen allein – und nicht etwa aus beruflichen Gründen oder um jemanden zu besuchen. »Was, wenn das alles ganz furchtbar wird?«, hatte ich unentwegt gedacht. Und mich trotzdem auf den Weg gemacht.

Damals, vor drei Jahren, hatte ich Liebeskummer und mittendrin eine Woche Urlaub. Ich hatte Fernweh, aber niemanden, der mitkommen konnte oder wollte. Ein Glücksfall! Denn in dieser Lage begriff ich etwas Wichtiges: Wenn ich immer erst warte, bis jemand mich begleitet, dann komme ich zu nichts. Dann ist das Hochverrat an den Träumen, die ich mir erfüllen will in diesem Leben. Wundervoll, wenn ein lieber Mensch daran teilhaben möchte. Aber wenn nicht, dann mache ich sie allein wahr. Dann werde ich eben allein reisen.

Nach diesem Trip – es war schön in Amsterdam! – wurde ich zur Alleinreisenden aus Überzeugung. Statt Bedenken habe ich seitdem immer kribbelige Vorfreude im Gepäck. Nach Vancouver, nach Mexiko, nach Maui, nach Singapur, nach Thailand habe ich sie inzwischen mitgenommen. Und mit jeder Reise wird sie noch ein bisschen größer.

»Du bist ja mutig«, sagen Freunde und Kollegen. Und Leute, die mich eigentlich kaum kennen. »Mutig« ist das Nummer-eins-Etikett für Frauen, die allein reisen. Eine Freundin – ich habe sie in Singapur kennengelernt – wird ebenfalls regelmäßig mit ihm versehen.

»Ich bin nicht mutig. Nur selbstständig und unabhängig«, sagt sie, und das trifft, glaube ich, auf alle Solo-Reisenden zu: Nicht Mut treibt sie an, sondern Neugier, Erlebnishunger, der Wunsch, den eigenen Horizont zu erweitern. Vielleicht aber auch ein ganz anderer individueller Beweggrund. Wer allein reist, hat irgendwann in sich hineingehört und sich gefragt, was er selbst wirklich will. Und dann hat er auf sich gehört.

Meine Angst, mich unterwegs einsam zu fühlen, hab ich längst im hohen Bogen auf den Müll geworfen. So überflüssig ist sie. Wenn man auf Reisen nicht für sich bleiben will, dann muss man es auch nicht. Denn es ist wohl nirgends leichter, Leute kennenzulernen, als an Orten, an denen sich Reisende aufhalten. Reisende, die in der Regel offen sind und ebenso daran interessiert, Anschluss zu finden. In fünf Wochen Backpacking habe ich nicht einen einzigen Tag komplett allein verbracht. Fast immer habe ich in Hostels – in solchen fernab vom Klischee der Partyhochburg für Schulabgänger – Leute auf meiner Wellenlänge getroffen. Mit vielen bin ich in Kontakt geblieben.

Oft hilft auch der Zufall: Auf Koh Phi Phi wollte ich mir kurz nach meiner Ankunft das Dorf ansehen, als es kräftig zu regnen begann. Unter dem nächstbesten Vordach standen zwei Frauen. Sie rückten für mich etwas zusammen, ich stellte mich zu ihnen. Schnell kam ich mit Marion und Céline ins Gespräch, den beiden Schwestern aus Frankreich, eine witziger als die andere. Und als der Regen nicht mehr ganz so heftig auf das Blechdach trommelte, verabredeten wir uns für später zum Essen beim Inder.

Danach lief ich durch Koh Phi Phi, mit einem Lächeln im Gesicht und einem Gedanken: »Von wegen Katzentisch. Von wegen einsam.«

Polen

WARSCHAU ZUM NIEDERKNIEN

Warschauer Ghetto, Warschauer Aufstand, Warschauer Kniefall. Karin Lochner zog nichts nach Warschau. Dann lernte sie Steffen Möller kennen, den wohl berühmtesten Deutschen Polens.

Von Karin Lochner

Kennenlernen ist übertrieben. Er stand auf der Bühne, ich saß im Publikum. Er stellte sich augenzwinkernd als »Emigration Consultant« (Auswanderungsberater) vor und präsentierte sich als stolzer Sieger eines jährlich stattfindenden Rechtschreibwettbewerbs. Tausende Polen, die in einer Sporthalle sitzen, testen hier ihre Orthografiekenntnisse, Millionen schreiben das Diktat zu Hause mit, denn es wird live im TV übertragen. Und wer wurde 2004 Sieger? Steffen Möller! Die polnische Sprache mit all den grammatikalischen Hürden, bedrohlichen Zischlauten und wilden Akzenten? Mit den sieben Fällen? Wir klatschen bewundernd Beifall, Möller reckt die Faust.

Der kleine Haken: Steffen Möller errang zwar tatsächlich den ersten Platz, allerdings nur in der Kategorie »für Ausländer«. Und es gab nur zwei Kandidaten. Die Urkunde mit Goldprägung hängt seither eingerahmt über seinem Bett in Warschau.

Selten hat mich ein Mensch so zum Lachen gebracht.

Nebenbei erfuhr ich Erstaunliches über unsere östlichen Nachbarn. Sogar meine polnische Arbeitskollegin begriff ich auf einmal. Sie stellt nie, nie, niemals und auf gar keinen Fall ihre Handtasche auf den Boden. Steffen Möller: »Polnischer Aberglaube! Denn sonst läuft das Geld weg.«

Kurz darauf lernte ich ihn persönlich kennen, weil mein Freund Peter von Felbert ihn in Warschau für das Cover seines Buches *Viva Warszawa* fotografiert hatte. Peter war so fasziniert von der Stadt, dass er wieder hinwollte und mich überredete mitzufahren. Steffen Möller zeigte uns zwei Tage lang seine Lieblingsplätze in der Wahlheimat. Und die Polen dort zeigten uns, wie vernarrt sie in Steffen sind.

Das schönste Hochhaus der Welt

Als wir vom unterirdischen Gewusel des Zentralbahnhofs ans Tageslicht kommen, sticht er uns als Erstes ins Auge. Ständig schiebt er sich ins Blickfeld: Der Kulturpalast ist das bekannteste Gebäude Polens.

Foto-Shooting vor dem kuriosen Wolkenkratzer an der wohl verkehrsintensivsten Stelle der Stadt: Steffen steht während der Dämmerung vor dem Koloss auf einer Bank und macht Faxen. Heute ist dieses Eck quirlig und lebendig. Das war nicht immer so.

Der Kulturpalast, bei seiner Einweihung 1955 das zweithöchste Gebäude des Kontinents nach dem Eiffelturm, war ein Geschenk Stalins an das polnische Volk. Im zerstörten Warschau sollte er ein Symbol von Wiederaufbau und Kommunismus sein.

»Ein sozialistischer Wolkenkratzer im Zuckerbäckerstil«, amüsiert sich Steffen. »Für diese architektonische Kuriosität gab es historisch nur ein ganz kleines Zeitfenster – weder vorher noch nachher wurden Hochhäuser so verspielt gebaut.« Nur: Das Geschenk Stalins war bei den Bürgern nicht willkommen. Der Warschauer Volksmund nannte als schönsten Ort in der Stadt lange Zeit die Aussichtsplattform des Palasts im dreißigsten Stock: »Weil es der einzige Ort ist, von dem aus man den Kulturpalast nicht sehen kann!«

Heute ist das einst verhasste Stalinmonument zur geliebten Pop-Ikone geworden und gibt der Skyline Warschaus ihren spezifischen Charakter. Für Steffen ist der Kulturpalast ohne jeden Zweifel das attraktivste Hochhaus Europas. Die Schönheit kommt am besten nachts zur Geltung, findet er, wenn der Koloss in surrealen Farben angestrahlt wird, die irgendwo zwischen Violett, Grün und Kobaltblau changieren. Eine Sightseeingtour beginnt obligatorisch auf besagter Aussichtsplattform. Doch wir sollen gewarnt sein: Von hier oben falle es nicht leicht, sich in Warschau zu verlieben. Die Wunden von Krieg, Kommunismus und Turbokapitalismus seien von hier besonders sichtbar. Wir können uns die Zerstörung durch die Bombenabwürfe vorstellen, sehen immer noch erstaunlich viel Brachland. Aber wir spüren auch die brodelnde Boomtown und ihre Lebendigkeit.

Fast hundert Prozent Fake

Die wiederaufgebaute Altstadt ist seit 1980 UNESCO-Welterbe. Wir erliegen der bezaubernden Illusion einer mittelalterlichen Stadt.

Steffen sagt, er kenne kein zweites Land, dessen Bewohner so wenig über ihre eigene Hauptstadt wissen, aber so munter über sie lästern. Begonnen habe die große Antipathie nach dem Krieg: Polen wurde von moskauhörigen Kommunisten übernommen. Alle Ressourcen des Landes gingen in den Wiederaufbau der zerstörten Stadt, während das restliche Land darbte.

Das kommunistische Regime erklärte die Altstadt zum Prestigeobjekt. Sie war 1939 von deutschen Bombern heftig getroffen worden, 1944 während des Aufstands wurde sie vollständig zerstört. Man wollte nach Kriegsende mit dem Wiederaufbau suggerieren, dass Moskau keine neue Versklavung im Sinn hätte, sondern die polnische Identität wiederherstellen wollte.

Als wir mit Steffen in der Altstadt sind, so verrät er uns später, fragt er sich insgeheim, ob er uns überhaupt von der totalen Rekonstruktion erzählen soll. Es sei für ihn verlockend, ahnungslose Gäste in der Illusion einer mittelalterlichen Stadt zu belassen. Wirken die sanften, erdgelben Pastelltöne der Bürgerhäuser am Altmarkt nicht absolut authentisch, scheinen sie nicht stellenweise so verwittert zu sein, als wären sie mindestens 200 Jahre alt?

Für die Leser dieses Textes ist es schon zu spät. Deshalb nun die ganze Wahrheit: Die Warschauer Altstadt ist ein nahezu hundertprozentiger Fake. Von 260 Gebäuden waren 1945 gerade mal sechs unzerstört geblieben. Die restlichen 98 Prozent existierten nur noch als verkohlte Grundmauern und mussten komplett neu aufgebaut werden – nach alten Fotos, Kupferstichen und Gemälden. Übrigens wurde die Altstadt beim Wiederaufbau 200 Jahre älter gemacht als vor ihrer Zerstörung. Man wollte die hässlichen Bausünden des frühen 20. Jahrhunderts nicht wiederholen. Kein Wunder, dass polnische Restaurateure seither als die besten der Welt gelten.

Doch nicht nur die Altstadt bietet ein Postkartenmotiv nach dem anderen. Steffen selbst wird immer wieder fotografiert und um ein Selfie oder ein Autogramm gebeten. Ich wundere mich. Peter klärt mich auf: Steffen Möller stellte in der polnischen Fernsehserie *L wie Liebe* (*M jak miłość*) sieben Jahre lang, zweimal die Woche, den deutschen Kartoffelbauern Stefan Müller dar. Er entwickelte sich zum beliebtesten Darsteller. »Warum?«, will ich wissen. Steffen zwinkert schelmisch: Das alte Rezept! Er spielte einen Romantiker, der Pech in der Liebe hatte.

> Ein romantischer Deutscher! Das war undenkbar, ein Widerspruch in sich, quasi gegen die Naturgesetze – polnische zumindest.

Steffen Möller profitiert also quasi von den antideutschen Klischees. Selbst seine Metzgersfrau spendete ihm seinerzeit Trost, als ihn die erste TV-Braut am Altar vor der versammelten Hochzeitsgesellschaft sitzen ließ. Klar, dass es nahezu unmöglich ist, mit Steffen Möller unerkannt durch Warschau zu flanieren. Vor allem weibliche Fans bestürmen ihn mit Kosenamen (»*Steffenie!*«, »*Steffku!*«, »*Steffciu!*«), und sie strahlen überglücklich, wenn sie ein Foto mit ihm ergattern.

Die östliche Weichselseite »Praga«

Obwohl Steffen alle Fans, die ihn ansprechen, charmant begrüßt, will er dem Touristenstrom bald entfliehen. Es geht auf die weniger bekannte Ostseite der Weichsel.

Hier gibt es kein Starbucks, keine internationale Burgerkette und kaum Touristen. Erkannt wird Steffen trotzdem immer wieder. Als er in eine Hochzeit hineingerät, nimmt er die Braut in den Arm. Wieder zücken alle Umstehenden ihre Fotohandys, sogar der Bräutigam. Steffen Möller Superstar. Manche Folgen seiner wöchentlichen Telenovela verfolgte ein Viertel der Bevölkerung. Die Sendung hatte Einschaltquoten, die nahe am Endspiel einer Fußball-WM lagen.

Peter knipst auch. Die Braut tippt ihm sicherheitshalber ihre E-Mail-Adresse ins Smartphone. Sie wolle das Foto heute noch posten. Ich erfahre es sozusagen live: Steffen Möller war nicht nur der beliebteste Darsteller in der Primetime-Serie. Er ist auch der populärste lebende Deutsche überhaupt in Polen – oder zumindest der zweitbeliebteste. Jahrelang lieferte er sich diesbezüglich ein Kopf-an-Kopf-Rennen mit Papst Benedikt, dem Deutschen Josef Ratzinger.

Logisch, ein Papst hat hier, im katholischen Polen, einfach die Pole-Position im Popularitätswettkampf inne.

Steffen Möller will uns nun die »wilde« östliche Weichselseite, den Stadtteil Praga und den Hipsterstrand *Poniatówka* zeigen.

Bis ins 20. Jahrhundert hinein war Praga kein Stadtteil, sondern eine eigene Stadt. Praga verdankt seinen Aufstieg zum Geheimtipp des Warschauer Partylebens der Tatsache, dass der Stadtteil im Krieg nicht zerstört wurde. Nach dem Krieg wurde nur das Westufer Warschaus wiederaufgebaut, Praga am Ostufer hatte das Nachsehen. Die Häuser verfielen, und das Viertel hat bis heute die billigsten Mieten der Stadt. Hier können wir noch nackte Brandmauern und windschiefe graue Mietskasernen fotografieren, nichts ist renoviert; alles sieht so aus, als würde gleich ein Wehrmachts-Kradfahrer um die Ecke biegen – und oft genug passiert das auch, denn Praga ist das Görlitz von Polen. Immer wieder dienen die alten Häuser als Schauplatz für internationale Kriegsfilme. Der bekannteste davon ist *Der Pianist* von Roman Polanski.

Neben coolen Kneipen und malerisch heruntergekommenen Filmkulissen haben sich auch schöne Gründerzeithäuser erhalten, mit dunklen Innenhöfen und bemalten Marienaltären, vor denen sich früher die Hausbewohner zum Gebet versammelten. Manche der Marienfiguren tragen beleuchtete Kronen oder sind mit elektrischen Weihnachtskerzen umwunden. In einigen Innenhöfen haben sich auch Antiquariate und Secondhandläden angesiedelt. Praga besticht durch romantische Hinterhofatmosphäre – aber wir wollen nichts verklären. Die Romantik ist an manchen Stellen so authentisch, dass sie bruchlos in deftigen Bierlachen-Realismus übergeht.

Historischer Odem

Auf dem Jüdischen Friedhof wird uns das Ausmaß jüdischen Lebens und Sterbens bewusst. Und am Ehrenmal für die Helden des Warschauer Ghettos erinnern wir uns an Willy Brandts historische Bitte um Vergebung.

Wir geben Steffen recht: Im Vergleich zu Paris, Barcelona oder London gibt es verschwindend wenige internationale Touristen in Warschau. Die zahlenmäßig meisten Touristen sind Juden aus der ganzen Welt, die die Holocauststätten bereisen, darunter viele Jugendgruppen, die immer eigene Security-Männer dabeihaben. Wer aus Interesse für das Ghetto nach Warschau kommt, muss sich jedoch darauf einstellen, dass kaum etwas zu sehen ist. Auch von der langen Ghettomauer ist bis auf einen zehn Meter langen Abschnitt in einem Hinterhof der ul. Złota 62 nichts mehr vorhanden. Wir können den Mauerverlauf aber durch eingelassene Steine auf den Bürgersteigen verfolgen, ähnlich wie den einstigen Verlauf der Berliner Mauer am Brandenburger Tor. Vom Ghetto übrig geblieben ist nur der Jüdische Friedhof an der ul. Okopowa. An seinen riesenhaften Dimensionen machen wir uns das Ausmaß jüdischen Lebens (und Sterbens) in Warschau klar.

Dieser Friedhof mit seinen 33 Hektar und 200 000 Grabstätten ist nach dem Neuen Friedhof in Łódz der zweitgrößte jüdische Friedhof Polens und einer der größten weltweit. Hohe Bäume wachsen überall zwischen den Gräbern; es wirkt, als wolle sich die Natur das Gelände zurückholen. Die meisten Grabstätten stammen aus dem 19. Jahrhundert, mit polnischen, hebräischen und jiddischen Inschriften, dann und wann auch deutschsprachigen.

Wir wandern hier stundenlang umher und vergessen, dass hinter der hohen Ziegelsteinmauer das 21. Jahrhundert rauscht.

Auch in der größten Sommerhitze herrscht Halbdunkel. Vor Besuchen im Spätherbst warnt uns Steffen ausdrücklich: Es gebe dann auf der ganzen Welt keinen melancholischeren Ort.

Im Anschluss besuchen wir das Museum der Geschichte der polnischen Juden (*Muzeum Historii Żydów Polskich*). Das Wort »POLIN«, die Kurzbezeichnung für dieses Museum, steht in lateinischer und hebräischer Schrift auf der Außenfassade. Schon bei der Ankunft schlägt uns historische Atmosphäre entgegen: Vor dem Eingang steht das Ehrenmal für die Helden des Warschauer Ghettos.

Hier ging Willy Brandt 1970 bei einer Kranzniederlegung auf die Knie, statt nach dem üblichen Schleife-Zurechtzupfen nur stehend zu verharren. »Es war eine vollkommen ungeplante und spontane Geste«, berichtete Walter Scheel.

> Willy Brandt leitete mit dem Demutssignal die Versöhnung mit dem Nachbarstaat ein.

Es war eine Bitte um Vergebung für die Nazi-Gräuel und die markanteste Geste seiner Ostpolitik, für die der SPD-Politiker 1971 mit dem Friedensnobelpreis ausgezeichnet wurde.

Das Museum der Geschichte der polnischen Juden ist erst im Oktober 2014 eröffnet worden und aufregend modern, vom avantgardistischen Gebäude über die bemerkenswerten Aufbauten im Inneren (z. B. ein »*Schtetl*«, jiddisch für »Städtlein«, eine Siedlung mit hohem jüdischen Bevölkerungsanteil in Osteuropa vor dem Zweiten Weltkrieg) bis hin zu den interaktiven Ausstellungshighlights. Wir tauchen ein in tausend Jahre Geschichte, können uns nicht sattsehen, -fühlen, -lauschen. Kleine meditative Inseln mit Sitzgelegenheiten laden Besucher zum Verweilen, Innehalten und »Verdauen« manch schwerer Kost ein.

Schon die Architektur des Museums ist atemberaubend. Das gläserne Gebäude ist durch einen Spalt geteilt. Dieser steht für den Weg der Juden durch das Rote Meer. Die Außenwelt und das Museumsinnere sind über den Spalt fast geheimnisvoll miteinander verbunden. Im Inneren setzt sich diese bauliche Meisterleistung fort: Die angrenzenden Galerien und Räumlichkeiten haben gewölbte Wände, zwischen denen wir leicht die Orientierung verlieren. Doch sie geleiten uns immer wieder in die nächste historische Epoche.

Essen wie die Polen

Ein Bio-Frühstücksmarkt unter freiem Himmel. Eierkuchen mit Schokocreme, ungarische Gewürzwurst und Lindenlimonade. Dazu ein kleines Jazzkonzert. Leben wie Gott in Polen.

Als wir hungrig werden, lotst uns Steffen in den nördlichen Stadtteil Żoliborz, seinen Lieblingsstadtteil. Das Viertel wurde relativ wenig zerstört und hat viel vom Flair der Vorkriegszeit bewahrt. 2012 hatte ein Familienvater hier den Einfall, einen Bio-Frühstücksmarkt unter freiem Himmel zu gründen. Die Idee setzte sich durch, und das ganze Jahr über gibt es jetzt jeden Samstag an der ul. Wojska Polskiego (oder, wenn es kalt ist, in einer benachbarten Halle) ein absolutes Must-be, von neun bis siebzehn Uhr.

Auf einer großen Wiese sind Dutzende von Ständen mit gesundem Essen aufgebaut, alle von kleinen Betrieben mit biologischer Ausrichtung. Seitlich stehen lange Holztische, an denen Leute sitzen und Baguettebrote mit Roastbeef oder Rührei mit Schnittlauch schmausen. Andere haben auf dem Rasen bunte Decken ausgebreitet, machen ein Familienpicknick, essen Eierkuchen mit Schokocreme, selbst gebackenen Hefezopf oder ungarische Gewürzwurst und trinken dazu Lindenlimonade und frisch gepressten Fruchtsaft. Im Hintergrund spielen Kinder mit Hunden, aus den Lautsprechern erklingt Bossa-Nova-Musik, und mittags gibt es ein kleines Jazzkonzert. Wir lauschen ihm in improvisierten Zelten, die mit ihren flatternden durchsichtigen Stoffbahnen an eine verwunschene Märchenwelt erinnern.

So unwirklich idyllisch kann also das hässliche Entlein Warschau sein. Mir scheint, es wächst zum Schwan heran.

Über polnisches Essen kann Steffen ausgiebig schwärmen. Natürlich gibt es in der aufstrebenden Metropole großartige internationale Küche. Doch sein Geheimtipp dürfte besonders Ostalgikern gefallen.

Es sind die Milchbars aus sozialistischen Zeiten, deren polnische Hausmannskost Steffen so schätzt. Die authentischste Milchbar Warschaus sei die »Bar Gdanski« an der ul. Andersa. Hier habe sich seit 1989 nur wenig verändert. Und tatsächlich: die Wände des hohen Raumes sind gelb gestrichen, die Tische schlicht, die Kacheln blau. Hinter der Durchreiche sieht man die Köchinnen agieren, an der Kasse steht Pani Kasia, die Chefin, energisch und geradlinig. Steffen behauptet, noch nie habe er in einer polnischen Milchbar einen männlichen Angestellten gesehen.

Milchbars sind rauchgeschwängerte Monumente des polnischen Matriarchats.

Der Name »Milchbar« sei jedoch irreführend, weil er ein Paradies für Vegetarier suggeriere. Doch gebe es hier keineswegs nur Milchspeisen, sondern auch viele Fleischgerichte. Auf der Karte seien sogar mehr Gerichte als in einem Chinarestaurant verzeichnet, allein siebzehn verschiedene Suppen, darunter vier verschiedene Sorten von *barszcz* (Roterübensuppe), aber auch Bohnensuppe, Hühnerbrühe und neapolitanische Nudelsuppe. Weiterhin viele Arten von Grütze (*kasza*), die in Polen sehr beliebt ist, und wer das alles nicht will, kann auch einfach Spiegeleier mit Speck bestellen – sofern man der Sprache mächtig ist. Die Speisen sind nämlich nur auf Polnisch angeschrieben …

Steffens Tipp: Einfach auf gut Glück irgendwas bestellen, auch wenn man das polnische Wort auf der Speisekarte nicht versteht.

So habe er es in seiner ersten Zeit gehalten und immer brav aufgegessen, was auf den Teller kam. Manchmal passte die Gurkensuppe nicht recht zum Vanillepudding, aber geschmeckt habe es immer.

Wir bewundern unseren Landsmann mit offenem Mund, nicht nur, wie nonchalant er mit der polnischen Damenwelt umgeht, die sich ständig mit ihm fotografieren lassen will, sondern auch, wie flüssig er die polnische Sprache beherrscht, diese schwierige Aneinanderreihung von Zischlauten in sieben Fällen. Steffen Möller, das weiß ich mittlerweile, schrieb vier Bücher. Sie wurden auf Deutsch, Polnisch und eins auch auf Englisch veröffentlicht. Seine Auftritte füllen republikweit ausverkaufte Hallen. Er bekommt Einladungen in Botschaften, Vorstandsetagen und Talkshows, um die polnische Mentalität zu erklären. Er erhielt sogar das Bundesverdienstkreuz für seine Verdienste um die deutsch-polnische Versöhnung.

In dieser Mission kommt er gleich nach Willy Brandt und dessen Kniefall.

Doch so richtig endgültig gehen uns seine Verdienste tatsächlich erst auf, als er uns in der Milchbar das Mittagessen in perfektem Polnisch bestellt. Sorry, da muss man einfach kalauern: Wie Steffen uns sein geliebtes Warschau schmackhaft macht – das ist zum Niederknien! Auch ich pflichte ihm jetzt bei: Auf nach Polen.

Japan

BEFORE SUNRISE

Letzter Stopp meiner langen Asienreise: Tokio. Ich bin müde und freue mich auf zu Hause. In der Millionenstadt treffe ich Miguel, einen optimistischen Mexikaner mit Liebeskummer – und werde mir wieder bewusst, dass Unterwegssein nie Normalität bedeutet.

Von Norah Steiner

An der Bar einer verrauchten Kneipe irgendwo im Stadtteil Asakusa treffe ich auf Miguel. Es ist mein erster Abend in Tokio, und eigentlich ist mir nicht nach Gesellschaft zumute – ich möchte nur einige Songs der Live-Band hören, mein Bier austrinken und gemütlich zurück ins Hostel schlendern, um zeitig ins Bett zu fallen. Seit ich mit einem One-Way-Ticket auf den asiatischen Kontinent geflogen bin, sind acht Monate vergangen. Die Strapazen sitzen mir in den Knochen. Obwohl ich nun endlich hier bin, in dieser Stadt, von der ich seit jeher geträumt habe, in die ich schon immer mal wollte, kann ich mich nun nicht richtig für sie begeistern. Bin zu müde, ausgebrannt, und freue mich auf zu Hause.

Doch dann ist da Miguel. Er ist mir nicht auf Anhieb sympathisch, aber er lässt nicht locker und so gebe ich nach und lasse mich von ihm auf ein zweites Bier einladen. Irgendwie sieht er seltsam aus: die schwarzen Haare unter einer dicken Gelschicht nach hinten gekämmt, auf der Nase eine silberne Brille mit kleinen unförmigen Gläsern und im matten Licht der von der Decke hängenden Glühbirnen ist ein leichter weicher Flaum über seiner Oberlippe zu erkennen. Er ist mindestens einen halben Kopf kleiner als ich, aber von stämmiger Statur. Sein gestreiftes Hemd liegt so unvorteilhaft eng an seiner Brust, dass ich die Befürchtung habe, die Knöpfe könnten jeden Moment aufplatzen und mit hoher Geschwindigkeit durch den offenen Raum fliegen.

Wir sprechen miteinander, wie zwei Fremde nun mal miteinander sprechen. Fragen uns, wo wir herkommen, wie lange wir schon in der Stadt sind und was wir in den nächsten Tagen geplant haben. Immer wenn ich denke, das Gespräch sei beendet, findet er neue Themen, mit denen er mich von der Musik abzulenken vermag. Er erzählt von Mexiko, seiner Heimat. Und davon, wie lange er auf diese einwöchige Reise hingearbeitet und Jahr für Jahr jeden überschüssigen Cent gespart hat. Während ich ihm zuhöre, bemerke ich, wie ich mich zunehmend unwohl fühle bei dem Gedanken, sein hart verdientes Geld zu versaufen, krame deshalb in meiner Tasche und halte ihm zwei Münzen hin. Miguel streckt seine Hand aus – aber nicht um nach den 600 Yen zu greifen, sondern um meine Finger sachte nach vorne zu klappen und daraus eine Faust zu formen.

»Behalte dein Geld. Genau dafür habe ich doch gearbeitet!«, sagt er schmunzelnd.

Ich habe Hunger. Der spätnachmittägliche Snack, den ich in Kyoto kurz vor Abfahrt des Schnellzuges verspeist habe, hält nicht länger vor und mein Magen fordert unter lautem Knurren Nachschub. Ich will nach einem Restaurant oder einem Take-away-Stand Ausschau halten und mich deshalb von Miguel verabschieden. Er sagt, er könne ebenfalls etwas zu essen vertragen, und so verlassen wir die Bar gemeinsam.

Die Stadt schläft. Ich dachte, Tokio wäre bei Nacht lauter, lebendiger. Doch auf den breiten Straßen fährt beinahe kein Auto. Auch auf dem Gehweg hält sich die Menge der Passanten in Grenzen. Einzig ein paar Anzugträger huschen lautlos an uns vorbei und aus der Ferne hören wir das Kichern einer Gruppe junger Frauen. Das Nachtleben, von dem ich im Vorfeld so viel gehört habe, findet wohl in einem anderen Bezirk statt.

Miguel schlägt vor, ein Taxi nach Shinjuku oder Shibuya zu nehmen, dort sei bestimmt noch was los. Ich winke ab, bin viel zu müde. Alles, was ich will, ist einen Happen essen und mich aufs Ohr legen. »Was möchtest du denn essen?«, höre ich Miguel fragen und muss nicht lange überlegen. Ich liebe die japanische Küche: »Ramen! Oder Udon! Oder Sashimi! Oder Tempura mit Reis und Miso-Suppe!« Bei der simplen Nennung meiner Lieblingsgerichte läuft mir das Wasser im Mund zusammen.

Während wir durch das mit farbigem Neonlicht geschmückte Viertel schlendern, bleiben wir ab und zu stehen, um unsere Hände wie Scheuklappen an die Scheiben einiger Esslokale zu halten und durch die Fenster zu spähen. Es ist nicht viel zu sehen – im Innern der Räume ist es dunkel. Hat denn wirklich nichts mehr geöffnet?

Inzwischen ist es zwei Uhr morgens. Trotz der späten Stunde ist es noch erstaunlich warm. Nur ein leichter Wind veranlasst mich dazu, den Reißverschluss meiner Jacke nach oben zu ziehen. Eine weitere Viertelstunde verstreicht. Als unsere Hoffnung bereits zu schwinden beginnt, biegen wir rechts um die Ecke, und da sehen wir es: Schon von Weitem erkennen wir das gelb leuchtende »M«. Miguel lacht freudig auf und läuft schnurgerade darauf zu. Ich hingegen freue mich weniger, eigentlich möchte ich traditionelle Speisen probieren. Stattdessen gibt es nun amerikanisches Fast Food.

Wir betreten den Laden, bestellen je ein Menü Medium an der Theke und setzen uns an einen der freien Tische, einander gegenüber. Gerade als ich mir gierig eine Handvoll ketchupverschmierter Pommes in den Mund schieben will, entschließt sich Miguel, die belanglosen Gesprächsthemen beiseitezulegen und über persönlichere Dinge zu sprechen: »Meine Freundin hat mich verlassen. Die Woche in Japan hätte unser erster gemeinsamer Urlaub werden sollen, der Höhepunkt unserer Liebe.«

Doch vor drei Wochen der große Schock: Nach über sechs Jahren habe sie die Beziehung beendet. Sie habe gesagt, sie habe sich in seinen besten Freund verliebt und dass es ihr leidtue, es sei nicht so geplant gewesen, sondern einfach passiert. Mit jeder Silbe, die er über dieses Thema spricht, ist spürbar, wie schmerzlich die Trennung für ihn ist. Doch ich fühle mich zu überrumpelt, um tröstende Worte zu finden, und beiße unbeholfen in meinen Big Mac. Er fährt fort:

»Ich habe das Flugticket bereits vor Monaten gekauft, und da ich niemals damit gerechnet hätte, dass meine Beziehung in die Brüche gehen könnte, wollte ich keine zusätzlichen Kosten tragen und habe mich gegen die Option einer Flugstornierung entschieden. Deshalb bin ich vor zwei Tagen gemeinsam mit meiner Exfreundin und meinem besten Freund, oder besser gesagt ehemaligem besten Freund, ins Flugzeug nach Tokio gestiegen.«

»Wie bitte?« Ich habe meine Stimme wiedergefunden und schüttele ungläubig den Kopf. »Wenn ich das richtig verstanden habe, dann bist du also gemeinsam mit dem neuen Freund deiner Exfreundin, der ebenfalls dein bester Freund ist, beziehungsweise war, hierhergekommen?«

»Nun ... ja. Ich habe den beiden das von mir im Vorfeld gebuchte Doppelzimmer überlassen und mich in einem Einzelzimmer am anderen Ende der Stadt einquartiert. Erst in ein paar Tagen werde ich sie am Flughafen wiedertreffen, wenn wir zusammen zurück nach Mexiko fliegen. Bis dahin versuche ich meine Zeit in Tokio zu genießen. Alleine.«

Sein grenzenloser Optimismus fasziniert mich: »Trotz deines Liebeskummers habe ich den Eindruck, dass dir das gelingt. Du wirkst echt gut gelaunt, dafür, dass dir so 'ne Scheiße passiert ist!«

Miguel zuckt mit den Schultern, tunkt sein erstes Chicken McNugget in die süßsaure Soße und lässt es in seinem Mund verschwinden. »Na ja, dumm gelaufen«, murmelt er schmatzend. Dann strahlt er mich auf einmal hinter seinen verschmierten Brillengläsern glücklich an. Irritiert schaue ich zurück.

»Was ist? Habe ich was im Gesicht?«, frage ich und streiche dabei mit dem Handrücken über meinen Mund und meine Wangen, in dem Versuch, mögliche Essensreste wegzuwischen. Doch Miguels Augen beginnen noch mehr zu leuchten, wie die eines kleinen Jungen beim Öffnen des größten und schönsten Geburtstagsgeschenkes.

»Weißt du, ich bin froh, dass alles so gekommen ist. Wenn ich noch mit meiner Freundin zusammen wäre, würde ich genau diesen Moment nicht erleben können.«

Meine Irritation wächst. Verwirrt blicke ich mich um und erwische mich bei dem Gedanken, dass es gar nicht so schlimm wäre, jetzt an einem anderen Ort zu sein. Bevor ich etwas dazu sagen kann, sprudeln die nächsten Worte nur so aus Miguel heraus: »Das ist so unglaublich. Ich, ein Mexikaner, sitze hier mit dir, einer Schweizerin, in einem *McDonald's* in Japan! Das ist doch verrückt!«

Ich finde das ganz und gar nicht verrückt. Ich finde das normal. Das einzig Verrückte an dieser Situation ist die Tatsache, dass ich einen Burger vor mir liegen habe und nicht frisch zubereitetes Sushi. Miguels Augen leuchten weiter.

»Nie im Leben hätte ich gedacht, dass ich das mal erleben würde! Allein deshalb hat sich die Reise schon gelohnt.«

Jetzt zaubert er auch mir ein Lächeln auf die Lippen. Seine Begeisterung ist ansteckend. Es fühlt sich an, als würde er mir ein Stück seines Glücks schenken. Auf einen Schlag wird mir bewusst, wie sehr ich mich an all das bereits gewöhnt habe – an das Kennenlernen von Menschen, die aus allen möglichen Ländern stammen. An die vielen neuen Orte und Städte, die ich entdecken darf. An die fremden Situationen und das Überschreiten eigener Grenzen. Auch wenn mich beinahe jeden Tag neue Herausforderungen erwarten, hat sich auf Reisen so etwas wie Alltag eingeschlichen: neues Hostel buchen, Rucksack packen, Auschecken, irgendwie von A nach B gelangen, Einchecken, Rucksack auspacken, Einheimische nach Tipps fragen, Street Food essen, Reisetagebuch schreiben, Small Talk führen – Dinge, die sich Monat für Monat wieder und wieder wiederholen. Aber zwischen diesen Dingen passiert so vieles.

Ich will es nicht normal finden, das alles normal zu finden.

Genau wie Miguel wünsche ich mir Erlebnisse, von denen ich niemals geahnt hätte, dass sie jemals passieren würden. Einige solcher Momente habe ich auf dieser Reise bereits gehabt. Weitere warten vielleicht schon hinter der nächsten Ecke, der nächsten Tür oder der nächsten Begegnung. Ich möchte auf keinen Fall vergessen, wie privilegiert ich bin, hier sein zu können. Möchte weiterhin auch Kleinigkeiten einen hohen Stellenwert geben, auf Details achten, mir jeden einzelnen Moment einprägen. Möchte mich für allerlei begeistern können und es genießen, endlich meinen Traum zu leben. Doch ich werde das Gefühl nicht los, an einem Punkt angelangt zu sein, an dem meine Festplatte voll ist. Noch nie habe ich in so kurzer Zeit so viel erlebt. Ich spüre das Verlangen nach einer Verschnaufpause. Einer Auszeit, um das Erlebte zu verarbeiten, es sacken zu lassen, um Platz zu schaffen für neue Eindrücke. Aus diesem Grund habe ich meinen Heimflug gebucht.

Miguel interveniert: »Du wirst doch wohl noch eine einzige Gehirnzelle frei haben! Du reist erst in ein paar Tagen ab. Jetzt bist du noch hier!«

Er hat recht. Ich bin verdammt noch mal in Tokio!

Plötzlich bin ich bereit für diese Stadt, von der ich seit jeher geträumt habe, in die ich schon immer wollte. Die zuvor verspürte Müdigkeit ist wie weggeblasen. Ich möchte hinaus, um die tausend Gerüche einzuatmen und alles in mich aufzusaugen.

Während wir unsere Cola ausschlürfen, beschließen wir, den Spaziergang fortzusetzen. Schweigend gehen wir nebeneinander her, schlendern durch die Straßen der Millionenmetropole, während die Stunden verstreichen und der Mond über den Himmel wandert. Vorbei an Hochhäusern, beleuchteten Tempeln, Schreinen und Mini-Supermärkten. Überqueren Fußgängerstreifen und Brücken und bleiben am Ufer des Sumida-Flusses stehen, um ein vorbeifahrendes Boot zu beobachten. Dann bewegen wir uns fort von der Hauptstraße und spazieren von einer kleinen Gasse in die nächste. Beide sind wir in Gedanken versunken.

Erst bei Tagesanbruch umarmen wir uns zum Abschied – mit der Gewissheit, uns niemals wiederzusehen, aber glücklich und dankbar dafür, uns kennengelernt zu haben.

Nordseeinsel Juist

ZAUBERLAND

»Töwerland« nennen die Inselbewohner ihre Insel Juist und übersetzen es mit »Zauberland«. Ich gehe auf die Suche nach der Magie – zwischen Stechginster, Pferdekutschen und einer wilden Vergangenheit.

Von Johannes Klaus

Blau, Rot, Schwarz. Breite Streifen zieren den mächtigen Schornstein des Fährschiffs. Ich drehe mich um und sehe das Festland im Küstendunst verschwinden, nur noch einige Windräder schauen heraus und drehen sich stoisch; mir scheint, sie winken mir Adieu. Es ist ein Abschied. Ein Abschied von der lärmgetränkten Stadtluft, dem Getöse der zivilisierten Gesellschaft, dem Grau des Einerlei.

Ich schaue wieder nach vorne, dorthin, wo das Wasser vom Bug des Schiffes geteilt wird. Bedeckte eben noch ein stumpfer Schleier den Himmel, reißt über uns bereits die Wolkendecke auf, und die weißen Wolkenfetzen haben gar nichts Bedrückendes mehr, fröhlich treiben sie auf tiefblauem Grund, als gäbe es nichts Schöneres.

Möwen fliegen um den Mast, lassen sich schreiend fallen und wieder hinauftreiben und begleiten das Schiff eine gute Weile. Mein Blick heftet sich wieder an den Horizont, und es dauert nicht allzu lang, bis ich in der Ferne die Konturen einer Insel erkenne.

> Dies muss er sein, der Sehnsuchtsort, der auf meiner Karte mit einem geschwungenen »X« gekennzeichnet ist: das Zauberland.

Etwa sechzehn Kilometer dürfte sie lang sein und an der breitesten Stelle nicht mehr als einige Hundert Meter messen, schätze ich anhand der Karte. Eine Tagesreise in gemächlichem Tempo sollte reichen, um sie zu umrunden. Die zum offenen Meer gerichtete Nordseite ist zu weiten Teilen von einer Sandbank bedeckt, gen Süden erstreckt sich bei Ebbe der Wattschlamm, der die Heimat von allerlei Meeresgewürm und Muscheltier ist.

Müde war ich, körperlich erschöpft nach der langen Anreise, aber auch mein Kopf war versandet, ohne Antrieb. Doch schon jetzt, noch auf dem Schiff, hat mir der kräftige Nordwind einen guten Teil des Hirns freigeblasen – genau das habe ich mir erhofft.

Ich werfe einen Blick auf die Brücke, wo der Kapitän routiniert die Fähre durch die schmale Rinne steuert. Hier sitzt auch Galt Normann, ein sogenanntes Original, ein Juister, der bis 2010 einen kleinen Wagen hatte, von dem er Fischbrötchen verkaufte. Er wirkt wie ein Mensch, der viel über die Insel weiß. Ich frage ihn, was es mit diesem *Töwerland*, dem Zauberland, auf sich hat.

»Es gibt mehrere Geschichten«, beginnt er verheißungsvoll. »Aber die wahre Geschichte, die werde ich nicht erzählen.« Auch auf mein wiederholtes Betteln hin rückt er nicht mehr heraus.

Ich werde nicht so schnell aufgeben, Galt! Mein Interesse ist geweckt, ich möchte herausfinden, was es mit der Zauberei auf sich hat.

Freundliche Menschen sollen hier leben, hat man mir erzählt, die für den mit dem Schiff anreisenden Alltagsflüchtling ein unaufdringliches Angebot an Unterkünften, Speisen und leicht verdaulichen Unterhaltungsangeboten bereithalten. Zwar hat die Insel auch einen Flugplatz, doch reisen die meisten Menschen mit diesem Schiff an. Bedingt durch die Gezeiten und Untiefen zwischen der großen Festlandmasse und der Insel kann die Fähre nur einmal täglich verkehren.

Kommt dir, lieber Leser, die Idee, dass dies doch einigermaßen unbequem ist, möchte ich das Gefühl beschreiben, das mich (und vielleicht auch den ein oder anderen Passagier) auf diesem Schiff ergriffen hat: Gerade die erschwerte Anreise weckt in besonderem Maße meine Entdeckungslust, das Gefühl, einen wahrhaft abgeschiedenen Ort zu erreichen. Ein Land abseits der Welt.

Sanddorn und Silberpappel

Ein Vogel schnattert. Kein Motor knattert. Ich streife die Schuhe ab. Sand zwischen den Zehen. Ein Wald inmitten der Dünen.

Auf dieser Insel reist man mit der Pferdekutsche. Oder mit dem Zweirad. Kein Auto ist erlaubt, außer dem der Feuerwehr und einem Krankenwagen. Ich stehe mitten auf einer Straße des Ortes. Einfach so, weil ich kann. »Wahnsinn!«, ruft entsetzt eine Fahrradfahrerin, als sie mich wild klingelnd und kopfschüttelnd umrundet. Ist das nicht wundervoll? Auf Juist ist es schon verrückt, wenn man auf der nahezu verkehrsfreien Straße stehen bleibt. Es muss das Paradies sein.

Der Ort ist gemütlich, doch das Wunder ist da draußen, in den Dünen, am Meer. Ich streife die Schuhe ab und mache mich auf den Weg, die Insel zu entdecken.

Seit frühen Kindertagen sind Dünen (neben Kokospalmen) meine Traumlandschaft. Natürlich insbesondere die mächtigen Sanddünen der Sahara und der Namib, aber auch die weitläufigen Dünen der Nordseeinseln lassen mich vor Glück aufseufzen. Hier wogt das Dünengras elegant im Wind, die Dünen ziehen sich über die gesamte Insel von West nach Ost, öffnen sich zum Meer in einen weiten Strand, zum Land verwachsen sie mit Stechginster, Sanddorn und Silberpappeln.

Schon nach ein paar Hundert Metern habe ich die bunten Strandkörbe hinter mir gelassen und mit ihnen auch die Handvoll Menschen, die wie ich die Geruhsamkeit der Nebensaison genießen. Auf einem der Stege durch die Dünen verlasse ich den Strand. Ein Wäldchen soll es hier geben, eigentlich eine Unmöglichkeit ob des ständigen Windes, doch ein Botaniker brachte Anfang des letzten Jahrhunderts besonders windharte Pflanzen hierher, Erlen und Karpatenbirken aus der Tundra, und schuf damit ein knorriges, von graugrünen Flechten überwachsenes Gehölz. Ich spähe immer wieder durch die Äste, denn wenn es auf dieser Insel nicht mit rechten Dingen zugehen sollte, dann müsste sich das ja wohl hier zeigen, verborgen im dichten Wäldchen.
Tatsächlich glaube ich einen Schatten zu erkennen, der sich hinter den Stämmen bewegt. Doch wahrscheinlich war es nur Rotwild und keine Waldfee?

Von guten Würmern und singenden Herren

Ich treffe Heino, den Papst und erlebe das Temperament einer Insel.

»Nur ein sauberer Wurm ist ein guter Wurm«, bemerkt Heino pointiert, während er seinen frisch ausgegrabenen Sandpierwurm in einer trüben Wasserlache vom Matsch befreit. Das hat ihn sein Vater gelehrt, der legendäre Wattführer Alfred. Er nahm Klein-Heino mit ins Watt, sowie dieser seine ersten Schritte machte. Und brachte ihm alles bei, was er über das Wattenmeer wusste. Etwa das mit dem sauberen Wurm, aber auch dessen Funktion als Lunge des Weltnaturerbes. Denn das auf den ersten Blick unscheinbare Watt beherbergt eine Vielzahl an Muscheln, Würmern und anderen Tieren, die jedes auf seine Weise dafür sorgen, dass das Meer gereinigt und mit Nährstoffen versorgt wird – ganz ähnlich den Organen eines Menschen.

Heino ist selbst zur Legende geworden. Sein Sohn Ino ist ebenfalls ausgebildeter Wattführer, aber Heino macht immer noch täglich eine Tour, manchmal sogar zwei. Denn das Watt ist seine Berufung.

Kevin, Emily und Justin sind ziemlich beeindruckt. Zwei Schülergruppen sind bei der gut zweistündigen Wattwanderung dabei, und selbst die mächtig pubertierenden Jugendlichen hören zu, wenn Heino spricht. Ich auch. Einmal, als Jugendlicher, habe ich eine Wattwanderung gemacht, es hat mich damals so wenig fasziniert, dass ich mich noch nicht mal entsinnen kann, wo und wann.

> Dass Heino es schafft, nicht nur mich, sondern sogar zwei komplette Schulklassen zu fesseln, ist ein kleines Wunder. Oder Zauberei?

Zurück im Hotel, treffe ich im Foyer Herrn Pabst, den Patron des traditionsreichen gleichnamigen Hauses. Er bietet seinen Gästen allerlei

Behandlungen an, um das Wohlbefinden zu steigern, und ist generell ein Mann von Stil. »Ich lebe gerne hier. Mein Lieblingsort ist die Strandhalle, mein Großvater hat sie gebaut. Hier kann ich meinen Gedanken nachhängen, mit Blick über die Dünen, den Strand, bis aufs Meer.«

Gerne würde ich noch mehr aus der Geschichte der Familie erfahren, doch tatsächlich muss ich weiter. Es gibt nicht allzu viel auf diesem abgeschiedenen Flecken, was es nötig machen würde, auf die Uhr zu schauen. Doch diesen Termin, den habe ich mir gemerkt, und ich beeile mich, zum Kurplatz zu kommen, dem zentralen Festplatz des Ortes. Denn nur ganz selten lädt der Shantychor von Juist zum Konzert. Eine fabelhafte Möglichkeit, in die Kultur der Inselbewohner und -gäste einzutauchen.

Die Gruppe reifer Herren trägt einige Stücke vor, ein paar davon auch mir bekannt, und das Publikum nimmt sie mit Begeisterung auf. Einige der Zuhörer wagen sogar, im Takt mit dem Fuß zu wippen, andere werden zu einem leichten Lächeln hingerissen. Knapper, aber kerniger Applaus zum Ende der Stücke - kurz, das Konzert ist ein voller Erfolg.

Hex-hex!

Die Askese einer Insel, trotz Ostfriesentee mit Zucker und Sahne.

Seeleute gaben den Inseln Namen, um nahe der Küste navigieren zu können. *»Töwerland«* nannten sie Juist, Norderney war *»Rowerland«*, das Räuberland, erzählt Thomas Koch, der Buchhändler. Die Bewohner der Nachbarinsel waren bekannt dafür, Schiffe mit irreführenden Lichtern auf den Strand auflaufen zu lassen und zu plündern. »Angeblich wurden hier vor vielen Jahrhunderten Hexen verbrannt, *Töwersche* ist auf Plattdeutsch die Hexe. So kam der Name und hat sich über die Zeit in ›Zauberland‹ gewandelt.« Mit historischen Mythen wie auch modernen Legenden kennt sich der Organisator des Juister Krimifestivals aus. Jedes Jahr werden namhafte Autoren eingeladen, und das Regal mit Juist-Romanen im Buchladen ist gut gefüllt. Offensichtlich inspiriert der Ort nach wie vor zu guten Storys.

Der Traum von der Insel, abgeschlossen vom ruhelosen Kontinent – er kommt mit vielerlei Einschränkungen. Eine Insel feiert die Beschränkung – vom wilden Meer umtost, bleiben die Möglichkeiten begrenzt. Doch gerade die Überschaubarkeit des Ortes, der Dinge, die ich tun kann, führt mich zu einem wunderbaren Frieden. Es ist eine Form der Askese; meine Gedanken ordnen, meine Wünsche klären sich, meine Bewegungen werden ruhig.

Ja, wer hätte gedacht, dass man nicht in die Karibik oder nach Madagaskar reisen muss, um Geschichten von Piraten, Hexen und Sauberwürmern zu hören, um Sonnencreme herausholen zu müssen und um an endlosen weißen Stränden das Wunder des Alleinseins genießen zu können! Eine kleine deutsche Nordseeinsel hat all das. Und einen Shantychor. Ja, Juist ist ein Zauberland für mein Gemüt.

Darauf trinke ich eine gute Tasse Ostfriesentee, mit Kandis und einem Löffel Sahne.

Finnland

DIE ENTDECKUNG DES KOSMOS

Versteckt in einer Seitenstraße Helsinkis befindet sich die wohl wundersamste Sammlung kurioser Dinge in Europa. Jedes Objekt hier hat eine Reise hinter sich. Ein Besuch im »Götan Maailma«.

Von Fritz Schumann

Helsinki ist überschaubar. Zwar nicht ganz in der Mitte, aber sicher im Zentrum steht die weiße Kathedrale. Sie überragt alle Gebäude in der Stadt – außer dem Olympiaturm und der *Ateljee Bar,* welche in siebzig Meter Höhe teures Bier und Cidre an meist russische Geschäftsmänner verkauft. Dort oben sieht man im kurzen Sommer viel Grau von der Stadt und im langen Winter viel Weiß. Aber um die finnische Seele zu entdecken, dafür muss man tiefer gehen.

Wir waren auf Expedition durch die Straßen von Helsinki, um jenen einzigartigen Ort zu finden, von dem wir zuvor nur in Erzählungen gehört hatten. Ein langer Fußmarsch mit unklarem Ziel.

Läuft man links von der Kathedrale und lässt den funktionalistischen Rundfunkpalast hinter sich, beginnt eine lange Straße. Je länger man sie geht, desto mehr Cafés und Muffinshops tauchen links und rechts in den Fassaden auf. Die Bärte der Männer werden länger und dichter, ihre Hemden bunter und enger. »Ah«, sagt meine finnische Begleiterin. »Wir sind jetzt im Hipster-Viertel.«

Meine Freundin Tiina kommt vom finnischen Land. Ihr Vater sieht aus wie der Weihnachtsmann, das Haus ihrer Familie hat eine eingebaute Sauna, und ein See mit Birkenwald gehört zum Garten. Tiina wohnt zwar schon seit einigen Jahren in Helsinki, aber in diesem Viertel war sie noch nie. Die Suche nach dem *Götan Maailma* brachte uns hierher.

Wir hatten gehört, es soll eine magische Sammlung von ungewöhnlichen Dingen auf kleinstem Raum geben. Nur eine notierte Adresse leitete uns, abgeschrieben von dem drei Jahre alten Blog-Eintrag einer amerikanischen Touristin, die zufällig darauf gestoßen war. Doch jetzt vor uns: ein leeres Fenster. Hinter der grauen Schicht auf der anderen Seite hing schief ein Schild, auf dem in Finnisch »Zu vermieten« stand. Die Sammlung hatte sich in Staub aufgelöst.

Meine Begleiterin wollte das nicht akzeptieren. Sie fragte die Nachbarn, doch keiner wusste etwas. Sammlung? Komische Objekte? Fragt mal dahinten nach, hieß es. Schneller als bisher gingen wir weiter. Wir hätten es auch beinahe übersehen – aber hinter einem großen Baugerüst, welches den halben Block bedeckte, versteckte sie sich. Die Sammlung war nur umgezogen.

Drinnen fing uns sofort der Geruch. Wir konnten beide nicht genau sagen, was es war, aber es roch intensiv nach Zeit. Erinnerungen und Vergangenheit.

Unsere Augen brauchten einen Moment, um das bunte Allerlei vor uns zu erfassen.

Aber nachdem uns der Duft entließ, fingen wir langsam an, Objekte zu erkennen: ausgestopfte Vögel auf den Tischen, Blechbesteck, Mineralien, Tierfelle an der Wand und alte Möbel. Kaum hatten wir überhaupt begriffen, wo wir uns befanden, kam auch schon ein großer Mann aus der dunklen Kammer in der Ecke. Er überragte uns beide bei Weitem und seine kurzen Haare streiften den türlosen Rahmen.

»Willkommen im *Götan Maailma*«, sagte der Riese. So traf ich Thomas Hamberg.

Die finnische Seele

Am Rande von Europa liegt ein Land, in dem die Menschen früher Schuhe aus Birkenrinde getragen haben. Es hat mehr Bäume als Einwohner; von Letzteren hat fast jeder eine Sauna. Ich möchte diese Menschen verstehen.

Meine ersten Finnen traf ich 2009. Ich war damals anderthalb Wochen in Tokio unterwegs und wechselte gerade zum dritten Mal meine nächtliche Bleibe. Am nächsten Morgen wollte ich früh auf die Inseln im Süden und hatte mir deswegen eine zwei Quadratmeter große Box in einem Kapselhotel nahe dem Hafen gemietet. Auf die besagten Inseln kam früher selten ein Tourist, weil es ohne Japanisch- oder

Ortskenntnisse so gut wie unmöglich war, und ich freute mich auf diesen »unentdeckten« Ort.

Das achtstöckige Hotel bot auf jeder Etage zwischen fünfzig und achtzig Kapseln an, dazu Fenster, die abgesehen von einem detaillierten Blick auf die Außenwand des jeweiligen Nachbargebäudes nicht viel ermöglichten. Kurz sollte sie werden, die Nacht, nur meine Kamera wollte ich noch aufladen. Die einzigen funktionierenden Steckdosen schienen sich beim Aufzug zu befinden, wo gleichzeitig der einzige Tisch der Etage stand.

Zwei junge Männer spielten darauf gerade Poker. Der eine mit blasser Glatze und blauen Augen, der andere mit dichtem blonden Haar.

Beim Einstöpseln der Kamera stieß ich ihre Karten vom wackligen Tisch. Die Jungs lächelten nur und wünschten mir eine gute Nacht.

Am nächsten Morgen erwischte ich die Fähre, eine Minute bevor sie den Hafen verließ. Auf der Insel ergatterte ich ein günstiges Zimmer in einem ehemaligen japanischen Landhaus, welches mittlerweile als Hostel für Surfer diente, die jetzt in der Regensaison allerdings fernblieben. Tatsächlich war ich der einzige Gast im großen Anwesen. Am Abend kamen jedoch überraschend zwei neue Gäste hinzu, und der Besitzer bat mich, für ihn zu übersetzen. Es waren zwei junge Europäer.

Unser Gespräch über Brandschutzbestimmungen und den nächstgelegenen Supermarkt lief schon eine Weile, als es uns auffiel und wir mit den Fingern aufeinander zeigten, als wären sie Pistolen: Die beiden Besucher waren die Jungs, deren Pokertisch ich in der Nacht zuvor irgendwo in der Megastadt in der vierten Etage eines abgenutzten Kapselhotels umgestoßen hatte! Mehr als zwei Worte hatten wir am Abend zuvor nicht gewechselt. Aber nun trafen wir uns wieder, 170 Kilometer südlich von Tokio auf einer Insel, in einem Hostel, das online nirgendwo auftauchte. Sie kamen aus Finnland.

In der Nacht erzählten wir uns von unseren Heimatländern. Sie berichteten mir von dem kalten Winter und beschrieben begeistert einen skandinavischen Sport, der dem Eishockey ähnelt, aber mit einem löchrigen Ball aus Plastik gespielt wird. Nur Länder aus Nordeuropa nehmen an den Turnieren teil und jede Nation hasst den Gegner mit einem sportlichen Ehrgeiz. Stolz erzählten sie mir, wie in den Neunzigerjahren Finnland über Norwegen triumphierte, und zeigten mir Ausschnitte des Spiels auf *YouTube*.

Beide Jungs hatten kurz zuvor ihren Militärdienst absolviert und bereisten mit dem Sold und der freien Zeit nun Asien. Vor Japan waren sie in Indien gewesen, erzählten sie, und hatten von ein paar Dollar am Tag gelebt. Während der gesamten Reise blieben sie meist nur zu zweit. Finnen halten sich eher zurück, erklärten sie mir.

Meine nächste Begegnung mit Finnland fand einige Wochen später statt. Ich war immer noch in Tokio und brauchte ein neues Bett, also antwortete ich auf das Angebot einer Kleinanzeige. So begegnete ich Tiina. Durch den Mailverkehr entstand eine Freundschaft – auch wenn ich ihr Bett dann am Ende doch nicht kaufte.

Tiina bezeichnet sich selbst als untypische Finnin: also als gesellig und kommunikativ. Bald nach meiner Rückkehr aus Tokio besuchte ich sie in ihrer Heimat. Und als ich mit der Mülltüte in ihrem Hausflur in Helsinki stand, während sie lächelnd die Treppe hinuntertanzte, musste ich daran denken, wie absurd komisch und zufällig es doch war, dass ich sie nur kennengelernt hatte, weil sie in Tokio mal ein Bett verkaufen wollte.

Nun, fünf Jahre später, standen wir hier im *Götan Maailma*, das voll mit Objekten war, die selbst eine Reise voller Zufälle hinter sich hatten.

Gesucht und gefunden

Der Ort ist ein Zuhause für Dinge aus der ganzen Welt. Manche von ihnen wirken, als wären sie aus der Tasche eines Zeitreisenden gefallen. Jedes Objekt hat eine andere Geschichte – und Thomas Hamberg kennt sie alle.

Nachdem Thomas uns begrüßt hatte, verschwand er auch schnell wieder im Nebenzimmer. Später erklärte er mir, dass er das bei jedem Besucher so macht. Der Gast soll sich seinen eigenen Eindruck davon machen, was das *Götan Maailma* für ihn ist. Thomas möchte nicht danebenstehen und das beeinflussen.

Für ihn selbst ist das *Götan Maailma* vieles. Er benutzt die Begriffe »Illusion« und »Inszenierung«, manchmal beschreibt er es aber auch als Museum oder Antiquitätensammlung. In erster Linie ist es die Erfüllung seines Traums.

Thomas sammelte schon als Kind alte und ungewöhnliche Dinge. Vielleicht haben ihn die Geschichten beeinflusst, die ihm sein Vater von Großtante Göta erzählte. Eine exzentrische Frau, die in der kleinen Wohnung in Helsinki, die sie sich mit ihrer Schwester teilte, alle Arten von alten und merkwürdigen Dingen zusammentrug: Knochen, alte Möbel, ein ganzes Klavier. Nach heutigem Verständnis würde man sie wohl als Messi bezeichnen – denn neben all den magischen Objekten stapelte sie auch Müll, wie alte Joghurtbecher oder leere Fischkonserven.

Thomas traf seine Großtante erst, als sie bereits über achtzig war und schon im Altenheim lebte. Von ihrer Sammlung und all den Objekten blieb dort nicht viel übrig. Selbst im nach ihr benannten *Götan Maailma* (»Die Welt von Göta«) steht nur noch ein altes Sofa aus ihrem Erbe. Sie starb Anfang der Neunzigerjahre, als Thomas noch ein Kind war.

»Menschen kommen und gehen«, sagt Thomas. »Menschen sterben – aber Dinge … wenn du sie pflegst und liebst, können sie Jahrzehnte oder gar Jahrtausende alt werden. Sehr viel älter als ein Menschenleben.«

Und deswegen ist es für ihn wichtig zu wissen, dass diese Dinge immer in Bewegung sind. Auch ihr Aufenthalt hier ist nur eine Zwischenstation. Für ihn sind die Objekte in seinem Laden ein Teil seiner Seele – aber sie müssen weiter in Bewegung bleiben, weiterreisen. Der Verkauf von Dingen, die ihm lieb geworden sind, fällt ihm leicht. »Wenn der Kunde sich für die gleichen Dinge begeistern kann wie ich, ist das Objekt bei ihm gut aufgehoben«, sagt er.

In seiner Sammlung finden sich konstant immer etwas weniger als eintausend Dinge aus ungefähr sieben Ländern und ebenso vielen Epochen: religiöse Gemälde aus Frankreich aus Zeiten der Renaissance, Mineralien aus dem Ruhrgebiet der Weimarer Zeit oder medizinische Ausrüstung von vor zwei Jahrhunderten. Dazu gibt es naturhistorische Artefakte von europäischen Expeditionen oder aus den ehemaligen Kolonien. Es gibt nur eine Bedingung, die die Objekte erfüllen müssen, um hier zu landen, verrät mir Thomas:

»Sie müssen meine Seele berühren.«

Wenn Thomas erzählt, erscheint er mir wie jemand, der lange Zeit ein großes Fragezeichen mit sich herumgetragen und sich damit oft alleine gefühlt hat. Er studierte Kunst und nahm nach der Uni Nebenjobs als Koch oder Kleidungsverkäufer an. Aber nie war es das Richtige. Im Februar 2011 öffnete er dann das *Götan Maailma*. Seitdem ist er jeden Tag hier. Zwischen zehn und elf Uhr morgens schließt er auf und abends um sechs wieder zu. Ist er verhindert, helfen seine Eltern oder Freunde aus und warten in seiner Nebenkammer auf Besucher. Thomas reist viel durch Europa und durchstöbert Flohmärkte nach neuen Raritäten für sich, den Laden oder für Kunden, die spezielle Wünsche äußern.

»Hattest du keine Angst?«, frage ich ihn zur Eröffnung seines Ladens.

»Doch, natürlich«, sagt er. »Ich bin ein sehr unsicherer Mensch, ich habe immer Angst, dass etwas schiefgeht. Aber die Angst kam erst nachher. Vor der Eröffnung dachte ich mir: Ich habe nichts zu verlieren.«

Durch sein Geschäft trifft er Menschen wie sich selbst, oder er kommt mit Kunden ins Gespräch über das, was ihn bewegt. Thomas ist 34 Jahre alt, und ich glaube, er hat seinen Platz im Leben gefunden.

Im dunklen Hinterzimmer des *Götan Maailma* veranstaltet er manchmal auch Performances. Aktuell präsentiert er *Im Angesicht des Todes*, zusammen mit einer Schauspielerin. Das Publikum besteht bewusst immer nur aus einer Person, das ist Teil der Performance – trotzdem ist Thomas, der sammelnde Riese, jedes Mal tierisch nervös.

Ob der Großtante Göta sein Laden heute gefallen würde, das weiß er nicht. Vermutlich nicht. »Wahrscheinlich würde sie sich an all den ausgestopften Tieren stören«, sagt Thomas. Mit einem Lächeln fügt er hinzu: »Aber hoffentlich ist ihr Geist bei uns.«

Vom Kommen und Gehen

Thomas hat kaum Geld, aber er ist glücklich. Zumindest so glücklich, wie ein Finne es einem Fremden beichten würde.

Nach unserem Gespräch nahm mich Tiina, die die ganze Zeit nur still gelauscht und die zahlreichen Objekte von Nahem betrachtet hatte, beiseite und schilderte mir ihre Einschätzung: Für einen Finnen sei Thomas ungewöhnlich offen. »Er hat es sicher nicht leicht mit anderen Finnen«, vermutete Tiina. Ich kann mir das auch gut vorstellen. Aber das Schöne ist: Thomas muss es auch nicht leicht haben in Finnland. Er hat sich seine eigene Welt erschaffen. Leute besuchen ihn und seinen Kosmos, dadurch findet er Gleichgesinnte. »Wenn man erst mal damit angefangen hat«, sagt er, »ist es, als hätte man die Tore geöffnet. Es strömt nur so herein.«

> Egal woher man kommt, sobald man das *Götan Maailma* betritt, ist man nicht mehr in Helsinki. Man ist nicht einmal mehr in der gleichen Epoche.

Nicht jeder Besucher kauft etwas. Tatsächlich sind es nur die wenigsten. Und manchmal erstehen Experten bei ihm auch wahre Schätze. Er erzählte mir von einem mehrere Jahrhunderte alten Holzschnitt aus Deutschland, den er für ein paar Hundert Euro verkaufte. Auf Twitter und Instagram entdeckte er dann später, dass der Käufer mit dem Fund prahlte. Die Rarität war nämlich mehrere Zehntausend Euro wert. Aber Thomas ärgerte sich nicht darüber. Wirklich nicht? »Na ja, am Anfang schon«, sagt er, »aber für mich ist es gut zu wissen, dass es bei jemandem gelandet ist, der den Wert zu schätzen weiß. Besser, als wenn das Objekt bei mir nur an der Wand hängt.«

Sein eigener Raum, in dem er auf Kunden wartet, ist überraschend schmucklos. Eine Lampe, ein Computer und ein fauler Hund in der Ecke, der sich so wenig bewegt, dass man denken könnte, er wäre auch ausgestopft.

Zum Schluss verrät uns Thomas noch das Geheimnis des Geruchs. Tiina und ich haben beide lange gerätselt, ob es wohl ein Mix aus all den Objekten ist oder eine bestimmte Blume, die versteckt irgendwo in einer Vase steht. Die Lösung ist viel komplexer: Der Geruch ist für Thomas Teil der Inszenierung, der Identität des Ladens. Es ist ein fein abgemischtes Parfum aus hundert Jahre alten Zigarren, Bernstein, Asche und altem Leder. Er sprüht es auf die Lampenschirme und die Möbel. Zusammen mit der Schicht Staub und dem alten Holz ergibt es einen »Duft der Zeit«. Man soll an den eigenen Großvater erinnert werden, oder an das alte Familienhaus. Für jeden ist die Erinnerung eine andere.

In Zukunft würde Thomas gern noch weitere Wunderkammern im

Stil seines *Götan Maailma* in Europa eröffnen. In Stockholm, London, oder in Berlin. Alles hängt davon ab, ob er dort eine verwandte Seele finden kann, die das Geschäft übernimmt. Bis dahin bleibt sein Laden absolut einzigartig.

Als wir den Laden verlassen, grinst meine Begleiterin von einem Ohr zum anderen. »Und?«, fragt sie mich. »Was denkst du?«

Für mich ist das *Götan Maailma* weder eine Illusion noch ein Museum. Es ist eine Reise. Eine Reise durch die Zeit. Eine Reise durch verschiedene Menschenleben. Und eine Reise durch den Kopf des Sammlers.

USA

DAS LEBEN IST EIN ROADTRIP

Ein Auto, zwei Freundinnen, 3000 Meilen: Unterwegs im Südwesten der USA – mit Hilde und einem unliebsamen Gast an Bord.

Von Susanne Helmer

»Ein Roadtrip? So wie *Thelma und Louise*?«, fragte ein Freund vor der Abreise. In Gedanken sah ich Lara und mich im Auto auf einer dieser endlosen, schnurgeraden Straßen zur Musik mitsingen. Mit Wind und Sonnenbrille im Haar. Und auch ein bisschen auf der Flucht – zwar nicht vor der Polizei wie die Frauen in dem Film. Aber wer reist, ist doch immer auf der Flucht vor irgendwas.

Mit Hilde sicher ans Ziel

Diese Straßen jedenfalls – sie sind genau so, wie ich sie mir vorgestellt habe. Gleich am ersten Tag packe ich meine Fahrangst am Kragen, zerre sie von der Rückbank und schmeiße sie aus dem Auto. Fünf Jahre lang habe ich mich vorm Autofahren gedrückt, aber hier im Süden von Nevada kann nun wirklich nichts schiefgehen. Automatik, kaum Gegenverkehr, links und rechts Steppe, am Horizont ein paar Berge und ansonsten: gar nichts.

Noch dazu haben wir Hilde. So heißt unser Navi. Hilde kann kein Englisch, sie spricht die Straßen- und Ortsnamen so aus, wie sie geschrieben stehen. In Richtung »Doofentowen« (*Downtown*) schickt sie uns und in den Nationalparks zum »Entranze« (*Entrance*). Aber auf Hilde ist Verlass. 3000 Meilen weit.

Zehn Uhr abends, irgendwo in Arizona. Die Klimaanlage pustet seit Stunden tapfer gegen die 38 Grad von draußen an. Es ist längst dunkel, als wir in der abgelegenen Wüstenstadt Page ankommen. Keinen Meter weiter wollen wir fahren, nur ein Bett müssen wir noch finden. Wir klappern fünf Motels ab – alle ausgebucht. Mit jedem Nein mischt sich mehr Resignation in meine Müdigkeit.

Am sechsten Motel, versteckt in einer Seitenstraße, hängt ein Zettel mit einer Telefonnummer. Man möge anrufen, es sei für heute noch was frei. Zehn Minuten später biegt ein Auto auf den Hof und ein Engel steigt aus. Mit nassen Haaren und rosa Plastiklatschen an den Füßen. Sie habe gerade unter der Dusche gestanden, als das Telefon klingelte, ruft uns die kleine, rundliche Frau namens Shannon fröhlich zu. Eine Ferienwohnung gebe es da noch.

Das Apartment ist viel zu groß und eigentlich zu teuer. Aber so verlockend gegenüber einer Nacht im Auto. Später decke ich mich im Queensize-Bett mit dem Gefühl von Sicherheit zu: Mal wieder alles gut gegangen. Mal wieder umsonst die Laune verhageln lassen.

Am nächsten Tag stehen wir mit offenen Mündern im Antelope Canyon. Ein begehbares Natur-Kunstwerk: Wind und Wasser haben die Felsen um uns herum angespitzt und rund geschliffen, Licht lässt den Sandstein goldgelb bis kirschrot leuchten. Wir packen unsere Kameras gar nicht mehr weg. »Du bist nur einmal hier. Genieße es!«, denke ich bei jedem zweiten Klick. Eines der Fotos schicke ich später einem Freund. »Hast du das selbst aufgenommen?«, fragt er. »Ja! Es sieht dort wirklich so aus!«, antworte ich.

Diese wertvollen Hier-und-Jetzt-Momente. Es gibt reichlich davon. In San Diego essen wir vom weltbesten Cheesecake, bis uns schlecht wird. Im Yosemite Park trottet ein junger Schwarzbär vor unserem Auto über die Straße, minutenlang glotzen wir ihm hinterher. In der Stadt Flagstaff merken wir nur zufällig, dass wir auf der Route 66 unterwegs sind.

Oder der *Beach Boardwalk*: Dass mitten am Strand von Santa Cruz Kaliforniens ältester Vernügungspark steht, erfahren wir erst, als wir in der Stadt südlich von San Francisco ankommen. Nur ein Parkplatz trennt ihn von unserem Motel. Der Wind trägt die vergnügten Schreie der Fahrgäste in unser Zimmer. Mit klopfenden Herzen und aufgeregt wie Kinder laufen wir los, kaum dass wir Koffer und Rucksack abgestellt haben. Wir freugruseln uns in der Geisterbahn und noch mehr im *Giant Dipper*, einer Holzachterbahn von 1924, die viel schlimmer ist, als sie aussieht. Und dann lassen wir uns in der Spielhalle die Zukunft vorhersagen.

Alles wird gut, steht – zusammengefasst – auf dem Zettel, den der Automat auf Knopfdruck ausspuckt.

Dabei kann er uns eigentlich gestohlen bleiben, der Gedanke an die Zukunft. So schwer hat er sich bislang abhängen lassen. Sobald wir mal nicht mit jeder Faser mit Erleben beschäftigt sind, sobald wir wieder nur stundenlang auf einer dieser Straßen geradeaus fahren, fläzt er sich frech in unsere Mitte und flüstert uns seine nervigen Fragen ins Ohr. Uns, den beiden Singles Anfang dreißig. Die bei jeder Gelegenheit die Tasche packen und abhauen – je weiter weg, desto besser, scheint in letzter Zeit zu gelten.

Keiner sagt uns, wann wir ankommen

Andauernd will er wissen, ob wir richtig sind auf unserem Weg. Als wäre das ganze Leben ein Roadtrip. Nur einer ohne Navi eben. Keiner sagt uns, wann wir abbiegen müssen. Oder dass wir viel zu schnell fahren. Oder dass wir geradewegs auf einen Stau zuhalten. Oder welche Strecke die bessere ist. Und vor allem: wann wir ankommen.

An einer roten Ampel, zurück in Nevada, fallen uns die Glückskekse ein, die wir am Vorabend zusammen mit der Rechnung beim Chinesen bekommen haben.

»Was steht in deinem?«

»*Learn Chinese: Curry Chicken …*«

»Hä? Dreh mal um.«

»Ach so. *Don't worry. Prosperity will knock on your door soon.* Und bei dir?«

»*Enjoy life! This is not a dress rehearsal.*«

Vor uns taucht die Skyline von Las Vegas auf.

Ibiza

FRAU MÜLLER STEIGT AUS

Ibiza gilt als Eldorado für Partymacher. Doch der Norden der Balearen-Insel ist von wilder Schönheit und Ursprünglichkeit. Und ein Paradies für Aussteiger.

Von Gitti Müller

An einem regnerischen Abend in den Neunzigern saß ich mit Freunden zusammen und wir diskutierten über einen möglichen Auslandseinsatz der deutschen Bundeswehr. Irgendwann sagte einer von ihnen, offenbar völlig genervt von meiner Antikriegshaltung:

»Dann geh doch nach Ibiza und werde ein Hippie!«

Seitdem sind viele Jahre vergangen. Es ist Winter. Februar. Graue Hochnebelschwaden kleben seit Wochen wie Kaugummi am Himmel. Ab und zu gesellt sich Nieselregen dazu. Morgens drehe ich die Heizung voll auf und versuche mit Yoga aus dem Vitamin-D-armen Stimmungsloch herauszukommen. Im Radio Syrien, Flüchtlinge, Neonazis. Da fällt mir plötzlich der Satz wieder ein.

Hippie auf Ibiza.

Warum eigentlich nicht? Am besten jetzt gleich.

Im Winter gibt es keine Direktflüge, ich muss also ein bisschen um die Ecke fliegen. Es gibt auch keine Touristen. Die meisten Läden, Clubs und Bars sind zu, das Wummern der Elektrobässe hält Winterschlaf. Da, wo ich hinfahre, in den Norden der Insel, ist es selbst im Sommer ruhig. Das nächste Dorf ist vierzig Minuten Fußmarsch entfernt. Vier Wochen will ich bleiben. Die ersten zwei Wochen bin ich ganz allein auf weiter Flur. Die Vermieterin ist in Amsterdam und nimmt sich eine Inselauszeit. Kann ganz schön einsam werden. Mal sehen, wie ich das aushalte.

Meine Unterkunft ist eine alte Finca in der Nähe von Sant Miquel. Dort beziehe ich ein Zimmerchen, Naturstein, Bett, Holztisch, Stuhl. Küche und Bad darf ich mitbenutzen. Holz für den Ofen gibt es draußen.

Der erste Tag vergeht wie in einem leichtfüßigen Traum. Ich spaziere durch den großen Garten, der schon im Februar beginnt aufzuleben. Mandelbäume haben erste kleine Früchte, Zitronen und Orangen sind reif für die Ernte. Neugierig rieche ich an Blumen und Kräutern. Freunde mich mit den Katzen an. Kraule den Hund hinterm Ohr. Setze mich in die Sonne. Stille. Alles, was ich höre, sind Vögel, ein leichtes Rauschen in den Pinien, ein Bellen in der Ferne. Die milde Winterluft hüllt mich ein wie ein samtenes Gewand. Später schaue ich in die Nacht und denke: So fühlt sich Frieden an.

Das Waldgebiet Es Amunts im Nordwesten der Insel zieht mit seiner wilden Schönheit alles an, was im Einklang mit der Natur sein will: alt gewordene und jung gebliebene Hippies, selbst ernannte und studierte Heiler und Schamanen, Osteopathen und Reikimeister, Masseure, Yogalehrer, Gurus, Tänzer und Musiker, Veganer und Vegetarier. Sie alle lieben Es Amunts, diese ursprüngliche Landschaft mit bewaldeten Hügeln, Felsen und Feldern. Ich auch. Ich bin zwar ein Stadtkind, aber ich liebe die Natur über alles. Geht es mir schlecht, ist Natur die beste Medizin für mich. Balsam für die Seele und Honig für gestresste Nerven. Plötzlich ist das Leben wieder einfach und unmittelbar.

Sieben Kilometer Morgenspaziergang. Die Luft ist kühl, feucht und voller verlockender Düfte. Der wilde Knoblauch blüht gerade in zartem Rosa; Rosmarin, Thymian und Pinien verströmen ihr Parfum. Ich komme vorbei an knorrigen Olivenbäumen und wilden Johannisbrotbäumen. Eine Weile geht es auf einem schmalen Pfad durch den Wald, den Berg hinauf, über Felsen und kleine dunkelblaue Orchideen, die sich an ihnen festhalten. Immer wieder laufe ich entlang der traditionellen Steinmauern, ab und zu ein Gehöft, typisch ibizenkisch, kubisch und weiß gekalkt. Manche liegen da, als hätte die Uhr vor einigen Jahrhunderten aufgehört zu ticken: ein Steinhaus, ein Brunnen, ein Dreschplatz. Drum herum Bäume und Felder.

Gelbe Ringelblumen blühen prächtig auf ausladenden grünen Wiesen, manchmal steht mittendrin ein uralter Olivenbaum, trotzig, wie von der Zeit vergessen. Die Bauern pflügen um den Baum herum.

Einen alten Baum verpflanzt man nicht. Sie wissen das. Denn das gilt auch für sie selbst.

Manches Feld, gerade gepflügt, macht mit seiner tiefroten aufgewühlten Erde dem hellen Frühlingsgrün der Nachbarwiese Konkurrenz. Darüber wölbt sich ein sattblauer Himmel. Eine gute Stunde spaziere ich so, die Sinne weit geöffnet, staunend und fast andächtig, und werde mit jedem Schritt ein bisschen lebendiger. Ja, das Leben kann so einfach sein. Am Ende des Weges sammele ich noch ein bisschen Holz, Pinienzapfen und kleine Äste zum Feuermachen im Ofen.

Abends bin ich verabredet zum gemütlichen Beisammensein in der Stube, und zwar mit mir. Ich werde etwas kochen, eine Flasche Wein öffnen, in das Feuer schauen und auf das Leben anstoßen. Mehr gibt es nicht zu tun. Bin ich jetzt ein Hippie?

Wann ist ein Hippie ein Hippie?

John Lennon war Hippie. Er sang vom Frieden und trug langes Haar. Aber war's das? Ich treffe einen, der es wissen muss.

Jon Michelle ist 65 Jahre alt, hohe Stirn und langes dunkles Haar. Aufgewachsen in Afrika als Kind Schweizer Diplomaten. Seit den Achtzigern lebt er auf Ibiza. Mit Nina Hagen hat er Mantras gesungen und auf dem Hippiemarkt organisiert er zusammen mit Freunden jeden Mittwochabend das musikalische Programm *Namaste*. Wenn die Internationale Tourismus-Börse in Berlin tagt, vertritt er für Ibiza das, was den Offiziellen lange eher peinlich war, das »Hippietum«. Das sei inzwischen ein Alleinstellungsmerkmal der Insel. Man habe verstanden, dass es eben nicht nur um Feten, Drogen und Sex gehe. Es gebe viele Künstler und Kunsthandwerker unter den Hippies.

Plötzlich ist Hippiesein also okay.

Jon Michelle weiß wohl, dass es sich um eine Marketingstrategie der Tourismusbehörde handelt. Aber, betont er, er sei wirklich ein Hippie und stehe dazu. Was er darunter verstehe?

»John Lennon ist Hippie. Hippie ist, den Vietnam Krieg zu stoppen, Hippie ist gewaltfrei leben. John Lennon sagt genau das in seinem Song *Imagine*: Stell dir vor, es gäbe keine Religion, keinen Hunger. Das ist für mich Hippie. Wir sind nicht Hippies geworden, um uns zuzudröhnen. Für mich ist Hippiesein eine Haltung. Und die lebe ich noch immer.«

Jon Michelle wohnt in Sant Joan, einem kleinen Dorf und Provinzhauptort des Nordens. Weiß getünchte Häuser, Orangenbäume, eine Kirche, ein Friedhof, drei Bars, ein kleiner Markt immer sonntags, mit selbst gebackenem Brot, Lavendelhonig, Biogemüse, Räucherstäbchen, tibetischen Gebetsflaggen und Klangschalen, Armbändchen und Silberschmuck, Kleidern und Tüchern, Trommeln und Gitarrenklängen. Die Bars sind vor allem in den Wintermonaten Treffpunkt für die Hiergebliebenen. Und das sind nicht wenige. 35 Prozent der Bevölkerung in den sieben Orten der Gemeinde Sant Joan de Labritja sind Ausländer, die dauerhaft hier leben. Zahlenmäßig stehen an erster Stelle Deutsche, dann folgen Engländer, Italiener, Franzosen und andere. Die meisten sind zwischen den Sechzigern und Achtzigern gekommen.

Anders als viele seiner Hippiekollegen wohnt Jon nicht in einer Finca, sondern in einer Dorfwohnung. Und dort besuche ich ihn. Normalerweise würde ich einen vollkommen Unbekannten nicht in seiner Wohnung besuchen. Was ist los mit mir?

Bin ich schon voll auf dem Peace-Love-and-Trust-Trip?

Sieht fast so aus. Jon bittet mich herein, und ich fühle mich kurz zurückversetzt in eigene WG-Zeiten, lang ist es her: bunte Decken, indische Tücher und Wandbehänge, hier ein Buddha und dort liebevoll drapierte Blumen. Jons Arbeitszimmer steckt voller Musik: Trommeln, Gitarren, Flöten und allerlei Rhythmusinstrumente, konventionelle und exotische. Die große Terrasse mit Blick auf das freie Land ist so bunt wie der Rest der Wohnung: die Wände in einem warmen Rot gestrichen, hellblaue Fensterläden und ein Schatten spendendes Strohdach, Blumenkübel und Kräuter, ein großer Tisch mit vier Stühlen. Sieht aus wie bei einem Hippie. Aber reicht das schon, um einer zu sein? Was macht den Hippie zum Hippie? Jon sagt dazu Dinge wie: Ein Hippie ist jemand, der lebenslang lernt, wissen will, wie die Welt funktioniert. Sich in Philosophie und Politik bildet, versucht, das Leben zu verstehen. Jemand, der ein profundes Interesse daran hat, dass es den Menschen gut geht. Wow, das hört sich sehr ernst an, also gar nicht nach Party machen, Blümchen ins Haar und ein Tütchen rauchen.

Jon hat drei Kinder und einen Enkel. Seine jüngste Tochter ist elf Jahre alt. Sie lebt abwechselnd bei ihm und der Mutter. Leicht sei es nicht, die Lebenshaltungskosten zu decken, aber irgendetwas gehe immer, sagt er. Jon Michelle ist nicht nur Musiker. Er führt Hochzeitsrituale durch für Menschen, die sich nicht kirchlich trauen lassen wollen. »Im Fokus der Zeremonie steht die Einsicht, dass Liebe ein Geschenk ist. Liebe ist keineswegs selbstverständlich. Wir feiern die Liebe und ehren die vier Elemente, Feuer, Wasser, Luft und Erde.«

Er sieht sich selbst nicht als Schamanen oder gar Priester. Vielmehr will er dem Brautpaar und seinen Gästen einen schönen Rahmen für ein Lebens- und Liebesversprechen bieten. Die Feiern finden am Strand, auf einem Felsen oder einem Berggipfel statt. Jon glaubt, dass die Insel unter dem Einfluss der Fruchtbarkeitsgöttin Tannit steht. Immerhin wurden mehrere Kultstätten ausgegraben. Eine der bekanntesten ist die Höhle Es Culleram bei Sant Vincent im Norden der Insel. Tannit sei eine Frieden bringende, feminine Energie. Genau das, was viele Künstler und spirituelle Menschen anzieht. Auf Ibiza gilt es als uncool, aggressiv zu sein, sagt Jon.

Ob es einen Unterschied mache, ein junger Hippie oder ein alter zu sein, frage ich. Schließlich bin ich auch nicht mehr die Jüngste. Ich meine, hey, vielleicht gibt es da ein Verfallsdatum oder so. Jon lacht. In der Hippie-Mode sei das bestimmt ein Unterschied. Aber wenn man keine Mode, sondern eine Haltung oder Philosophie darunter verstehe, eine gewaltfreie Person sein wolle, dann sei es egal, ob man jung oder alt ist.

Hippies gehen also nicht in Rente. Einmal Hippie, immer Hippie. Aber was ist mit Sicherheit? Krankenversicherung, Rentenversicherung, Unfallversicherung, Pflegeversicherung? So etwas hat ein Hippie ja wohl nicht. Wenn man jung ist, kein Problem. Wird schon schiefgehen, denkt man dann. Aber im Alter?

Jon hat auch hier eine Weisheit parat:

> »Du verlierst an Lebensqualität, wenn du dauernd versuchst, dich abzusichern. Sicherheit ist eine Illusion.«

Die Menschen glaubten, das bedeute Lebensqualität. Die Wahrheit sei aber: »Je mehr du einfach vertraust, desto sicherer fühlst du dich tatsächlich.«

Da könnte was dran sein. *Just trust in life.* Wie viel Zeit verlieren wir, weil wir Türen, Autos, Gartenlauben und Büros abschließen? Wir suchen den Schlüssel, wenn wir weggehen, wir kramen ihn aus der Tasche, wenn wir wiederkommen, wir schließen auf, wir schließen zu. Und? Gibt es deswegen weniger Einbrüche, weniger Diebstähle? Bestenfalls mehr kaputte Türen und Fenster. Und verlorene Lebenszeit, die wir mit angenehmeren Dingen verbringen könnten.

Die Erde wird nass

Es regnet. Es trommelt auf das Dach und rauscht in den Bäumen. Gierig nehmen Büsche und Bäume, ihre erwachenden hellgrünen Knospen und Blüten, die Nässe auf und danken es mit einem Duft, der die Luft mit holzigen und blumigen Aromen benebelt.

Ich liege noch im Bett, blicke hoch zu den Holzbalken der Decke und frage mich, ob das wohl dicht hält. Es ist gemütlich in meinem kleinen Zimmer mit den rustikalen unverputzten Steinwänden. Es stört mich nicht, dass es regnet.

Ich habe in den vergangenen Tagen bei meinen Spaziergängen Kontakt aufgenommen zur Natur. Ich habe wilden Knoblauch probiert, Borretschblüten gegessen und Rosmarin für die Küche mitgenommen. Kirschblütenbäume, Mandelbäume, Pinien und Oliven, Feigen und Orangenbäume, sie alle flüsterten mir zu: »Schön wäre es, wenn es ein wenig regnete, denn wir müssen mit dem auskommen, was es im Frühling niederschlägt. Dann folgen viele Monate der Trockenheit.«

Einmal bin ich auf einer Lichtung stehen geblieben und habe ein paar Yogaübungen gemacht. Als ich im »Baum« stand, einer Position, bei der man auf einem Bein steht, das andere anwinkelt und die Arme zum Himmel streckt, stellte ich mir vor, ich wäre tatsächlich einer dieser Bäume. Ich suchte mir eine ziemlich schräge Pinie aus und nahm die gleiche Position ein, reckte den linken Arm analog zu ihrem hervorstehendsten Ast nach schräg unten und den rechten steil nach oben. Stellte mir vor, wie aus meinen Füßen Wurzeln in das Erdreich wachsen. Wie ist das Leben als Baum?

Wie ist es, morgens bei Sonnenaufgang hier zu stehen und nur diesen einen Blickradius zu haben, immerzu, den ganzen Tag, bei Kälte und Hitze, bei Regen und Sonne, immer nur diesen Wirklichkeitsausschnitt, ein ganzes Leben lang. Frühling, Sommer, Herbst und Winter.

Jahr für Jahr. Die Pinie kommt auf 200 bis 250 Jahre. Der älteste Olivenbaum ist 4000 Jahre alt.

Ich stand eine ganze Weile so, atmend und Kontakt aufnehmend mit den umliegenden Bäumen und Pflanzen. Je länger ich stand, desto vielfältiger wurde das, was in meinem Blickfeld lag. Ich entdeckte immer mehr Details, die mir zuvor verborgen geblieben waren: Hier eine winzige Orchideenblüte am Boden zwischen den Gräsern, dort ein Baumstamm, der ein Gesicht zu haben schien, unendlich viele verschiedene Grüntöne um mich herum. Und der Boden war nicht mehr einfach eine Fläche, er war ein Reich, ein Erdreich, mit Bergen und Tälern, Schluchten und Senken, eine ganze Landschaft zu meinen Füßen, nie gesehen, obwohl ich täglich hier vorbeigegangen war. So also fühlt sich Stillstand an, so bewegt und detailreich, ein Mikrokosmos, wo alles mit jedem verbunden ist. So also fühlt sich Leben an, wenn wir es zulassen, wenn wir hineinhorchen, wenn wir selbst zum Baum werden.

Deshalb freue ich mich auch über den Regen, jetzt, wo ich Baumerfahrung habe. Hoffentlich hält die Freude an, denke ich, dann stehen mir glückliche Zeiten in Deutschland bevor.

Auf Ibiza ist Regen Mangelware. Ab April regnet es monatelang nur noch Touristen, rund vier Millionen in einer Saison. Sie duschen nach dem Aufstehen und vor dem Essen, sie planschen im Pool, trinken Tee und Kaffee, sie wollen frische Bettwäsche, möglichst täglich, picobello gewaschene Leihautos und schöne grüne Gärten, die zweimal täglich gewässert werden. Der Grundwasserspiegel sinkt rapide, und jetzt wird es eng für alle, die nicht am öffentlichen Wassersystem hängen. Also vor allem für die, die auf dem Land leben. Die Bauern und die Hippies.

Sprit und Spirit

Von Ayahuasca-Zeremonien, heilenden Frequenzen und Regengebeten.

Ilona lebt schon lange auf Ibiza. Lebhafte Augen, langes dunkles Haar, Kettchen und Amulette um den Hals. Manchmal bete sie, damit es regnet. Mit ihrem Freund und dem Sohn lebt sie in einer Finca auf dem Land. Nebenan hat sie ein Meditationszelt errichtet. Darin führt sie manchmal Zeremonien durch. Für den Mond, für Frauenpower oder eben, damit es regnet. Wasser sei ein Riesenthema auf Ibiza. Wenn es länger nicht regne, sinke der Grundwasserspiegel und dann könne Salzwasser eindringen. Wasser sparen sei auf Ibiza überlebenswichtig. Und Regen eben. Deshalb beten sie.

Oder zaubern. Denn die internationale Community auf Ibiza ist offen und erfahren in allem, was der spirituelle Markt hergibt: Yoga und Tanz, Ayurveda- und Thai-Massagen, Shiatsu, Reiki und Watsu, Mantra singen und Meditation, Klangschalen- und Räucherrituale, Coaching und Selbstfindung. Einige führen Ayahuasca-Zeremonien durch, bei denen die Teilnehmer den Sud einer halluzinogenen Liane aus dem Amazonas einnehmen und unter Aufsicht eines Schamanen oder einer Schamanin erst kotzen und dann sich selbst finden. Drei Tage lang.

Aber von Westeuropäern, die einen Workshop im peruanischen Urwald machen und sich dann eine Feder ins Haar stecken und als Schamanen zurückkommen, hält Ilona wenig. Schließlich gebe es auch hier überliefertes Wissen um die Kraft von Energien und Kräutern.

Ich glaube nicht an Zauberei. Aber auf Ibiza fällt es leicht, sich zu öffnen für alle möglichen spirituellen Ideen. In der Nähe von Sant Rafel treffe ich Manuel Estevez, einen Musiker mit außergewöhnlichen Sets am Start. Sein Ding ist die elektronische Musik, jenseits des Mainstreams. Er wohnt in seinem Atelier im Schutze eines einsamen Pinienwaldes. Damit er keinen stört, wenn er mitten in der Nacht einen Flow hat und komponiert. Das passiert oft. Dann steht Manuel an seinem Mischpult und lässt die Bässe wummern. Aber seine Musik ist viel mehr als Bumm-Bumm. Er verbindet Klänge aus der Natur mit Rhythmen, die eine Aufforderung zum Tanzen sind. Seine Musik basiert auf der Solfeggio-Tonleiter, einer Sechstonleiter. Den Frequenzen dieser Töne wurde schon im Altertum heilende Wirkung nachgesagt. Im Mittelalter benutzten Mönche sie in ihren gregorianischen Gesängen. Die native Musik aus den Anden oder dem Himalaja gründet ebenfalls auf dem Solfeggio. Manuel versteht sich als Musik-Schamane, der die Energien der Menschen synchronisiert.

»Synchronisieren heißt harmonisieren«, sagt er. »Du verbindest dich mit der Natur, mit den Leuten um dich herum. Und da fängt die Magie an. Kennen wir doch alle, wenn uns die Musik berührt und eine Gänsehaut macht. Das ist der Moment der Magie. Stell dir vor, du kannst diesen magischen Moment auf dein Leben ausweiten - was die Musik dann alles für dich tun kann!«

Stimmt. An einem Freitagabend bin ich dabei, als Manuel auflegt. Eine private Geburtstagsparty bei einem Freund, der, ganz der Hippie, ohne Strom und Wasser auf dem Land lebt. Heute glüht ein Generator für die E-Musik. Ich tanze und tanze Stunde um Stunde, erfüllt von einer tiefen Freude. Und das ganz ohne Drogen. Angetrieben allein durch die Magie der Klänge.

Symbiose

Ibiza ist eine Insel der Gegensätze. Während die Aussteiger und Gurus im Norden an Magie und Natur glauben, werden im Süden die großen Geschäfte gemacht, wird Konsum auf die Spitze getrieben.

Da wummern die Bässe der Megaclubs in den Tempeln der elektronischen Musik, durch und durch vermarktet. Jeder Club verkauft T-Shirts, Kleider, Handtaschen, Handyhüllen, Tassen, Sticker und Portemonnaies mit seinem Label, ob *Pacha, Amnesia, Space* oder *Privilege*. Im Süden sind auch die Strände der Schönen und Reichen, die Hotspots der Promis und Millionäre, der Drogendealer und Immobilienmakler. Im Norden hingegen leben die Aussteiger und Hippies, Kunsthandwerker und Veggiepropheten, Yoginis und Gurus. Und mittendrin die Ibizenker, die seit Jahrzehnten gelassen dabei zusehen, wie sich die Insel verändert.

In den Sechzigerjahren, lange bevor Ibiza zur Partyinsel wurde, staunten die Bauern nicht schlecht, als da junge Menschen mit luftigen Kleidern auf die Insel flatterten wie bunte Schmetterlinge. Sie hatten Federschmuck und Blüten im Haar, im Arm eine Gitarre, in der Hand einen Joint, auf den Lippen ein Lied aus der Flower-Power-Bewegung. Die Ibizenker nannten sie schlicht »die Langhaarigen« und fanden sie ein bisschen merkwürdig, diese Hippies mit Blumenkränzen im Haar, die einmal im Monat in den Postfächern der Dorfkneipen ihre deutschen, französischen, kanadischen oder amerikanischen Schecks von zu Hause abholten und ansonsten ihre Armbändchen knüpften. Sie kamen und blieben. Wie Noëlle. Sie ist seit vierzig Jahren auf der Insel. Als ich sie auf dem Land besuche, fahre ich von Sant Joan aus auf einer Schotterpiste etwa zwanzig Minuten Richtung Meer.

Völlig abgelegen liegt ihr Häuschen da, inmitten eines Gartens. Noëlle ist Mitte sechzig. In den Siebzigerjahren kam sie als 25-Jährige mit einem kleinen Sohn und bildete hier mit zwei anderen Frauen eine Kommune. Ein Auto hatten sie nicht. Die Kinder gingen jeden Morgen zu Fuß in die Dorfschule nach Sant Joan. Es gab weder Strom noch fließend Wasser. Und doch war es Liebe auf den ersten Blick.

»Ich hatte noch nie so einen schönen Ort gesehen«, schwärmt sie, »ich sehe das heute noch mit den Augen von damals.« Sie strahlt.

Die Bauern konnten nicht ganz nachvollziehen, warum diese verrückten Ausländer ohne jeden Komfort in verfallenen Steinhäusern bei Kerzenlicht irgendwo im Nirgendwo leben wollten. Aber das traf sich gut. Denn die Bauern konnten sich ihrerseits nichts Schöneres vorstellen, als in einer Stadtwohnung zu leben. Mit fließend Wasser und Strom, mit Radio, Telefon und Fernseher. Die perfekte Ergänzung also.

Über die Mietvereinbarungen hinaus kamen sie aber nicht so richtig zusammen, lernten sich kaum kennen. In Ibiza-Stadt gab es einen, der das ändern wollte. Und den will ich jetzt treffen. Dafür habe ich mein ruhiges Plätzchen auf dem Land verlassen.

In einer Gasse der Altstadt, unweit der Plaza del General Vara de Rey, hat Juan noch heute seine Bar. In Erinnerung an seinen Geburtsort nennt er sie die »Bar San Juan«. Im Sommer bilden sich lange Schlangen auf der Straße, schon bevor die Bar aufmacht. Im Winter geht es eher beschaulich zu. Unabhängig von der Jahreszeit gibt es oft nur ein einziges Tagesgericht. Frisch und preiswert. Wenn es aus ist, ist es eben aus.

Juan, Ende siebzig, ist der Eigentümer. Schwarze Fünfzigerjahre-Brille, mandelförmige Augen mit Lachfalten hinter dicken Gläsern, graues, kurz geschorenes Haar. Der Chef, also er, bestimmt, wer wo sitzt. Dieses Konzept habe sein Vater Anfang der Sechzigerjahre eingeführt, als die Blumenkinder die Insel fluteten.

Juans Vater wollte die bodenständigen Bauern der Insel und die Mantra singenden Hippies an einen Tisch bringen. »Auf der Straße hätten sie einander damals nicht mal gegrüßt, aber hier, bei einem guten Essen und einer Flasche Wein, wurden Freundschaften und Mietverhältnisse, manchmal auch Liebschaften geschlossen und Familien gegründet«, erzählt Juan. Und die Flasche Wein kommt stets völlig ungefragt auf den Tisch. Jeder bedient sich daraus, wie er möchte.

Feiern tun die Hippies von damals auch heute noch gern. Und so kommt es, dass ich entgegen meinen Erwartungen gar nicht so einsam bin in den vier Wochen.

Das Ende vom Lied

Ja, ich bin ein Hippie.
Und ach, es wäre so schön, hier zu leben …

Nach vier Wochen Landleben fühle ich mich wie zu Hause auf Ibiza und rundum erneuert. Die internationale Community lässt sich einiges einfallen, um sich zu »connecten«. Über die sozialen Medien und Mundpropaganda organisieren sich Wander- und Yogagruppen, Kinoabende und private Feiern. Ich mag diese Menschen. Sie sind kreativ und weltoffen, tolerant und ein bisschen verrückt. Nicht jeder bezeichnet sich als Hippie, aber nach vier Wochen Einkehr und all den Gesprächen verstehe ich »Hippie« ohnehin nicht mehr als Rolle, sondern als Haltung zum Leben. Friedlich, kreativ, naturverbunden und spirituell. Insofern kann ich von mir sagen: Ja, ich bin ein Hippie.

Aber das Leben ist teuer hier. Zu teuer für mich. Für andere auch. Viele haben die Insel in den letzten Jahren verlassen, weil sie die hohen Lebenshaltungskosten nicht mehr stemmen konnten. Vorbei die Zeiten, als eine kleine Steinfinca per Handschlag und Barzahlung zu haben war.

Einige der alteingesessenen Hippies sind schon nach Thailand ausgewandert. Andere nach Brasilien, Kolumbien oder nach Südspanien.

Die explodierenden Immobilienpreise haben die Mieten derart in die Höhe getrieben, dass viele, auch Einheimische, nicht mehr wissen, wo sie in den Sommermonaten wohnen sollen. Kellner, Köche, Verkäufer und andere, die vom Tourismus leben, teilen sich Wohnungen zu horrenden Preisen. Ein Zimmer mit Gemeinschaftsbad und -küche für 1000 Euro im Monat oder 500 Euro für einen Schlafplatz auf einem Balkon: Der Mietwucher in der Hochsaison hat schon Menschen dazu gebracht, ihren Job zu kündigen und woanders ihr Glück zu versuchen. Über 900 Wohnungen sind vom normalen Wohnungsmarkt verschwunden und tauchen bei *Airbnb*, *Tripadvisor* oder *Owners Direct* in den Sommermonaten wieder auf. Schwarz, steuerfrei und ohne Lizenzen werden dann absurd hohe Kurzzeitmieten erzielt.

Wäre ich mal damals gegangen, als mitten in der hitzigen Friedensdebatte der Satz fiel: »Dann geh doch nach Ibiza und werde ein Hippie« – dann wohnte ich jetzt vielleicht auch in so einer schönen Steinfinca eines netten Ibizenkers, der seine Miete seit zwanzig Jahren nicht erhöht hat. Dann wäre mein Leben allerdings nicht das, was es ist, und ich nicht die, die ich bin.

Und am Ende bin ich dann wohl doch zu sehr Hippie, als dass ich mich in »hätte« und »wäre« verlöre. Alles ist gut, so wie es ist. Und wer weiß, wie schnell ich wiederkomme.

Spätestens im Winter.

Als Saisonhippie.

Südafrika

IZILO

Ein schauderhafter Ort. Ein Tanz durch das Township von Kapstadt. Durch die schwarz glühende Nacht. Wo Leben mit leidenschaftlichem Feuer sprüht. Wo es nur so brummt vor Verschwendung.

Von Markus Steiner

Ich war gerädert und genervt, nun kam ein Schuss Verrücktheit dazu. Auch weil mich irgendwie der Mut verließ. Es war weit nach Mitternacht und wir fuhren zu dritt im Wagen. Seit geraumer Zeit hieß es: Weit? Nein, weit sei es nicht mehr, bis wir *The Flats* erreichen würden, ganz auf der anderen Seite der Stadt. So ziemlich jeder, mit dem ich sprach, sagte, fahr dort nicht hin. Schauderhaft musste der Ort sein.

Doch irgendeiner erzählt einem immer, dass man nur hier das rohe, das reine, das wahre Leben brüten sehen kann; wie es mit leidenschaftlichem Feuer lustvoll ins weite Universum gesprüht wird; wo es nur so brummt vor Verschwendung, wie entflammte, schwingende Lampions im Wind. Dann ist der Samen vergraben. Also stiegen wir ein und jagten los nach Khayelitsha.

Im Scheinwerferlicht unseres Wagens passierte eine blendend Schöne die Straße, ganz in Weiß gekleidet. Sie trug ein Kind auf dem Arm. Das war meine erste Begegnung mit dem Township am Kap: eine junge schwarze Frau, durch die dunkle Nacht ein Kind wiegend. Es war, als würde jemand mit dem Weichzeichner über das fahren, was ich anzutreffen erwartet hatte. Es gab dem Ganzen etwas Zärtliches, das beruhigt.

Was ich auf den ersten Fensterblick noch erkannte, waren die bunten Häuschen mit ihren roten Giebeldächern, darüber schwere Stromkabel, die durchhängen, die Blumen in den Vorgärten, die Gardinen hinter und die Gitterstäbe vor den Fensterscheiben; Lauben, die auch den Anforderungen des Bundeskleingartengesetzes genügen würden.

Im Radio spielte afrikanische House-Musik. *Izilo*, wilde Tiere, ritten durch den Wagen. Das Fenster war einen Spalt weit geöffnet. Ich hob die Flasche an und nahm einen Schluck. Tebogo hatte sie nach hinten gereicht. Es war so finster, wie eine Nacht finster sein kann. Die Nacht glühte schwarz.

Khayelitsha ist Zulu und meint: neue Heimat.

Es war ein seltsamer Augenblick. Denn ich fühlte mich wie betäubt und war doch so wach wie nie. Ich fühlte mich fern und fremd. Ich fand es schön hier.

Wir steuerten auf eine *shebeen* zu, eine Township-Bar. Wenn Tebogo mich ansah, schien es immer, als würde er mir in einem fort zuzwinkern. Dann lachte etwas Irres aus dem Kragen seines gestärkten Hemds heraus. Es hieß, man müsse einmal in einer *shebeen* gewesen sein. Und in dieser werde getanzt wie in sonst keiner, als wäre der Morgen abgeschafft. Kann ein Gedanke verführerischer sein? Eine endlose Nacht und Rausch und Hunger. Die besten Kwaito-Tänzer im Township seien zu sehen. Das sagte einem jeder.

Als die Apartheid wütete, verboten sie Farbigen auch den Alkohol. Doch war der bei vielen Ritualen und Zeremonien afrikanischer Stämme schon immer im Spiel. Manchmal hilft er - gemeinsam mit dem Verspeisen eines Erdklumpens -, den Beschneidungsschmerz zu betäuben; manchmal besiegelt er - zusammen mit Tabak und einem Rind - die Ehe mit einer *unomkubulwana*, einer Himmelsprinzessin; andere Male berauscht er als Palmwein beim Tanzen, bis Heilzeremonie zu Trance wird. Oft, sehr oft, killt er - für eine Weile dann - die dumpf tönende afrikanische Ausweglosigkeit.

Jedes Ritual füttert die Identität des Stammes. Die enorme Vielfalt dieser Riten, ihr Überleben, ihr Fortbestand wird von der mechanischen modernen Welt, von ihrer globalen Monokultur torpediert. Von der ruhelosen Natur des Kapitalismus, wie Marx es nannte, der jede Tradition auslöscht; vom Heilsversprechen des Netzes, Individualität zu bescheren, allein weil man auf dem Mac surft, wie Jonathan Franzen feststellte; von unserer modernen Wehrlosigkeit gegen Inhalt, Form und fließende Flüchtigkeit.

Ein Ritual wird wiederholt aufgeführt, vielleicht jahrhundertelang, und doch gibt es keine Ewigkeit, nur individuelle Momente, in denen alles verschmilzt. Die Welten. Es sind Rituale, die das Land ehren, weil es den Stamm ernährt, oder die Geister, weil sie wachen. Rituale, die Erde oder Seele reinigen. Rituale, die Jahreszeiten markieren oder den Übergang menschlicher Lebensabschnitte. Nicht immer gibt es einen Zweck. Oft treibt Ehrfurcht an, es so zu tun, wie die Ahnen es überlieferten. Moralische Befriedigung.

Die Zulu in Südafrika ringen dem Tod einen Sinn ab. Sie glauben an die Weisheit ihrer Vorfahren und die Macht der Natur.

In Afrika besteht die Welt immer aus drei Welten.

Der realen Welt – alles, was sichtbar ist und uns umgibt –, der Welt der Ahnen und der Geisterwelt. Der Geist eines Toten, so glauben die Zulu, kehre als Schlange in das Dorf zurück. Über staubige Erde kriechend, verbinde sie das Land mit Himmel und Wasser. Schlangen, sagen die Zulu, seien ein Zeichen für Fruchtbarkeit.

Schwarze Frauen waren es, die begannen, *shebeens* zu betreiben. Illegale Kneipen, die Selbstgebrautes ausschenkten. Damit mehr Männer kamen, tanzten Frauen. Irgendwann kamen so viele, dass die Regierung in das Geschäft einstieg. Sie verkaufte sogenanntes Bantu-Bier. Bier für Schwarze. In Bars für Schwarze. Die trinken, nun legal – die Weißen stecken das Geld ein.

Die Grausamkeit der Apartheid. Befeuert nicht nur den Willen der Weißen nach Trennung – nein, gleichzeitig lodert der Glaube der Afrikaner, sie hätten einen identischen Wunsch danach. Apartheid ist universell und rupft alle Blüten von Vielfalt gnadenlos auseinander, wie die Blätter einer schwarz-weißen Rose.

Tebogo machte halt. Diese Ecke war finsterer als die anderen, wenn das möglich war. Wir rollten an den Rand und kamen vor einer lebhaften, lachenden Afrikanerin zum Stehen, die hinter einem armseligen Grill aushielt. Auf dem Rost dampften drei Hühnchen. Wir nahmen jeder eines und aßen gierig. Der Wind pfiff kräftig. Durch den Dampf hindurch, der vom Grill aufstieg, über parkende Autos, die immer wieder Scheinwerferlicht streifte. BMWs, geöffnete Kofferraumdeckel, Cooler-Boxen mit Eis, Dosenbier, Musik. Die Straße bebte unter der Musik. Als Mandela 1994 Präsident wurde, begann Kwaito populär zu werden. Es ist der afrikanische Sound der sogenannten, aber real wohl nicht existierenden, Post-Apartheid.

Beim Reisen ist es mit dem Mut wie mit der Freude: Beide treiben sich nicht auf dem Sofa herum, lassen sich nicht stundenlang das Fell kraulen. Sie sind Vagabunden. Als wir auf den Parkplatz der *shebeen* fuhren, war ich voll Vorfreude.

Mein Mut war es, der mich vagabundierend verließ.

Gegenüber sah ich, wie eine Welle Menschen die Bar flutete. Wer in Khayelitsha einen Rand übrig hat, gibt ihn hier aus. Maisbier ist nahrhafter Ersatz für eine Mahlzeit.

Staub wirbelte auf. Wir stiegen aus dem Wagen und ich folgte Tebogo durch den Nebel zur Bar. Ein Mann lehnte an der Wand. Eine lange Narbe hielt seine glatte Kopfhaut zusammen. Erst als Scheinwerferlicht die Szene erhellte, erkannte ich, dass die anderen Männer mich anblickten, hinter meine Augen starrten, so kam es mir vor. Ich fragte mich, wie diese Blicke zu deuten waren. Drohend? Wütend? Verletzt? Etwa freundlich?

Wir traten in den Barraum. Ein weiß gekachelter Raum, im Halbdunkel. An den Wänden Ventilatoren und Spiegel, die alles zurückwarfen. In der Ecke eine Theke. Es gab weder Tische noch Stühle. Auf dem Boden geöffnete Dosen und halb leere Flaschen. Der kleine Raum war vollgestopft. Männer und Frauen, sie formierten sich in mehreren Kreisen. Kwaito-Musik kam aus den Boxen. Jeder tanzte jetzt. Die Bewegungen. Durchdringende Rhythmen ließen den Raum vibrieren. Die Gesichter reflektierten die Schönheit ungehemmter

Freude. Ich entspannte mich. Ihr Rhythmus formte mein Gefühl, ein Verlangen.

Es muss Tebogo gewesen sein, der mich vorwärtsschob und zum Ring. Plötzlich gab es keinen Anfang mehr und kein Ende. Eine Frau mit Sonnenbrille schwang sich in unsere Mitte. Es schien, dort angekommen, war sie zeitsouverän geworden, erlosch jedes Verlangen nach Verbindung. Irgendwohin war sie getreten, irgendetwas hatte sie durchschritten, irgendwo hatte sie einen Pakt geschlossen, ja, gewiss, doch es war nicht hier, nicht in dieser Runde.

Sie begann mit dem Bauch zu kreisen. Ein Schritt vor, dann ein zweiter. Mit jeder weiteren Bewegung stieß sie Uh- und Ah-Laute aus, wie Pfeile schossen sie aus ihrem Hals. Sie schleppte diese Laute aus einer Region hinauf, die tiefer saß, sich an den Hals anschließen musste. Hände klatschten. Das üppige Becken stieß, roh, grob, animalisch. Der Hintern bebend, schüttelnd, dann sanft schwingend. Pobacken ragten in die Luft. Wie Cristo Redentor auf dem Gipfel des Corcovado.

Bewegungen wie Kunstwerke.

Nie zuvor sah ich so vollkommene Bewegungen. Dann ein gedehnter, heulender Schrei. Wer zusah, erkannte eine Aufführung, die Aufführung reiner Lust, der Lust an der eigenen Erfindung. Die Tänzer erfanden sich als neue Wesen, waren, wer sie sein wollten. Entstanden und vergingen. Sie waren ängstlich, litten Schmerz, waren stolz und verspürten rauschende Leidenschaft. Sie waren schön. Dieses Schütteln, das durch den ganzen Körper geht. Ein letztes konvulsives Zucken. So verging die Nacht, die uns an die Erkenntnis der Vergänglichkeit erinnerte.

Und so verlor Tänzer um Tänzer in dieser Nacht etwas Intimes.

Doch eines blieb, etwas, das wir – wieder und wieder und wieder – achtlos, überhastet, ja blind, verraten, obwohl wir wissen, die Welt besitzt nichts, was sie aus ihrem Sortiment zum Tausch anbieten könnte: Würde – ohne jede Erniedrigung Mensch zu sein.

Weltreise

36 TIPPS AUS FÜNF JAHREN WELTREISE

Seit mehr als fünf Jahren bin ich nun unterwegs – und habe viel über das Reisen gelernt. Hier sind meine 36 wichtigsten Tipps für deine Weltreise als Backpacker und Individualreisender.

Reiseplanung

1. Rechne damit, dass alles schief laufen kann …

… und sei glücklich, wenn vieles funktioniert. Eine Individualreise hält sich oft nicht an einen Plan, und es gibt niemanden, bei dem du dich beschweren kannst. Selbst wenn du einen Verantwortlichen findest für Verspätung oder schlechte Qualität: Aufregen bringt gar nichts. Ein Gesichtsverlust durch das Zeigen von Ärger kann in Asien sogar alles noch schlimmer machen – also nimm es mit der Ruhe.

Lerne auf Reisen, was Gelassenheit bedeutet.

2. Plane so wenig wie möglich

Ein weltweiter Vergleich zeigt: Wir im deutschen Sprachraum sind Planungs-Meister. Aber vergiss nicht: Die beste Recherche kann dich nicht darauf vorbereiten, wie du ein Reiseziel empfindest. Du hast am ersten Tag schon einen Tempelkoller? Dir gefallen Nationalparks besser als Strände? Wenn du vorher schon jeden Tag verplant hast, kannst du nicht auf deine eigenen Wünsche reagieren. Und wenn nicht du, wer dann?

Plane vorher nur lose und lege dich täglich neu fest.

3. Versuche auch mal, gar nichts zu planen

In den beliebten Backpacking-Ländern in Asien und Lateinamerika ist Reisen sehr einfach. Fast alles lässt sich von jetzt auf gleich auf die Beine stellen. Du musst vorher keine Busse, Touren oder Unterkünfte buchen und auch sonst fast gar nichts zwingend organisieren. Schaue einfach vor Ort vorbei, und es regelt sich. Wenn du vorher etwas buchst, zahlst du mehr und hast keine Ahnung, worauf du dich einlässt. Ich musste in fünf Jahren noch keine Unterkunft reservieren.

Spare dir den Planungsstress und reise flexibel.

4. Akzeptiere, dass du nicht alles sehen kannst

Thailand in vier Wochen? Indien in drei Monaten? Ein halbes Jahr für Südamerika? Du wirst in so kurzer Zeit nur einen Bruchteil der interessanten Orte sehen können. Du wirst Kultur und Menschen nur oberflächlich kennenlernen. Je eher du damit ins Reine kommst und je öfter du Mut zur Lücke hast, desto mehr kannst du deine Reise genießen.

Deine Zeit reicht nur für Kostproben und das ist in Ordnung.

5. Verbringe mehr Zeit an weniger Orten

Widerstehe dem Drang Gas zu geben, um möglichst viel zu sehen. Wenn du ein Reiseziel kennenlernen willst, gehst du besser in die Tiefe. Halbiere die Zahl der Orte, um sie mit doppelt so viel Zeit besser kennenzulernen. So kannst du besser am Alltag teilnehmen. Die untouristischen Erlebnisse sind mindestens genauso wichtig wie die Sehenswürdigkeiten und Touren.

»Schildkröten können dir mehr über den Weg erzählen als Hasen.« (chinesisches Sprichwort)

Essen weltweit

6. Essen ist der beste Grund zu Reisen

Die verschiedenen Gerichte der Welt kennenzulernen, ist einer der besten Gründe, um zu Reisen. Liebe geht durch den Magen, auch die Liebe zu deinem Reiseziel.

Esse alles, was du siehst, und nicht nur, was du kennst.

7. Esse möglichst oft lokales Essen in lokalen Restaurants

Der Stand an der Straßenecke mit der alten Oma und nur einem Gericht? Der kleine Wellblechschuppen, vor dem die Einheimischen auf Plastikschemeln sitzen? Dort gibt es mit Sicherheit besseres Essen als in deiner Unterkunft oder im Touristen-Restaurant. Du hast nur drei Mahlzeiten am Tag. Verschwende keine davon willkürlich an minderwertiges Essen oder Gerichte, die du auch daheim essen kannst. Das fängt schon beim Frühstück an. Aber quäle dich nicht. Wenn du Lust auf Pizza hast, esse sie ruhig auch außerhalb von Italien.

Wenn in Rom, versuche wie die Römer zu essen.

Sparsam Reisen

8. Je niedriger dein Budget, desto mehr erlebst du

Du hast achthundert Euro für zwei Monate Südostasien? Du willst mit tausend Euro drei Monate durch Indien reisen? Du wirst in fensterlosen Zimmern auf dubiosen Betten schlafen und viele Stunden in lokalen Chicken Bussen verbringen. Du wirst das essen, was alle anderen essen, und eine Stadt zu Fuß erkunden. Du wirst häufig mit Einheimischen in Kontakt kommen, und immer wieder auf ihre Hilfe angewiesen sein. Mit anderen Worten: Du wirst die Reise deines Lebens haben!

Mit wenig Geld zu reisen, ist die intensivste Art zu reisen.

9. Reisen ist günstiger als daheim zu bleiben

Ein Kurzurlaub ist teuer, weil du in kurzer Zeit möglichst viel erleben willst. Aber eine Reise muss kein Kurzurlaub sein. Je mehr Zeit du mitbringst, desto günstiger wird es zu reisen. Wenn du lange genug reist, um deine Wohnung kündigen oder unterzuvermieten, ist Reisen sogar günstiger als daheim zu bleiben.

Reisen muss nicht teuer sein.

10. Von 200 Ländern sind 150 sehr günstig zu bereisen

Wir kommen aus einer reichen Industrienation und haben eine starke Währung. Wenn deine Euros länger halten sollen, meide andere Industrienationen und reise in die G77 und blockfreien Staaten. Wenn du dort alles gesehen hast, kannst du immer noch dein Geld in London, Paris und New York auf den Kopf hauen.

Die Wahl des Reiseziels hat den größten Einfluss auf dein Budget.

11. Sei nicht geizig

Du hast lange für deine Reise gespart, und versuchst für dein Geld mehr Reisedauer zu bekommen. Manchmal steigern wir Reisenden uns in einen Sparwahn und feilschen dann minutenlang um 10 Cent.

Auch der Händler feilscht gern, aber ab einem gewissen Punkt ist es zu viel des Guten. Nicht nur auf Reisen ist eine gute Lebenseinstellung: »Leben und leben lassen!«

Zähle deine Euros, aber nicht deine Cents.

12. Sei auch nicht verschwenderisch

Du machst dir nicht viel aus ein paar Euros extra oder vielleicht gibst du auch mal ordentlich Trinkgeld. Wenn das jeder so macht, wird es immer öfter erwartet und Reisende werden bald nur noch als wandelnde Geldbörsen gesehen. Auch die Einheimischen haben auf lange Sicht nichts von Preistreiberei.

Zahle fair und denke an Reisende nach dir.

13. Dein Euro ist wie eine Stimme

Deine Kaufkraft auf Reisen ist viel höher als die der lokalen Bevölkerung. Du kommst aus einem der reichsten Länder der Welt. Wenn du für Selfies mit betäubten Tigern oder unterworfenen Reitelefanten bezahlst, dann stimmst du mit deinem Euro für solche Praktiken.

Gib dein Geld bewusst aus und denke an die Folgen vor Ort.

Fliegen

14. Spare am meisten Geld bei Interkontinentalflügen

Stopovers sind eine Möglichkeit, mehr als ein Reiseziel ohne Aufpreis zu sehen. Halte dich an interkontinentale Billigflieger und »Rennstrecken« mit viel Passagieraufkommen und hoher Konkurrenz. One-Way

Flüge sind günstiger als Round-the-World-Tickets. Round-Trips sind günstiger als One-Ways. Gabelflüge sind günstiger als Round-Trips. Am günstigsten sind Error Fares.

Nimm dir Zeit beim Flügebuchen, hier steckt das größte Sparpotential.

15. Lasse Flugexperten für dich suchen

Wenn du keinen Error Fare und auch sonst kein gutes Angebot findest, lass dir von Flugexperten helfen. Es gibt Leute, deren Job es ist, die besten Flugverbindungen zu finden. Du bezahlst den Flugexperten nur, wenn trotz Provision der Flug günstiger ist als der, den du selber gefunden hast.

Mach es dir einfach, und gebe die Flugsuche ab.

16. Reise über Land

Für Interkontinentalflüge gibt es keine Alternative. Aber wenn du erst einmal in der richtigen Region bist, sind Busse und Züge die beste Möglichkeit, um unterwegs dein Reiseland kennenzulernen. Auch der Kontakt mit Einheimischen und anderen Reisenden lässt sich im Bus und vor allem im Zug viel besser herstellen als im Kurzstreckenflieger. Steige auch in den lokalen »Chicken-Bus« für ein unvergessliches Erlebnis.

Bleib am Boden, um tief in ein Land einzutauchen.

Reiseziele

17. Zu touristisch gibt es nicht

Bangkok ist zu touristisch und Katmandu auch? Nur zehn Minuten zu Fuß von Khao San Road und Thamel entfernt, wirst du kaum andere Touristen finden. Touristenströme konzentrieren sich an nur wenigen Orten. Und zwischen Sonnenaufgang und Frühstückszeit hast du sogar diese Orte ganz für dich allein. »Off the beaten path« kommst du früher oder später von ganz allein. Verpasse also bitte nicht die Sehenswürdigkeiten der Welt.

Bleib ruhig auch auf dem ausgetretenen Pfad (oder besser hundert Schritte daneben).

18. Lasse den Reiseführer auch mal im Rucksack

Ein Reiseführer ist ein gutes Hilfsmittel, um nichts von dem zu verpassen, was dich interessiert. Aber mehr Information ist nicht unbedingt besser. Die Entdeckung einer neuen Stadt bleibt besonders unvergesslich, wenn du dich planlos in den Gassen verlierst. Lass zumindest am ersten Tag den Reiseführer stecken und gib einem unbekannten Ort die Gelegenheit, dich zu überraschen.

Entzaubere dein Reiseziel nicht, indem du dich vorher über alle Details informierst.

19. Besuche viele Festivals

Museen, Ruinen und Tempel zeigen die glorreiche Vergangenheit einer Region. Um die Gegenwart mit Tiefenwirkung zu erfahren, gelebte

Kultur und Mentalität kennenzulernen, richte dich nach dem Festivalkalender. Meistens musst du deine Route nur leicht verändern, um gleich zu mehreren Festtagen am richtigen Ort zu sein.

Besuche Festivals, um Reiseziel und Menschen von der besten Seite kennenzulernen.

20. Mache Touren auch auf eigene Faust

Die meisten geführten Touren kannst du auch auf eigene Faust machen. Recherchiere gut und dann zögere nicht zu lange. Egal ob kurze Stadttour oder mehrtägige Wanderung im Himalaya, es ist extrem erfüllend, in einem fremden Land alleine klarzukommen. Manchmal ist aber auch ein Guide eine gute Idee, zum Beispiel in der Mongolei, oder sogar vorgeschrieben, zum Beispiel beim Manaslu Teehaus Trek. Bei anderen Teehaus Treks wie zum Annapurna oder zum Mount Everest Basecamp sind Guides wiederum unnötig.

Informiere dich vorher, ob du wirklich einen Guide brauchst oder willst.

Reisefotografie

21. Fotografiere mehr

Wer sich über das Fotografieren auf Reisen lustig macht, hat es noch nicht probiert. Mit der Kamera kannst du dein Reiseziel noch intensiver erleben und zuhause kannst du deine Reise nochmal Revue passieren lassen. Nimm ruhig auch den Selfie-Stick mit oder lasse andere Leute Bilder von dir machen. Du bist kein Narzisst, nur weil du ein paar schöne Fotos vor exotischer Kulisse von dir haben willst.

Reisen macht glücklich und Fotografieren auch.

22. Nimm eine gute und reisetaugliche Kamera mit

Verschwende nicht die schönsten Reisemotive, indem du mit einer Billig-Kamera fotografierst oder indem du eine zu schwere Ausrüstung mitschleppst, die die meiste Zeit im Hotelzimmer liegt. Profi-Kompaktkameras sind ein guter Kompromiss zwischen Größe, Flexibilität und Bildqualität.

Packe eine gute, handliche Kamera ein.

23. Lerne Grundkenntnisse in Fotografie

Der Automatikmodus liefert tolle Bilder. Du musst aber deine Kamera gar nicht perfekt beherrschen, um bessere Bilder zu machen. Mit 20 % Basiswissen werden 80 % deiner Fotos besser. Die restlichen 80 % Fotografie-Wissen kommen auch langsam mit Trial and Error und Erfahrung. Davon bekommst du auf deiner Reise mehr als genug.

Lerne Grundkenntnisse der Fotografie für viel bessere Bilder.

Reisevorbereitung

24. Du brauchst nur halb so viel Gepäck, wie du denkst

Kaufe einen hochwertigen, leichten und nicht zu großen Rucksack (circa 40 Liter Volumen, circa 800 Gramm Gewicht), packe ihn und dann nimm die Hälfte wieder heraus. Was du nur vielleicht brauchst, kannst du gleich daheim lassen. Wenn du doch etwas Wichtiges vergisst, kannst du fast alles vor Ort nachkaufen. Du bist auch auf einer Weltreise nicht aus der Welt.

Beim Gepäck ist weniger meistens mehr.

25. Reisen mit Handgepäck spart Zeit und Geld

Mit Handgepäck musst du nie wieder am Gepäckband warten oder Gepäckaufschlag zahlen. Dein Gepäck kann nie wieder verloren gehen oder beim Ein- und Ausladen beschädigt werden. Du kannst bei den meisten Airlines mindestens sieben Kilogramm Gepäck und ein Personal Item mitnehmen, z. B. eine Laptop- und Kameratasche, die unter den Sitz passt. So kommst du also auf bis zu elf Kilogramm Handgepäck. Mehr willst du nicht tragen und mehr brauchst du auch nicht, egal ob für zwei Wochen oder für zwei Jahre.

Reisen mit Handgepäck ist leicht und ungemein praktisch.

26. Nimm mehrere Kreditkarten mit

Reisepass und Kreditkarte sind die einzigen Gegenstände, die du unbedingt auf einer Reise brauchst. Hüte deinen Reisepass wie deinen Augapfel und nimm genug Ersatz-Kreditkarten mit. Viele reisetaugliche Kreditkarten sind gebührenfrei. In Bolivien hat ein Automat meine Kreditkarte geschluckt, eine andere Kreditkarte wurde wegen Betrugsverdacht unwiderruflich gesperrt. Ich war froh um meine Ersatz-Kreditkarten.

Nimm mindestens zwei Kreditkarten mit. Wenn du alleine reist, besser mehr.

27. Schließe eine Auslandskrankenversicherung ab

Du musst nicht viel vor der Reise planen, aber eine Auslandskrankenversicherung solltest du unbedingt abschließen. Du schützt dich für wenig Geld vor einem existentiellen Risiko und kannst ohne Rücksicht auf die Kosten weltweit moderne Privatkrankenhäuser besuchen. Umfangreiche Auslandskrankenversicherungen gibt es schon ab dreißig Euro pro Monat.

Eine Auslandskrankenversicherung abschließen ist die wichtigste Reisevorbereitung.

28. Reise papierlos und mache ständig Backups

Scanne oder fotografiere alle wichtigen Dokumente von Reisepass über TAN-Liste bis Auslandskrankenversicherung und lege sie in der Cloud ab. Kopiere Fotos möglichst häufig auf eine externe Festplatte. Versuche auch unterwegs immer mehr als ein aktuelles Backup von deinen Fotos und Dokumenten zu haben.

Mache häufig Backups an mehreren unterschiedlichen Stellen.

Menschen im Mittelpunkt

29. Teile Erlebnisse mit Reisepartnern

Nur geteiltes Glück ist wahres Glück – stimmt nicht, aber es macht trotzdem mehr Spaß, mit einem oder mehreren passenden Reisepartnern unterwegs zu sein. Die Betonung liegt auf passend! Mit den falschen Mitreisenden wird die Reise schnell zum Alptraum. Wenn sich niemand anbietet, reise unbedingt auch alleine. So lernst du dich selbst kennen und gewinnst eine ordentliche Portion Selbstbewusstsein. Allein sein heißt nicht zwangsläufig einsam sein.

Als Gruppe reisen ist schöner, aber reise unbedingt auch alleine.

30. Lerne andere Reisende kennen

Mit Gleichgesinnten reden zu wollen ist nur menschlich. Die beste Begegnung mit einem Einheimischen kann das nicht ersetzen. Suche also gezielt andere Reisende, indem du in Hostels übernachtest und in Südostasien auf dem Banana Pancake Trail bleibst. Finde Reise-Stammtische auf couchsurfing.com, meetup.com und Facebook-Gruppen für dein Reiseziel. In fast jeder größeren Stadt gibt es wöchentliche Couchsurfing-Treffen mit einem Mix aus Locals und anderen Reisenden. Du musst dazu weder Couchsurfen wollen noch ein Profil haben. Keine falsche Scham.

Tausche dich mit anderen Reisenden aus, nicht nur wegen ihrer Infos aus erster Hand.

31. Lerne ein paar Worte in der Landessprache

»Danke« und »Hallo« solltest du auf jeden Fall kennen. Jedes Wort darüber hinaus ist nicht nur hilfreich, sondern zeigt auch deinen Respekt. Zusammen mit deinem Dialekt muss selbst der mürrischste Einheimische schmunzeln. Besonders hilfreich sind die Zahlen von eins bis zehn, »Wie viel«, »Das dort«, »Ja« und »Nein«. Eine Sprache halbwegs zu lernen ist leider selbst mit europäischen Sprachen ein mehrmonatiges Vollzeit-Projekt und lohnt sich für eine normale Weltreise nur selten.

Mache dich beliebt mit ein paar Worten Quechua oder Mandarin.

32. Vertraue anderen Menschen

Vertraue deinen Mitmenschen und du wirst feststellen, dass die meisten hilfsbereit und freundlich sind. Höre aber auf dein Bauchgefühl und schalte nicht deinen gesunden Menschenverstand aus. Je touristischer ein Ort ist, desto mehr Vorsicht ist ratsam. In der Backpacker-Hauptstadt Bangkok solltest du zum Beispiel jedem misstrauen, der dich in der Altstadt oder Innenstadt grundlos anspricht.

Vertraue anderen Menschen, aber auch deinem Bauchgefühl.

Reisementalität

33. Reise dich schlau

Reisen heißt vor allem Warten. Vielleicht vertreibst du dir die Wartezeit mit dicken Büchern. Dann bist du aber eine Ausnahme im Internet-Zeitalter. Um deine Zeit auf Reisen ohne zusätzliches Gewicht sinnvoll zu nutzen, kannst du eBooks lesen und Podcasts, Hörbücher und Massive Open Online Courses hören.

Reise dich schlau und nutze so deine viele Wartezeit auf Reisen.

34. Verlasse deine Komfortzone

Nachdem der erste Kulturschock einmal vorbei ist, fällst du auch auf einer Reise schnell in eine Routine. Die verrückteste Reise in das exotischste Land kann dadurch ganz banal werden. Das wäre schade, denn eine Reise ist eine erstklassige Gelegenheit, um aus deinem Trott herauszukommen. So kannst du zum Beispiel ein paar alte Gewohnheiten, die sich festgefahren haben, loswerden. Aber eine Reise ist nur eine Chance – den Schritt aus der Komfortzone heraus musst du selbst tun.

Sage zu Herausforderungen im Zweifelsfall eher »Ja« als »Nein«.

35. Nutze deine Jugend, um zu reisen

Irgendwann musst du es einsehen: Du wirst nicht jünger! Statt auf die Pensionierung zu warten, reise lieber, wenn du jung bist. Du bist nicht nur aufgeschlossener und neugieriger, sondern kommst auch viel besser mit schlechter Infrastruktur, Nachtbussen und Hocktoiletten klar. Außerdem ändert sich dauernd die Welt, in der wir leben, und nicht nur zum Besseren: Afghanistan war einmal ein Backpacker-Mekka.

Du hast nur eine Jugend, versäume sie nicht.

36. Leben lässt sich nicht aufschieben

Reden wir nicht um den heißen Brei herum: Du bist bald tot! Darüber sprechen wir nicht gerne. Aber wenn du dir diese Tatsache immer mal wieder in Erinnerung rufst, bekommst du ein nötiges Gefühl von Dringlichkeit. Nur so kannst du das tun, was du wirklich willst, egal, wovon du träumst. Und wenn du von einer Weltreise träumst, gibt es nur eine Garantie: Du wirst es nicht bereuen!

Wenn du zu lange wartest, ist es zu spät.

Die Autoren

OLEANDER AUFFARTH zog 2009 grenzenlose Neugier auf fremde Kulturen und die Suche nach einer neuen Essenz für sich selbst und die Welt nach Indien. Seitdem ist er dem Reisen und der Magie der Suche verfallen.
› reflexioneneinessuchenden.blogspot.de

FLORIAN BLÜMM ist Diplom-Informatiker. 2011 kündigte er seinen Mietvertrag und seinen Job als Programmierer und begann eine einjährige Weltreise. Heute ist er immer noch unterwegs. › flocutus.de

THOR BRAARVIG ist freiberuflicher Übersetzer, Ehemann, Vater von vier Kindern und Norweger. Er macht gerne Musik und bloggt über die Höhen und Tiefen des Alltags und über die Suche nach einem tieferen Sinn im Leben. Getrieben vom Hunger nach Abenteuern und einem einfachen und naturverbundenen Leben haben er und seine Frau ihr Haus in Dortmund verkauft und alles hinter sich gelassen, um zusammen mit ihren Kindern die Welt zu entdecken. › sechspaarschuhe.de

JOSH CAHILL hat zwei große Leidenschaften: Abgelegene Länder und Flugzeuge. Auf seinem englischsprachigen Blog verbindet der deutsche Dauerreisende beide und begeistert damit eine weltweite Leserschaft. › gotravelyourway.com

SUSANNE HELMER ist Journalistin aus Hamburg, die es immer wieder in die Welt hinauszieht. Gern auch für etwas länger: Zuletzt hat sie zehn Monate in Kanada verbracht, von dort aus ist sie auf eine kleine Weltreise gegangen. Inzwischen ist Susanne zwar nach Hamburg zurückgekehrt – sie packt aber nach wie vor bei jeder Gelegenheit die Tasche. Denn am Ende jeder Reise stand bislang immer dasselbe Fazit: Kaum etwas im Leben euphorisiert und bereichert sie so sehr wie das Anderswosein. › fluegge-blog.de

STEVEN HILLE liebt die Natur, verrückte Ideen, Lissabon und den Fahrtwind auf seinem Rennrad. Und er liebt es, immer wieder seine Grenzen auszutesten. Dafür läuft er zum Beispiel den einen oder anderen Marathon und besteigt den Mount Fuji. Irgendwann dachte er sich, dass er nur noch Projekte realisieren sollte, die einen guten Nutzen haben. Daher sammelte er Spenden für ein Tigerbaby, unterstützte ein nationales Bienenprojekt und baute einen Brunnen in Uganda. › funkloch.me

CHRISTOPH KARRASCH wollte früher mal was mit Medien machen, später was mit Reisen. Heute macht er beides. Wenn er nicht gerade Reisereportagen für Print und Fernsehen produziert, sitzt er mit der Familie auf seiner neuen Couch. Zuhause in Schleswig-Holstein findet er es nämlich auch sehr schön.
› christophkarrasch.de; › vonunterwegs.com

PHILIPP LAAGE schreibt für die Deutsche Presse-Agentur (dpa) über Tourismus und Reisen. Eine Geschichte zu erzählen, bedeutet für ihn die Versöhnung mit der Wirklichkeit. › philipplaage.de

ARTIS und **RENATE LEHN** haben früher zu zweit davon geträumt, im roten Volkswagen T1 die Welt zu bereisen. Mittlerweile schöner als jeder Traum: zu viert im T4.
› renartis.com

KARIN LOCHNER bastelte sich mit 13 Jahren ein Faschingskostüm als Rasende Reporterin. Fünf Jahre später veröffentlichte sie ihren ersten Artikel im Münchner Merkur. Seither schreibt sie über Reisen, Essen und Brauchtum. 2013 gewann sie den Walliser Medienpreis. **PETER VON FELBERT** ist in Oberhausen aufgewachsen und studierte in Bielefeld Fotografie. Er fotografiert alles, was lebendig ist.

SUSANNE MAIER ist chronisch fernwehgeplagte Reisebloggerin und Möchtegern-Abenteurerin mit Vorliebe für Roadtrips, Berge und Länder mit schlechtem Wetter, aber auch spannende Entdeckungen im Großstadtdschungel. Als freie Social Media Beraterin, -Redakteurin und Bloggerin mit Basis in Berlin verbindet sie Reisen und ortsunabhängiges Arbeiten. Auf ihrem Blog berichtet sie über ihre Reiseabenteuer und gibt Tipps für Individualreisen mit Stil. › blackdotswhitespots.com

DOMINIK MOHR ist seit seiner ersten Rucksackreise quer durch die USA vom Reisefieber befallen. Er folgt seinem Schatten rund um die Welt und über die Kontinente, von Nord- nach Südamerika, durch den Nahen Osten und querfeldein in Afrika. Seine Wege führen ihn dabei häufig an abgelegene Orte. Berge sind ihm am liebsten.
› followtheshadow.de

GITTI MÜLLER gab ihrem ersten Anfall von Fernweh 1980 nach und reiste ein Jahr lang als Backpackerin durch Süd-und Mittelamerika. Später zog es sie immer wieder dahin zurück: Auslandsstudium, Feldforschungen, Workshops und Reportagereisen. Als Fernsehjournalistin und Ethnologin ist sie auch heute noch viel unterwegs. Mit Kamera und Laptop. Neuerdings auch wieder mit Rucksack. › gitti-mueller.de

ROCHSSARE NEROMAND-SOMA und **MORTEN HÜBBE** zieht es aus dem hohen Norden Deutschlands hinein in die Welt. Zwei Jahre tourten die Reiseenthusiasten und -blogger bereits per Anhalter und couchsurfend kreuz und quer durch Südamerika. In ihrem Buch *Per Anhalter durch Südamerika* berichten sie von ihren Erlebnissen mit Menschen und Natur zwischen Feuerland und der Karibik. In die andere Richtung geht es nun weiter: Überland nach Indien. Schotterpisten und endlose Straßen sind ihr Zuhause, das Zelt ersetzt die eigenen vier Wände. Von Sesshaftigkeit keine Spur. Es gibt noch viel zu entdecken. › nuestra-america.de

JENS NOTROFF ist als Archäologe zwischen Skandinavien und dem Nahen Osten unterwegs, kann aber auch zwischen Ausgrabungsexpeditionen die Beine nur selten lange still halten. So zieht es ihn immer wieder hinaus: im Kajak entlang der grönländischen Küste, unter Segeln nach Kroatien, auf Schneeschuhen durch den norwegischen Winter und zum Wracktauchen nach Ägypten. Skizzenblock und Tagebuch lässt er ebenso selten zu Hause wie seinen inzwischen etwas staubigen Filzhut. Und für eine gut gestopfte Pfeife findet sich eigentlich immer eine Ausrede.
› lettersfromthefield.com

NADINE PUNGS ist eine Reisefiebrige, eine Weltenbummlerin. Seit vielen Jahren schon zieht es die studierte Literaturwissenschaftlerin hinaus. Immer weltwärts auf der Suche nach Abenteuer, Intensität und Hingabe. Wenn sie nicht vagabundiert, so steht Nadine Pungs seit mehr als zwölf Jahren als Kleinkünstlerin auf der Bühne und verdient damit ihren Lebensunterhalt. Den sie allerdings vollständig und hoffnungslos für ihre Reisen auf den Kopf haut. › trackqueen.de

DIRK ROHRBACH ist Reisender, Fotograf, Journalist und Arzt. Er erzählt von seinen Reisen in preisgekrönten Livereportagen, bloggt Weltgeschichten, schreibt Bücher und engagiert sich für die Rettung der Sprachen der amerikanischen Ureinwohner. Seit 25 Jahren bereist er intensiv Nordamerika. Dirk pendelt ohne festen Wohnsitz zwischen Amerika und Europa. › dirk-rohrbach.de

FRITZ SCHUMANN ist Fotograf und Autor – möchte aber am liebsten Visual Journalist genannt werden. Er lebte lange Zeit in Japan, drehte dort ein paar Filme und ist nun mit der Kamera in der Welt für diverse internationale Publikationen unterwegs. Dank seines schlechten Sinns für Orientierung hat er sich schon auf vier Kontinenten verlaufen. › fotografritz.de

MARKUS STEINER beschloss 2011 seiner brennenden Wanderlust nachzugeben und kündigte Job und Wohnung. Seitdem reist er als Reporter und Autor durch die Welt, schreibt Kurzgeschichten, Reportagen und Gedichte u. a. für Spiegel Online, Marco Polo und die dpa. Markus lebt in Lissabon und Istanbul.
› weltreisender.in; › markussteiner.com

NORAH STEINER versucht die Welt zu verstehen. Sie findet, das funktioniert in der Ferne wesentlich besser als zu Hause. Deshalb gehört sie nun auch zu denen, die ihren Job an den Nagel gehängt haben, um reisend unseren Planeten zu erforschen. Bis jetzt bereut sie es nicht. Im Gegenteil! › weltumschreibung.de

JOHANNA STÖCKL schreibt als freie Journalistin für diverse Tageszeitungen und Magazine. Ihre Themen: Sport und Reise. In ihrer Freizeit zieht es die gebürtige Österreicherin zu allen Jahreszeiten regelmäßig in die Berge. Johanna lebt in München. Sie liebt die Natur, gute Bücher und spannende Sportreportagen. › johannastoeckl.de

Bildnachweis

FOTOS IM TEXT

S. 15, 19, 40, 147, 267, 268, 290, 326: Johannes Klaus; S. 20, 172: Philipp Laage; S. 28: Dirk Rohrbach; S. 54: Artis Lehn; S. 65, 195: Rochssare Neromand-Soma/Morten Hübbe; S. 88: Markus Steiner; S. 94: Oleander Auffarth; S. 124: Dominik Mohr; S. 139: Jens Notroff; S. 148: Christoph Karrasch; S. 161: Susanne Maier; S. 183, 311: Gitti Müller; S. 206: Hannes Schwessinger; S. 230: Maria Braarvig; S. 247: Josh Cahill; S. 254: Johanna Stöckl; S. 271: Peter von Felbert; S. 283: Norah Steiner; S. 297: Fritz Schumann; S. 307: Susanne Helmer; S. 332: Michela Dai Zovi

FOTOS IM BILDTEIL

S. 1 oben und unten: Philipp Laage; S. 2 oben und unten: Dirk Rohrbach; S. 3 oben: Nadine Pungs; S. 3 unten: Markus Steiner; S. 4 oben und unten: Artis Lehn; S. 5: Jens Notroff; S. 6 oben und unten: Oleander Auffarth; S. 7 oben und unten, S. 12 oben und unten: Rochssare Neromand-Soma; S. 8 oben und unten: Dominik Mohr; S. 9 oben und unten: Susanne Maier; S. 10 oben und unten: Christoph Karrasch; S. 11 oben und unten: Maria Braarvig; S. 13: Josh Cahill; S. 14 oben und unten, S. 22 unten: Gitti Müller; S. 15 oben und unten: Johanna Stöckl; S. 16 oben und unten: Hannes Schwessinger; S. 17 oben und unten, S. 21: Johannes Klaus; S. 18/19: Norah Steiner; S. 20 oben und unten: Fritz Schumann; S. 22 oben: Florian Blümm; S. 23 oben und unten: Susanne Helmer; S. 24: Peter von Felbert

Fernweh pur …
Entdecken Sie Sehnsuchtsziele in aller Welt
von Patagonien bis zur Romantischen Straße
In 225 Reisen um die Welt
320 Seiten, ca. 250 Bilder
ISBN 978-3-86690-476-7
€ 39,99 (D)
www.nationalgeographic-buch.de
IN 225 REISEN UM DIE WELT
NATIONAL GEOGRAPHIC
NATIONAL GEOGRAPHIC
Abenteuer von Welt.
NG Buchverlag GmbH, Am Baumwall 11, 20459 Hamburg
©Dima Chatrow / NG Your Shot